题前绝句

（一）

愿为小小一泥人，
岁岁年年煮字勤。
多半忙于书画印，
更深还读骨龟文。

（二）

月儿悄悄到桌旁，
犹见泥人甲骨狂。
子丑时分疲乏后，
欲留微笑隔窗望。

（三）

临池不屑去追星，
学可医愚砚上耕。
书海遨游天地阔，
期能异日掣长鲸。

（四）

平生乏志去凌云，
五彩缤纷耳不闻。
剩有闲情三万斛，
一时倾注龟甲文。

（五）

寂坐书城心手应，
我和纸笔结情朋。
莫言笔杆憨而直，
识破人间纸一层。

甲骨文专论

王本兴 著

北京工艺美术出版社

图书在版编目（CIP）数据

甲骨文专论 / 王本兴著. -- 北京 ：北京工艺美术出版社，2022.12

ISBN 978-7-5140-2456-2

Ⅰ. ①甲… Ⅱ. ①王… Ⅲ. ①甲骨文－文集 Ⅳ. ①K877.14-53

中国版本图书馆CIP数据核字(2022)第069899号

出 版 人：陈高潮
责任编辑：赵震环
装帧设计：郝庆林
责任印制：王　卓

法律顾问：北京恒理律师事务所　丁　玲　张馨瑜

甲 骨 文 专 论

JIAGUWEN ZHUANLUN

王本兴　著

出　版	北京工艺美术出版社
发　行	北京美联京工图书有限公司
地　址	北京市西城区北三环中路6号　京版大厦B座702室
邮　编	100120
电　话	(010) 58572763（总编室） (010) 58572878（编辑室） (010) 64280045（发　行）
传　真	(010) 64280045/58572763
网　址	www.gmcbs.cn
经　销	全国新华书店
印　刷	河北环京美印刷有限公司
开　本	787毫米×1092毫米　1/16
印　张	15.75
字　数	200千字
版　次	2022年12月第1版
印　次	2022年12月第1次印刷
书　号	ISBN 978-7-5140-2456-2
定　价	48.00元

前 言

予从事甲骨文研究及甲骨文书法篆刻艺术至今已30余年，参与国内外各种研讨会、各种甲骨文纪念活动、各类甲骨文书法篆刻展览活动，以及在全国各地进行甲骨文演讲次数，可谓不计其数。这些活动大都备有文稿，这些文稿大都见诸报端，有同道建议一定要将其汇集成册，千万不可星散漏失。事后思量，所言极是。所成文稿虽有不足之处，但皆代表当时的观点与认识思维，不可复得也不可多得，于是才有此《甲骨文专论》（共45篇，20余万字）。予姑且写之，君姑且读之，企方家教正则尤为幸之。

泥人 王本兴 于辛丑冬日

目 录

从无锡市钱桥中心小学举办甲骨文书法展说起
——论学甲骨文书法必须从娃娃抓起 …… 1
论甲骨文书体的八种类型 …… 8
中国书法从甲骨文说起 …… 18
不可忽略殷商贞人用毛笔书写甲骨文字的艺术性 …… 21
甲骨文四要地之一：台湾 …… 25
人学字　字育人
——学甲骨文书法应从小学生抓起 …… 27
甲骨文书法、篆刻选字用字的误区 …… 30
三方商玺的谜团与传奇 …… 36
甲骨文书法书写笔顺论 …… 42
漫谈世界四大古文字 …… 46
甲骨之先　四堂之上
——不能忘记孙诒让先生的开山之功 …… 65
殷墟 YH127 坑 70 周年祭
——17000 多片甲骨在南京考古出土 …… 69
翰墨飘香　春风化雨
—— 走进江苏省盐城监狱开讲甲骨文书法课 …… 75
论甲骨文字形美 …… 77
漫谈甲骨文书法创作 …… 86

漫谈甲骨文篆刻创作…………………………………………………… 97
甲骨文篆刻的篆法、章法、刀法初探…………………………………113
是谁“窃取”了联合国副秘书长的甲骨文书法作品…………………118
甲骨文书法向世界传播的底蕴和思考…………………………………120
甲骨文书法从临摹到创作的转换与开发
——甲骨文书法教学漫谈 ……………………………………………124
关于古代的枷锁
——从陈传席《应该是枷锁，而不是镣铐》一文说起 ……………129
支持正“版”
——为江苏省版权局纠错“版”树正“版” ………………………131
断桥
——《甲骨文字辨异》后记 …………………………………………134
仓颉所造 28 字与甲骨文有关吗？ …………………………………138
人活着应多做些具体的事………………………………………………143
“我这一辈子只玩了一块石头” ………………………………………148
《牛继光甲骨文艺术》序………………………………………………151
“一只茶杯的故事”
——《牛继光甲骨文艺术》序后记 …………………………………153
与杨鲁安聊甲骨文的电话记录…………………………………………157
从甲骨文的演变正确区分篆书“幸”与“年”字……………………160
《甲骨文小字典》为什么在安阳城里成了盗版“重灾区” …………163
甲骨文之前的“文字” …………………………………………………165
深情于斋　淡泊在心
——随遇而安，斋名会自然诞生记 …………………………………174
论甲骨文字“中”“国”“梦” ………………………………………183
甲骨文书法作品的鉴赏评判……………………………………………188
终生难忘的吉林文庙讲学………………………………………………204

说说讲座以后…………………………………………………………………………206
“门”与“門”的区别与应用
——从黑龙江省博物馆的“天门军之印”说起 ……………………………209
“后”与“後”可以混用吗？
——从山东曲阜尼山大学堂的条屏说起 ……………………………………214
“陽”字可以不写一横吗？
——从甘肃阳关之“阳”字说起 …………………………………………………217
说“侯”“候”“矦”字……………………………………………………………………221
甲骨文团队的现状………………………………………………………………………225
不浪费生命与时间………………………………………………………………………230
王懿荣的爱国精神与甲骨精神……………………………………………………231
中国要成立甲骨文学会…………………………………………………………………235

从无锡市钱桥中心小学举办甲骨文书法展说起

——论学甲骨文书法必须从娃娃抓起

不久前，无锡市钱桥中心小学在惠山区教育局展览中心举办甲骨文书法展，近百件甲骨文书法作品吸引了无数观众与媒体，引起热烈反响。六七岁的娃娃居然写出这么丰富多彩、妙趣横生的甲骨文书法作品，可谓“初生牛犊不怕虎”！只要一提“甲骨文”，人们就像真的见到了虎，会很神秘、很谨慎地说：“那东西高深莫测，是专家、学者们的研究课题。”

实际上，这是一个天大的误区，之所以会有这样的认知，主要原因是，100 多年（1899 年）以来，从发现甲骨文到释读甲骨文、研究甲骨文、书写甲骨文，都是很有学问的专家、学者在从事这方面的工作。今天成熟的中国汉字是世界上的“美男子”，而自立于东方艺术之林的这个“美男子”，正是 3000 多年前在殷商时代诞生的“婴儿”。所以，甲骨文是中国文字的“娃娃”，后来逐渐演变出金文、小篆、隶书、楷书、草书等书体形式，直至今天成为世界公认的中国汉字。因此，下面我想谈谈以下几个问题。

一、学甲骨文并不难，完全可以从娃娃学起

在全世界已知的四大古文字体系中，玛雅文字、纸草文字、楔形文字已经沉睡在博物馆里，唯独甲骨文字延续至今，是与当今文字血脉相通的活文字。这是多么灿烂、多么珍贵的民族文化瑰宝！中华儿女没有理由不继承、不弘扬、不学习！就甲骨文而言，迄今已释读的总共 1400 字左右，若每天抽空学三四字，那不需一年就学完了认识了这 1400 多个甲骨文字，就可以终生受用。小孩子走进校门，从一年级开始学习最简单的汉字，这些最简单的汉字，与甲骨文有“似曾相识”的渊源

关系，在上文中我把甲骨文字比喻为中国汉字的“娃娃”，娃娃学“娃娃”，无形中就培养了小朋友对甲骨文的亲近感与好奇心，从小认识、掌握甲骨文字，为小朋友学习语言文字奠定坚实的基础。

孩子们正在全神贯注地书写创作

无锡市钱桥中心小学意识到了这一点，邀请我给孩子们作甲骨文启蒙式辅导讲课。这所学校是我的母校，普及甲骨文知识是我应尽的义务，于是我欣然允诺。在开课20多分钟的时间内，我带领孩子们学会20多个甲骨文字，它们分别是：中、人、伏、从、背、尿、屎、尸、尾、身、项、尸、臀、并、大、立、辛、走、天、竝等，都是与“人形”或与人的动作有关的甲骨文字，接着又学了十二生肖的象形文字，形象生动，趣味横生。特别是当提到人们几乎天天见到的中国邮政的标识，即为甲骨文字“中”字时，大家对甲骨文字的兴趣一下子提到了最高点。课程结束时，在现场所有的学生都能在没有任何提示的情况下，流利地读出这30多个甲骨文字。于是，学生们对我提出的“学甲骨文并不难”的观点，由“半信半疑”转变为“打消顾虑、树立信心”。孩子们放学回家，还把在甲骨文课上学到的内容，兴致勃勃地讲给父母听。家长们也都鼓励孩子：“一定要好好学！”

七岁的孩子写甲骨文书法真带劲

2014年5月30日，习近平总书记在“六一”前夕看望北京市海淀区民族小学少年儿童时说：“中国字是中国文化传承的标志。殷墟甲骨文距离现在3000多年，3000多年来，汉字结构没有变，这种传承是真正的中华基因。书法课必须坚持。”总书记的这段讲话，深刻地诠释了学习、传承甲骨文的意义，也是对“学甲骨文从娃娃抓起”最好的肯定与最大的鼓励！

孩子们为自己的甲骨文作品欢欣鼓舞

二、学书法应从甲骨文书法入门

有人认为，小学生初学书法应从楷书开始，因为楷书规范、严谨、实用、优美、工整。苏东坡曾云：“真生行，行生草；真如立，行如行，草如走。未有未能行立而能走者也。”故楷书是诸书体的基础，学书法必须从楷书入手。也有人认为，小学生初学书法应从隶书入手，因为隶书既有楷书的规范性，又有汉字“六书”的特点，它是从篆书演变而来，既规范、又古朴遒劲。其结构以八分为主，左右对称，很容易在短时间内提高书写水平，有利于初学者快速上手和树立信心，故隶书是其他书体的基础，所以学书法必须从隶书入手。有一点必须说明的是：无论是苏东坡还是王羲之，他们可能都没有见过甲骨文，当时可能也不知道中国最早的书体是甲骨文，笔者并不反对上述两种观点，但更主张少年儿童学书法应从甲骨文书法入门。其理由有以下六点。

1. 甲骨文是“源头文化”

在艺术上人们追求“取法乎上”，有两层含义：甲骨文作为汉字的源头，它是上上之法，是中华文化艺术的源头。另外“取法乎上”之“取法”，即效法，指效法于精湛、高超的学识与技艺。甲骨文有刀有笔，为刀笔合成的艺术，既有书卷气又有金石气，无与伦比。甲骨文之前没有成熟的文字记载，是甲骨文开天辟地，奠定了文字的基础，记录下远古时代之天文、地理、历史、社会、军事、农牧等文化内容，甲骨文以“源”的身份，开启了后世的各种文化、文明符号。但遗憾的是苏东坡、王安石、颜真卿、王羲之，乃至孔子、孟子、老子等大家，可能均未见过甲骨文，他们不知道中国还有甲骨文化。书法艺术从甲骨文入手，既可溯源而上，也可顺流而下，从源头上探索学习，就会一通百通，知其然亦知其所以然。

2. 甲骨文化是中华优秀传统文化之根

在人类社会发展过程中，一代代保留下来的精神、思想、文化、艺术、文明、道德等行为与方式，是历史发展的脉络，在此过程中形成的文字、语言、艺术、习俗等，成为中华传统文化，而甲骨文则是中华优秀传统文化之根，它是中华优秀传统文化的载体，学习甲骨文化是中国人的天性与天职。就书法艺术而言，从甲骨文到金文、简帛书、砖文、镜铭、秦篆、汉隶、唐楷，以及后来的行书、草书等，是中华传统书法艺术的脉络，学习书法追本溯源，从理解甲骨文的线条开始，再逐步发展，逐步深入，更符合学习书法艺术的逻辑与规律。

3. 甲骨文字笔画简单易学易上手

楷书有“永字八法”，隶书有“蚕头燕尾”、草书有“龙飞凤舞”。临摹、书写一般都要身正、心正、笔正、字正。手脚平稳、心态端正、书写精准，才能中规入矩，字才匀称秀丽。对好奇、好动、活泼的少年儿童来讲，做到这些可能会引起他们的逆反情绪。久而久之，易转化为压力与负担，从而逐渐减少或失去对书法的兴趣。甲骨文书法则全然不同，它是中国汉字系统中的“娃娃”，稚气天真，点画结体相对比较简单，几乎是属于“一根线条”的书法，它只有直和曲两种笔画，点也只是直画的短缩，没有楷书勾勒撇捺等那么繁复。娃娃与“娃娃”之间的亲近感、好胜心是任何东西无法替代的，故甲骨文书写艺术适合少年儿童初拿毛笔时学习，易学、易适应、易上手。

4. 甲骨文字趣味性强

有相当一部分甲骨文字属象形文字，写鱼似鱼，写鸟像鸟，写虎如虎，故趣味性比较强。上文已说及，无锡市钱桥中心小学邀请我去给孩子们作甲骨文启蒙式辅导讲课，结果在开课20多分钟的时间内，六七岁的孩子们就学会了20多个甲骨文字，这些形象生动、趣味横生的文字，一下子把大家的兴致提得很高。可见“好奇”与“趣味”是多么重要，对少年儿童学习书法艺术来说，第一要有兴趣，第二要容易入门，第三要有信心坚持。这是很重要的前提条件，然后再从技法与笔墨层面上逐步提高，甲骨文书法完全可以满足这些条件。

我在给孩子们示范甲骨文书法

无锡市钱桥中心小学少儿甲骨文书法艺术展

5. 甲骨文字的可塑性适合孩子们书写与个性的发挥

可塑性泛指事物或人类被塑造的可能性。对甲骨文字及甲骨文字结体而言，它可长可短、可大可小、可粗可细、可方可圆、可聚可散，可收可放、可疏可密，有些结体多写几笔或少写几笔，要求不甚严格，都在允许的范围内。只要根据艺术需要，它的变化，以及由这种变化带来的各种形态，异常丰富多彩。总之，它的可塑性非常之大。而对于少年儿童来说，他们的生理和心理发展都具有较强的可塑性，被培养改造的可能性及上升空间更大。甲骨文书法艺术领域是最适合他们陶冶文化艺术的空间，在此空间里，孩子们可以展开想象的翅膀，表现自己的喜怒哀乐，发挥自己的创造性与主观能动性。经有关研究发现，儿童的生理结构、形态和功能还未达到成熟和稳定水平时，容易受环境因素的影响。教育心理学中所指的可塑性，主要指儿童在成长过程中，其心理发展易受环境和教育的影响，一般认为儿童早期的可塑性最大。如果在这个时期能接受甲骨文良好的教育和训练，将会给儿童以后的文化、艺术心理发展，带来正向和积极的作用与影响。无锡市钱桥中心小学六七岁的娃娃们，仅仅用了 3 个多月的课余时间学习甲骨文书法，创作了近百件作品，举办了“甲骨文书法展”，这有力地证明了这一点。

6. 没有高峰可以攀登，只有平原任你驰骋

无论书法的何种书体、何种门类，历史上都有高峰可以攀登，钟繇、王羲之、张旭、颜正卿、欧阳询、柳公权、苏轼、赵孟　、米芾，以及汉隶《张迁碑》《曹全碑》《石门颂》《乙瑛碑》，等等，都是书法艺术史上一座又一座高峰。千百年来，即便攀登了一生，至今尚未有人宣称：我已登上了峰顶，我已超越了王羲之、颜真卿等人！而甲骨文沉埋在地下 3000 多年，1899 年才被发现，之后，还没有人创造出甲骨文书法艺术的高峰，因而它海阔天空，前路光明灿烂，任人驰骋，任何人都有可能创造出属于你自己的甲骨文书法艺术高峰！我们不妨浏览、欣赏一下无锡市钱桥中心小学的孩子们，在学习甲骨文书法艺术、在创作书写甲骨文书法作品时的情景：瞧，他们有的全力以赴，书写创作甲骨文书法作品；有的专心致志、聚精会神、津津有味地听甲骨文知识讲座，面对自己的甲骨文书法作品，又是那样欢欣鼓舞……

这一切有力地诠释了习近平总书记“殷墟甲骨文距离现在 3000 多年，3000 多年来，汉字结构没有变，这种传承是真正的中华基因。书法课必须坚持。”这段讲话的精神要旨，也说明了学书法应从甲骨文书法入门的可行性！那么怎样来引导少儿书写创作甲骨文书法作品呢？这正是我下面想阐述的问题。

三、边临摹边创作

说到学习甲骨文书法，根据上述理由，不一定要学好了其他书体的书法，再去学习甲骨文书法，完全可以开门见山、单刀直入，直接从甲骨文书法入门。但接下来有人就认为，既如此，那么说什么也得先学会、认识了甲骨文字，然后才能去学习甲骨文书法。这个观点似乎很符合事理与逻辑，但任何事情都是因地制宜、因人而异的，对于在学、在校的少年儿童来说，大可不必。既不必增加其课业负担，也不必增加其学习负担，只需在业余兴趣学习的同时，去临摹学习与书写就足够了。至少不必“先学会认识了甲骨文字，再去学习甲骨文书法”。故予在无锡市钱桥中心小学从事甲骨文书法教学的实践基础上，主张走“边临摹、边创作”的道路，这个“边”字，引出少儿学甲骨文书法的方法：既不是从临摹到创作，也不是从识文到创作，而是临摹与创作结合前行。据此，予提出如下几点看法。

其一，备好基本工具：笔墨纸砚。此外，备用《甲骨文字典》与《甲骨文字帖》，字典即为包括 1400 多字的工具书，字帖即汇有近 500 字的放大本。这两本书皆为予之拙作，其主要特点就是方便、实用。有此两者备用，就可以临摹与查阅学习了。

其二，从甲骨文独字书法开始，例如临摹“猴”，就书写创作“猴”；临摹“福”，就书写创作“福”；临摹“凤”，就书写创作“凤”；临摹“艺”，就书写创作“艺”。边临摹边创作，如此等等，不断积累经验，不断提高书写水平。然后，增加一些难度，开始临摹两个字的，如临摹“光明”两字，就书写创作“光明”两字的作品；临摹“圆梦”两字，就书写创作“圆梦”两字的作品；临摹“吉祥”两字，就书写创作“吉祥”两字的作品。接着，再增加些难度，再增加甲骨文字数，如临摹四个字的“祖国万岁”，就书写创作“祖国万岁”四字作品；临摹“大有作为”，就书写创作“大有作为”四字作品；临摹“厚德载物”，就书写创作“厚德载物”四字作品。这样不断临摹、不断书写创作作品，临摹与创作结合进行。值得指出的是，在此过程中，甲骨文爱好者也认识了、学会了甲骨文字，这是少儿甲骨文书法教学特有的模式。

其三，在边临摹、边创作、边识字的过程中，把有关甲骨文字的出处、形成、趣闻、历史等故事，演绎、讲述给孩子们听，更进一步加深印象、提高兴致，会获得意想不到的良好效果。此外，再结合辅导日课，不断施以用笔、用墨以及作品的谋篇布白等知识，以提高学生书写水平与质量。

其四，组织少儿“走出去”，参观社会上的甲骨文书法展览，吸取有益的养料，扩大眼界，增加知识。还可以采取“请进来”的办法，邀请社会上的甲骨文学者、甲骨文书家，来为孩子们面对面的讲授。也可让孩子们互相观摩，互相交流学习，把优秀作品汇集装裱起来，举办各种形式的甲骨文书法展览。这些都是促进少儿甲骨文书法健康发展的措施。

有了兴趣、有了动力、有了一定的驾驭直线与曲线书写经验与能力，再去学习隶书、楷书及其他书体，也就轻车熟路，容易多了。梁启超《少年中国说》有云：“少年智则国智，少年强则国强，少年雄于地球则国雄于地球。”甲骨文作为中国特有的文化瑰宝，理应从少年开始学起！所以，我于此竭力主张：“甲骨文并不难，完全可以从娃娃学起！”

（备注：此文刊载于《书法导报》）

论甲骨文书体的八种类型

甲骨文亦称“契文”“卜辞”“贞卜文”“殷墟文字”“龟甲文字”等，沉睡在地下3000多年。殷商是一个神权统治的时代，崇尚占卜，无论什么事都要向鬼神卜问才敢行动。《小戴礼记·表记》云：“殷人尊神，率民以事神，先鬼而后礼。”在日常生活中，大凡祭祀、征伐、风雨、出入、田猎、收成、气象、疾病、生育等都要得到神的“启示”，请命上天。甲骨上的卜辞就是每次占卜的记录。人们把占卜看成是十分神圣的事，强盛的殷王朝，奴隶主拥有至高无上的权力，对天神鬼神更为崇拜，为了取得神的欢心，对占卜的刻辞要求很高，不仅要写得好，而且要刻得好。它是贵族们的档案，而那些从事书刻活动的贞人，专以书刻为职业，他们父子相传，世代因袭，是当时的“书法家”。他们不断书刻，不断改进，不断雅化，使甲骨文在不同时代呈现出不同的艺术风格。这些纵横交叉的线条、千变万化的字体结构，显示出甲骨文非凡的艺术底蕴与魅力。经整理归纳，甲骨文单字有5000多个，已考证破译的甲骨文字仅1400多个。每片甲骨都是历史的见证，都是先祖留下的文化瑰宝，都有强烈的诱惑力，那缕缕刻痕，无不召唤着我们去进行更深入的探索与思考。这些文字，王羲之没见过、米南宫没见过、孔夫子没见过，不能不说这是一大遗憾。而我们这一代亲眼看见，不能不说这是一大幸事。继往开来，无数学者呕心沥血，为甲骨文字和甲骨艺术的探索，作出了不懈的努力，形成了近代历史文化及人文科学一门新的学科：“甲骨学”，且渐渐发展壮大成为一门世界性的显学。美、日、英、法、德、加、俄、韩等国家都设立了专门研究机构。甲

王本兴在甲骨文学术报告会上做报告

骨文的研究实际上有两大类型或范畴：其一为学术性研究，侧重于甲骨文字的考释及甲骨文字所涉及的古代社会、军事、天文、气象、农业、商业与古代人们生活的各个断面；其二为甲骨文字的契刻艺术与书法艺术的研究。

本文所论甲骨文“书体八型”之说属于上述第二类范畴。甲骨文字是汉字的鼻祖，是目前所能见到的具备文字三要素（形、音、义）成系统的最古老的文字，也是汉字发展史上一种特殊的字体。中国书法起源于何时无确切记载，然而甲骨文有笔意有刀意，可谓是最早的书法艺术之一。郭沫若先生说：“卜辞契于龟骨，其契之精而字之美，每令吾辈数千载后人神往。文字作风且因人因世而异，大抵武丁之世，字都雄浑；帝乙之世，文咸秀丽。细者于方寸之片，刻文数十，壮者其一字之大，径可运寸。而行之疏密，字之结构，回环照应，井井有条。固亦间有草率急就者，多见于廪辛、康丁之世，然虽潦倒而多姿，且亦自成其一格。凡此均非精于其技者绝不能为。技欲其精，则练之须熟，今世用笔墨者犹然，何况用刀骨耶？足知存世契文，实一代法书，而书之契之者乃殷世之钟、王、颜、柳也。”

历来学者在对甲骨文进行学术性研究的同时，并没有轻视与懒怠对于甲骨文书法艺术的研究，他们拿起笔来，身体力行，从理论到实践，临摹、创作甲骨文书法。早在 1921 年，著名甲骨文学者罗振玉，出版了《集殷墟文字楹帖》；杨仲子、简经纶还将甲骨文字入印，刻出了精妙无比的甲骨文印章，从而开创了甲骨文书法艺术的新天地。此后，名家辈出，俊彦荟萃，甲骨文书法艺术空前拓展，成为我国社会普遍喜爱和认同的新书体。今天，无数甲骨文书法爱好者，单刀直入，首取甲骨契刻领域，直接学习、临摹甲骨文字，这无疑是明智的选择。甲骨文书体并不单一，具有多种形式，且风格各异。

原刻卜辞大者有寸余，小者若蝇头小楷，且书体随时代变迁而不断变化。董作宾提出按照世系、称谓、贞人、坑位、方国、人物、事类、文法、字形、书体等十项标准，将甲骨文分为五个时期。郭沫若先生在董说的基础上加以合并，将甲骨文分为三个发展时期来研究。龟甲上的卜辞有些系先书后刻，有些系直接落刀，不书直刻。无论哪种方式，都是以刀代笔，刀笔之间有所不同，加之龟甲坚硬，刀在其上刻画时要克服粗糙与坚硬的阻力，掌握好深浅与快慢，才能产生有一定力度的线条来。正因为此，龟甲上的文字都是以方折、直笔为主，故出土的十多万片甲骨文字，都统一在一个基本的格调之下。

仔细研究甲骨文，洞察其字形、字体，刀笔交替处，多姿多彩，千变万化。贞人们匠心独具，给我们展示了一幅幅前所未有、惊世骇俗的足具字形之美的美丽图片。甲骨文字作为当时社会的实用文字，偏重于形，尽管有很多形声字，但还是以象形来表义的。这就注定了文字在造型与线条刻画上需要更多更美的构思与创造，比其他事物的创造需要更多的智慧与思维。在这里予以甲骨文字的结体、线条等不同特点为依据，将甲骨文字分成八种不同风格的书体类型，它们分别是：

（一）奇肆雄浑型；

（二）宽绰疏朗型；

（三）俊秀遒丽型；

（四）尖利奔放型；

（五）方整内敛型；

（六）婉转流畅型；

（七）挺拔修长型；

（八）率性随意型。

一、奇肆雄浑型甲骨文书体

董作宾先生说：“甲骨文本身，有过273年的历史，它的书契有肥、有瘦、有方、有圆，有的劲峭刚健，有顽廉懦立的精神；有的婀娜多姿，有潇洒飘逸的感觉。特别是殷代中兴名王武丁时代的史臣们的书契文字，气魄宏放，技术娴练，字里行间充满了艺术的自由精神。”（董玉京《大家一起来学习甲骨文》）。由此而知甲骨文书风与殷商的历史时代有关。各个时期以某种书风为主体，组成了一个多姿多彩的书法群体。奇肆雄浑是指甲骨文字的点画粗壮浑厚，线条肥而有肉，具有全文点画的特色，从结体上看，大小不一，长短不一，大多趋向于正方稍显修长的特征。气势开张，精神饱满，给人以天然无雕、朴实无华的感觉。根据董作宾的断代分期，这类书体在第五期（帝乙、帝辛时代）较为多见，与商末周初的鼎铭书风类似。这类书体的点画可归纳为：点、直笔、曲笔等三类。点：在甲骨文中表现比较短小，而且含蓄朴实，

一、奇肆雄浑型

犹如橄榄形状，两头呈尖圆。中间比较圆满饱实。直笔：直笔包括横、竖、斜画。笔画平直利索，像拉长了的点画，两头尖圆为主，中间部位比较浑厚粗实。头部呈尖圆或是平圆。曲笔：指带弯曲的弧形之笔。回环自然，婉转流畅，实际上曲笔犹似拉长了的直笔画。最早的甲骨文字有象形性、绘画性，随着文字的发展与大量应用，其象形性、绘画性逐渐减退，书写实用性增强。除一些动物、器物、植物名字具象形特点外，甲骨文字的结体已基本脱离了事物的象形特点，更多的是表现书法艺术的用笔、章法、结体。结体也被称为“结字”，是指将点画按照疏密、松紧、开合、挪让等原则组成单个字形，殷人善视刀取势，随类赋形，遵循规矩而不为规矩所缚。向我们展示了点画与点画之间具有一定规律的组成关系，展示了活泼自由又高度概括的特有面貌。远古贞人从大自然生生不息的万物中采纳精华，将对称、均衡、对比、呼应等美学规律，置于文字结体之中，合理有度的布局，支撑起整个文字形体。同一个字可以有多种写法，这给创作甲骨文书法有更多的选择余地。奇肆雄浑型甲骨文字的形态，正方、扁方、长方不一；方折圆转运用亦很灵活自由，可以说它是写意性的书体。远古贞人在刻写中注意到点画轻重对比，曲笔穿插，刀随锋下，线条畅达不加修饰，刻出了写意。

二、宽绰疏朗型甲骨文书体

宽绰疏朗型甲骨文书体的特点是，大开大合，骨架张扬博大，中宫放松，字心部位留白较多，点画爽直挺拔。整个结体显得萧散宽展，气度不凡。这类书体在武丁、祖庚、祖甲、廪辛、康丁时期较为多见。宽绰疏朗型书体的线条是以直线为主，曲线为辅，点画则被淡化了。而直线的线条，从头至尾粗细平稳和谐，比较一致。两头尖中间粗的状态已基本消失。能见到头部粗一些、尾部稍细一些的直笔，则显得刀意浓重，斩钉截铁，干净利落。而曲线的线条自然流畅之中还带有稚拙憨态，充满意趣。有些圆曲之处则用了方折，以方代曲。疏放型书体独具一格，开张的气势，纵贯上下的笔力，雄健挺拔的点画，一泻千里，呈现出阳刚之美。《续书谱》中说：“大

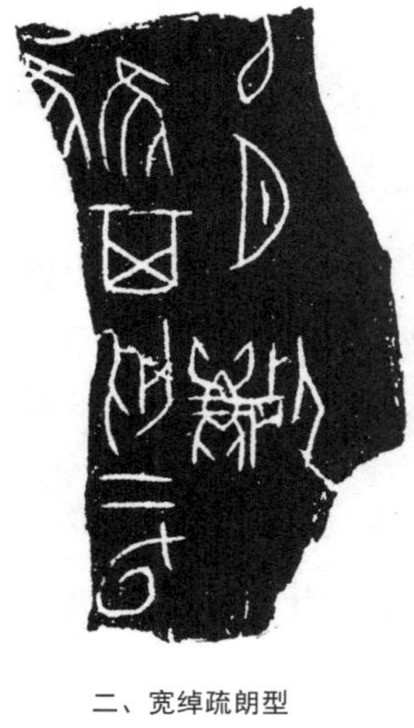

二、宽绰疏朗型

抵用笔有缓有急、有有锋、有无锋，缓以效古，急以出奇，有锋以耀其精神，无锋以令其气味，横斜曲直，钩环盘纡，皆以势为主。”此甲骨文书法亦如此。

三、俊秀遒丽型甲骨文书体

俊秀遒丽型甲骨文书体，多见于董作宾断代分期的第二期、第四期、第五期书风之中。之所以称它字体俊秀，是因为它的字体大小适中，行款整齐，契刻工整，线条娟秀细巧，峻峭妍美。无论是单字还是整篇文字，给人的感觉是规范精美，工稳之中显露出静穆遒丽的神采。安阳出土的甲骨片，大多数是乌龟的龟甲与兽骨，兽骨主要是牛胛骨和鹿骨。也有牛头骨、猪头骨、人头骨和虎骨。有学者认为乌龟的龟甲是主要材料，兽骨只有在龟甲不够用时方代用之。龟甲分腹甲与背甲，腹甲常见常用，而背甲不太常见。甲骨文大多是用刀契刻出来的，运刀与使笔终究不一样，何况龟甲相当坚硬，故方折直笔系甲骨文字中的主要笔画。除了方折直笔，甲骨文中还有圆曲之笔，从附图中可以看出，圆笔的配合与兼用，以一种特有的婉畅流美之势穿插在方折的卜辞之中，显得格外秀丽动人。曲笔不能称“自然流畅”。因为是以刀代笔，在契刻圆曲的笔画时，总是一波三折，能见到“线不转刀转”的硬痕。曲笔的粗细与直笔相仿，这样就保持了全篇书体不温不火、不激不厉的娟秀气息。书体的结体偏长，竖画垂直，横画比较平稳，曲画虽然带曲，但亦能以纵取势。它的遒劲秀丽，得到了诸多书家的青睐与喜欢。概言之，俊秀遒丽型甲骨文书体，其主要特点是两个字：韵与势。韵是指文字结体、线条的品质。韵味不是孤立的，而是与文字的客观本体所独具的美妙形态，是与契刻者情性抒发、审美意趣有机地结合在一起的。势即笔势，荆浩《笔法记》云，“凡笔有四势：谓筋、肉、骨、气。笔绝而（不）断谓之筋，起伏成实谓之肉，生死刚正谓之骨，迹画不败谓之气。”笔势乃线条的势态。势态包括方向感、运动感、节律感等。俊秀遒丽型甲骨文字方正平稳，静中有动，以纵取势。点画呼应，笔断势连，律韵内含，势韵互合。

三、俊秀遒丽型

四、尖利奔放型甲骨文书体

尖利奔放型甲骨书体，顾名思义，即甲骨文字的

四、尖利奔放型

点画露锋出尖，棱角分明，且向四周有一定的辐射性，毫无顾忌，毫无约束，自由纵放伸展。它的结体有的松散，有的紧敛。字体的大小、点画的方向、纵横的位置似乎缺乏规律性，因字而异。这类书体主要分布于董作宾断代分期的第一期、第三期及第四期书风中。甲骨文大多用刀契刻而成，其点画的头尾呈现出尖圆之状，吻合刀意削凿的意趣。在各种风格的甲骨文书体中，或多或少都有这种笔意。而在尖利奔放型书体中，则强化了这种笔触。有的点画两头呈尖状，有的点画只是一头呈尖状，无论是起笔还是收笔，都侧重于尖意。现在我们从直笔、曲笔、结体三个方面来看其特点，直笔：头部稍细，中部浑厚显粗壮，末端露锋出尖，出尖处呈含蓄嫣润之状。必须强调的是，两头尖中间粗的点画不能写得像柳叶一样呆板、僵死。江苏省甲骨文学会曾举办过4次全国性的甲骨文书法大展，不乏佳作。但其中亦有一些作品，就是用这种两头尖中间粗的“柳叶”笔画创作的，写得千篇一律，毫无生气与变化，非常难看。最糟糕的是市场上有自描自仿的柳叶状甲骨文字帖出售，造成了一定的负面影响，所以从原拓片上观察、临摹、学习甲骨文书法是正确途径。实际上凡是露尖的笔画，尖得很有变化，中间稍粗亦很自然平稳，刚健瘦劲，有锐气，并不是越尖越好。曲笔：书体中有一部分是曲笔，多数曲笔带有折意。其形态自然精致，充满刻意。结体：文字的结体大小、长短变化微妙。有的字体呈扁方，有的呈正方，有的呈长方，有些文字部位都写成了一个一个三角形。而这些三角形为整篇又增加了许多尖气锐意。无论是横竖直画，还是斜曲之笔，都极尽伸展、奔放、飘逸之态，无形之中顾盼呼应的情趣陡增。

五、方整内敛型甲骨文书体

方整内敛型甲骨文书体的文字，整齐划一，纵横有致，行款井然有序。无论是文字的大小，还是点画的长短，都没有过度的伸展放纵，平稳端庄，显得非常工致方正，与其他类型的甲骨文字相比，确实别具风貌。这一类书体在断代分期中，各期均有所见，而在第二期、第三期、第五期书风中尤为突出。远古贞人在整饬工致方面下了功夫，不仅契刻十分精到，而且字体细巧、温润，充满着书卷气息。可见古代贞人使刀如使笔，既有高超的书法水平，又有精湛的契刻技巧。有人认为，这类书体过于规矩工整，缺乏个性，缺乏变化，其实不然，这正是它的特长与优点。个性化的书体可以在甲骨文艺苑里争奇斗艳，整齐规范的书体也可以在甲骨文艺苑里独示风标。方整内敛型的甲骨文字，实际上属于“一根线条”书法，这和金文的“一根线条”有相同之处。这根线条匀整、粗细比较一致，平稳自然，无太大的起伏与反差。它的点画、斜画、撇捺画既无波势又无其他特别的形态，只是随弯而弯，在文字的曲折、交叉中改变着自己的方向与形态。无论纵横斜曲，线条一般不太长，一般不向左右伸展延拓，相反都向中宫靠拢收敛，结体大多呈正方或长方。故它的书体特点定格在静穆、秀丽、端庄、凝练的基本格调上。但并不是每个甲骨文字都正襟危坐，千篇一律、概念化与程式化。仔细观察，每个文字俯仰倾斜，左顾右盼，低首昂胸，变化相当微妙有趣，这正是我们要学习与吸取的地方。

五、方整内敛型

六、婉转流畅型甲骨文书体

甲骨文字以圆笔为主、以直笔为辅的书体，称为婉转流畅型甲骨文书体。不言而喻，在甲骨文字中，圆笔、曲笔、弧形之笔画多了，每个文字都在圆的韵律包围之中，自然就显得流光溢彩，婀娜多姿，给人以灵活、柔丽、飘逸的美感。这类书体在董作宾的断代分期中，多见于第一期、第四期书风。殷商盘庚至武丁时期，有百余位贞人，他们在契刻时，刚劲有力，纵横开阖得宜，用刀灵活多变，有些点画甚至以曲代直。武乙至文丁时期的书风，属于推陈出新，争奇斗艳时期，他们企图从用刀的爽直、从点画直笔中走出来，突出了用刀契刻难度较大的圆笔，力主刚健飘逸、圆曲流丽的风韵。从这些婉转流畅的文字线条中，可见远古贞人的契刻用刀技法更加成熟。由于契刻技巧的进步与提高，故多姿瑰丽的圆曲之美的甲骨文书体出现了抢笔势、多见的局面。曲笔在文字结体中占多数，成为文字的主体笔画，它变化多端，因字而宜，随弯顺势，遇折转锋，婉而畅通；线条的粗细反差亦较为平稳协调。有些曲笔的尾部稍细

六、婉转流畅型

一些，有些圆曲之笔中部粗壮一些，有些曲笔并不圆转，在曲处带有波折与硬痕，这就是最明显的刀意。远古贞人用刀的果断与大胆，使每根线条的刀意、笔意都尽情得以彰显。

七、挺拔修长型甲骨文书体

挺拔修长型甲骨文书体，字形瘦劲修长，方正遒丽，爽直畅达，以纵取势。并且具有直笔多，圆笔少，刚劲挺拔的特点。这类书体多见于断代分期的第一期、第四期书风中。从图片中可以看到，它的点画线条粗细匀称，用刀痛快淋漓。第一期的卜辞契刻者，大多走雄伟劲健、严整峻厉一路，圆线条在书体中很少见。第四期卜辞贞人，亦青睐奇峭险峻、气势凌厉、刀笔瘦劲的书风。尤其是在文丁时代，崇尚复古回归，改变刀笔意趣，与第一期的某些格调接轨，故这一类书体占有一定的数量与比例。挺拔修长型甲骨文书体，重点在于一根直画线条上。直画线条包括横、竖、斜、点等基本笔画。其次是折画，即横与竖或斜撇、转折、相接的笔画。至于圆曲之笔在这类书体中不是绝对没有，但毕竟为数很少。因此圆笔淡化了，成了辅助性的线条。直笔两头尖中间粗的笔致于此已基本不复存在，多数直画呈头部粗一些，往后渐渐变细，或者是呈前后粗细基本一致的形态。由于直画线条的本身比较一致，而相邻的直画，上下、左右间的直画，则粗细不一、形态不一，变化十分灵活微妙。折画是由诸多直画转折、连接而成。契刻时不可能一刀到底，所以折笔的刀意十分浓厚。转折处的形态也不是千篇一律，有的平坦温和，一似圆曲之笔；有的圭角分明，锐气森森，刀痕毕现，变化是非常丰富多彩的，故此类书体最明显的特点是，一挺拔，二修长。左右、横向的笔画线条不是放纵与伸展，都以紧敛为主，均向中宫靠拢，统一服从在挺拔修长的整体格局之下。

七、挺拔修长型

八、率性随意型甲骨文书体

率性随意的甲骨文书体，是指带草意的甲骨书体。

在殷商时代，一是贞人们出于契刻的仓促草率，急于求成，甚至没有墨稿的情况下，随刀挥洒而成。二是贞人的一种刀刻作品。刀刻即练习时的契刻，有的则是在正式契刻之前，试刻的草稿。古人这种草率的刀刻，在今天看来，无疑是一种创新。它点画的粗细，文字的大小，布白的疏密，都很不经意，亦不刻意，而是用一种草书的手法，率性随意而书，犹似“乱石铺路”却又不是乱涂乱抹，仍在同一个甲骨书体的基本格调之中，可以说是远古贞人心迹的写真，胸臆的直露与抒发，也可以说是远古贞人探索与尝试的结晶。在断代分期的第三期廪辛、康丁时期，甲骨文字曾一度讹误倒退，粗糙颓靡。然而，这类率性随意的甲骨文书体则与之不同，它广泛分布在第一期、第二期、第三期、第四期书风之中。它的主要特点是文字大小错落、长短相间；方圆兼顾，纵无列横无行，呈星星罗棋布之状。细细品味，却乱中有序，别具一格，生趣备出，有的将文字中某一部首夸张放大，或将某一点画拉长，极尽舒展纵放之姿。每个文字俯仰歪斜，都各展形貌。此类书体点画的特点是，直笔：直笔的种类很多，有粗直画、有细直画、有头粗尾细的、有两头细中间粗的、有粗细一致的，等等。曲笔：曲笔呈“一根线条”之状，显得粗拙浑厚大都较为自然流畅。大圆大曲之笔更具写意的特色，有的曲笔则曲中带折，曲、折衔接处的过渡妥帖完美。折笔：折笔即横、竖、斜、曲的连接或转折之笔。它的刀意浓厚，干净利落爽直无比。转折处不“换笔”，含蓄自然而朴实；转折处“换笔”则圭角分明，锋芒毕现；有的折笔，往左折往右折往下折，折来折去有六折以上，这种多折之笔，变化丰富，几乎没有雷同。结体的特点主要是充满憨厚稚质的气息，不见狂野与夸张，所谓“随意”，即谓“有意”。其字之大不觉太空，其字之小不觉过紧。

众所周知，甲骨文书体与卜辞内容如何分类，是学者对甲骨文研究、认识、理解程度的一种反映，是学者对殷商文明认识的展现，因而这是一个动态的发展过程。在甲骨文发展的初期，它是一堆断残、破烂的骨板，“混沌”一片，分类无从谈起。1903年，刘鹗在其著录的第一本甲骨专集自序中云：“龟板可识只有天干而已。”1904年，孙诒让凭治古文字、大篆40年，见识彝器款识2000种之学养，大胆开

八、率性随意型

创了甲骨学之先河，辑成第一本考释甲骨文之专著《契文举例》（上下卷，1917 年出版）。此书虽有诸多失误，但首次提出卜辞 10 项分类：月日、占卜、卜事、鬼神、卜人、官民、方国、典礼、文字、杂例。1915 年，罗振玉发愤潜研 40 余日，“雷霆不闻，寝馈或废”（自序语），考释卜文 485 字，能识读出卜辞 1000 多条，辑成《殷墟书契考释》一书，提出 9 项分类：祭、告、敦、出入、田猎、征伐、年、风雨、杂卜。1933 年，郭沫若《卜辞通纂》有 7 项分类：干支、数字、世系、天象、食贷、征伐、畋游。加上前面提及的董作宾《甲骨文断代研究例》，提出了著名的“五期论”和“十项标准”学说。董氏的断代分期宏观、微观兼顾，纵向横向交叉，是比较科学的。

综合上述因素，卜辞分类的演进与学术研究的深化密切相关，是主观认识客观的一种求索。从无到有、从粗到细，从局部到系统，从专业到普及，从低级到高级、由表及里，这是符合科学认识规律的。因此，江苏省甲骨文学会会长徐自学先生在《甲骨文拓片精选》中评述云：“王氏本兴君‘八型’说与‘五期’论两者并不矛盾，而是一种发展与补充。系前者的某些方面的延伸。董氏书风的‘五期’论佐证了历史断代分期，表现了纵向性的学术范畴；王氏书体的‘八型’说，是卜辞形态的艺术分类，表现了横向性的艺术范畴。两者既有不同又有相同的内在联系。是一种一般与特殊的关系，是一种相辅相成的互补关系。”

徐自学先生的这段话，是对本文“甲骨文书体八种类型”最好的总结与评判。

（备注：此文系 2006 年“殷墟 YH127 坑国际学术研讨会”发言稿，并刊载于《书法导报》）

中国书法从甲骨文说起

中国书法是中国特有的一种民族传统文化与艺术。中国书法从甲骨文说起，这似乎是一个没有什么争议的命题。人们常说草书书法、楷书书法、隶书书法、小篆书法、金文书法，同时也说甲骨文书法。这里面包含着一个在形式逻辑中，用推理方法可以得出的信息：沿草、行、楷、隶、篆可以追索到甲骨文源头，或者从甲骨文到后来的篆、隶、正、行、草书是一脉相承的。由此，我们说中国书法从甲骨文说起，就是从源头说起。追本溯源，予以为有两个问题值得阐述、评说清楚：其一，甲骨文之前的陶文有无书法意义？其二，甲骨文本身的书法意义是什么？

中国汉字的书写艺术称之为书法。一般多指后世用毛笔书写汉字的方法和规律。包括执笔、运笔、点画、结构、布局等内容，其中还包含着书写者的情感与心迹，使之成为富有美感的艺术作品，被誉为无言的诗歌、无形的舞蹈、无图的绘画、无声的音乐，由此可知中国书法的伟大。我们说，中国书法艺术开始于汉字的产生阶段，所谓“声不能传于异地，留于异时，于是乎文字生。文字者，所以为意与声之迹。”众所周知，最初，表现文字的是一些刻画符号、象形文字或图画文字。早在6000年前，半坡人就在生活、生产实践中创造了具有文字性质的符号和绘画、雕塑等艺术作品，这些作品就是陶器；4500多年以前大汶口遗址，发现了十多个刻画文字，这些象形的刻画可以看作是原始的中国文字，也可叫陶文。汉字所以叫文，是因为这些纵横交错的织纹，在古陶器上是一种美饰，文字便引申美饰的含义，古人用具有美饰含义的“文”来给汉字定名，这说明文字从最初就十分注意美饰、具有艺术化倾向。缘此可知，中国书法艺术的历史与汉字应当是一样古老，与汉字并存并进，书法艺术的起源与汉字的起源应是同一个范畴、同一个问题。历史的尺度是公正的，人们一致认为，陶文还不是成熟的、有系统的文字。从这个意义上说，陶文还没有具备和包含书法的意义。

直到殷商时期的甲骨文字，我国才真正出现了成熟的汉字系统。我们说，甲骨文书体风格绚丽多彩，表现了不同的多种审美范畴，或端庄方正、或雄浑拙厚、或纵横奇崛、或精工细致。之前，予另有论文将甲骨文按照线条粗细、字体长短等特征，分为八种类型。可以推测，在商代，人们就已经有意识地将汉字书刻得美观，并自觉或不自觉地将它推动、提升到一种艺术境界。诚然，甲骨文是用刀契刻在龟甲和兽骨上的文字，但甲骨上的文字痕迹，实实在在地证明：有许多甲骨文是先用毛笔书写成字样，然后再进行契刻，有的在完成契刻后，还要用毛笔再进行填朱或填墨。这说明甲骨文是先表现笔意，后才表现刀味的。所以确切地说，甲骨文字即是刀笔文字，它既有隽永挺拔的金石刀味，又有拙朴多姿的书卷气息。一种文字在书写应用过程中，用刀笔兼施来表现它，这在世界浩瀚的历史长河里是罕见的。从书法角度看，在甲骨文中有用墨或朱砂书写的文字，表明那时已有了类似毛笔的书写工具，而这些文字之用笔，起止均显锋芒，有轻重粗细变化，呈两头尖中间粗，这可视为甲骨书法最初的用笔形式之一，而且甲骨文刻辞有长有短、从左到右或从右到左，疏密有致，变化丰富，这表明有了甲骨文最初的章法形式。甲骨结体有左右对称，重心稳定。有一字多形，多样统一，方圆结合，开合有度，表现出书法艺术结体之优美形式。中国书法诸要素具备，故可以认定，在公元前 14 世纪至公元前 11 世纪的商代后期，中国就有了实际意义上的甲骨文书法艺术。

但有人认为中国文字发展史与中国书法艺术史不能混而为一，文字的产生是为了使用，而书法是为了欣赏，两者是不同的概念。人们都会写字，但会写字的人不一定都是书法家。而甲骨文当初是实用文字，所以还不能称其为真正意义上的书法艺术。用毛笔书写甲骨文字，把甲骨文当作书法艺术来看待，应是 1921 年后，罗振玉把它写成了楹联形式，并出版了《集殷墟文字楹帖》之后算起。这样的观点予不能认同，实际上这是一种偏见，中国文字发展史与中国书法艺术发展史是密切相关的，两者是不可分割的，不仅甲骨文如此，金文、隶书、楷书等都是如此，特别是文字的早期历史与书法艺术的意义更为密不可分。无数像《祭侄文稿》这样当时是实用性的文字篇章，而后却被后人尊奉为书法艺术之不朽大作，这足以说明了这一点。罗振玉本人曾说过："取殷契文字可识者，集为偶语，三日夕得百联，存之巾笥，用佐临池。"很明显，罗振玉在书写创作这些楹帖书法前，将契文可识者作为范本临摹，这和书家临摹钟鼎金文、隶书碑刻，而后再创作金文、隶书书法作品的过程是一样的，再次证明了甲骨文的书法意义，它与钟鼎金文、汉碑隶刻等书法意义一样，具有不可磨灭、不可否认的永恒魅力与艺术意义。

前面已说过，中国书法从甲骨文说起，就是从书法的源头说起，从书法的根本说起。人们常说学书法要取法乎上，那么选择甲骨文应当是理智的选择、必然的选择、不会后悔的选择。前一时期，有一位甲骨文书法爱好者问我：学甲骨文书法，是否一定要先把楷书、隶书、篆书、草书学好了，才能去临摹、学习甲骨文书法？我回答他：未必！完全可以直接从甲骨文书法入手。因为有甲骨文书法的时候，正草隶篆以及其他书体还没有诞生呢。当然，我也不反对在精力和时间允许的情况下，先学习正草隶篆，积累经验，学好了其他书体再来学甲骨文书法，这样也许会轻车熟路、更容易一些。20世纪末，中国一度掀起了书法热，进入21世纪，大家都冷静地、理智地去看待书法艺术，越来越多的人转向了甲骨文书法，不约而同地走到了中国书法的源头，这是非常令人鼓舞与欣慰的事情，予希望甲骨文书法艺术群体能更团结、更持久、更深入；也希望甲骨文的发现地河南安阳以及中国文字博物馆在普及、推动、拓展甲骨文书法艺术方面，发挥更大、更多的作用。

最后，我还想附带说明一点：不仅中国书法从甲骨文始，中国篆刻亦是从甲骨文开始。众所周知，中国最早出土的印章是著名的三方商玺，它与甲骨文是同一时代、同一类文化艺术产物，这不是偶然现象。它们有着共同的文化背景与艺术基础，它们有着共同的文化脉络与艺术气韵。我曾经做过一次小小的实验，即在甲骨拓片上，切割出一个方块形，方块形上有四个甲骨文字或者有六个甲骨文字，那么它就是一枚天然的甲骨文玺印。发凡起例，中国最早成系统的甲骨文字，有刀味又有笔意，和殷商玺印进行比对，我们说：中国书法、中国篆刻均应从甲骨文说起。

（备注：此文系中国文字博物馆《2013中国文字·书法论坛》发言稿、并刊载于《书法导报》）

不可忽略殷商贞人用毛笔书写甲骨文字的艺术性

所见殷商时代的甲骨文，主要有四种形式：

其一，先书后刻的甲骨文；

其二，用刀直接契刻的甲骨文：

其三，契刻后用毛笔填朱的甲骨文；

其四，已经用毛笔在甲骨上书写，但未经契刻的甲骨文。

我们所看到的甲骨文大都是刀刻的，而目前所著录甲骨文的

书：如《铁云藏龟》《甲骨文合集》等，大都是墨拓本，诸多甲骨文书法爱好者，只能从墨拓的甲骨文拓片去临摹学习。墨拓无法把甲骨文字的墨迹完全清晰地反映出来，因而目前有许多甲骨文书法作品的风格，有雷同而缺乏特色的感觉。有的甚至出现尖利状、柳叶状，一味仿效刀刻的效果。不得不承认，刀刻的甲骨文与毛笔书写的甲骨文，就艺术层面而言，有较大的区别。刀刻甲骨文其主要特色显然是笔致挺拔，刚健遒劲，锐利峻峭，反映出来更多的是金石气息。有的书家在与我交流甲骨文书写艺术时，甚至认为：书写甲骨文书法一定要把刀刻的效果书写出来，反对掺杂、融合金文、小篆、隶书等其他书体的笔法，如果作品结体与线条没有契刻效果，那么就不能算是甲骨文书法作品云云。这显然是一家之见，未免失之偏颇。作为一件甲骨文书法艺术品，其审美观无论从何种审美理念出发，不可能是单一的，应当是包罗万象、囊括万殊、综合各种美的元素成一体，才能显示其超凡脱俗的品位。不能把甲骨文字与甲骨文书法画上等号，所以我们今天在书写甲骨文书法时，既要学习古人刀刻甲骨文艺术，也要吸取古人甲骨文书写艺术，这样才能完善自己。有一点可以肯定：就研究殷商史或甲骨文字而言，契刻的甲骨文字跟笔写的甲骨文字并没有差别，但对研究书法艺术的人来说，则意义就完全不一样了。

殷商时期用毛笔书写的甲骨文墨迹少之又少，能见到这样的墨迹也是十分难

得，我们只能从仅有的墨迹中选取若干，作一分析与评述。那么，殷商贞人用毛笔书写的甲骨文字，又是一种什么样的艺术气息呢？（见图一），此卜骨原长3.3厘米，宽2.2厘米，系毛笔朱书墨迹：“贞今夕其”四字，依卜辞习惯，“其”字下缺一字，应是“雨”字。即卜问今晚会不会有雨？其中“贞”“其”二字上部已残缺不存，但“今”“夕”二字完整清晰。由此可以看出，古人的用笔和我们今天倡导的传统用笔是一脉相承的。“夕”字的主曲画，收笔完全是回锋而收，呈圆转之状，整个线条显得浑厚朴实，粗壮宽博。“其”字的上部二短画，起笔应是逆锋落笔，呈圆起式，然后向右运行，收笔作提锋回收状，皆不露锋芒，很是含蓄，且二短画的粗细、轻重、形态都有变化与不同，这种变化还体现在“其”字的其他笔画中，如两边的竖画与交叉的斜画。“贞”字的大部分笔画已缺失，但二侧的竖画末端尚清晰可辨，亦作提锋回收状，还可以看到用笔的放松，尚带几分天真率意的味道。“今”字结体左右对应，二长斜画正直丰润，圆蕴浑厚，行笔至中途稍加按力，而收笔时又提锋顺势而收，显示出从细到粗、又从粗到细的顺畅过渡，营造了一定的节奏韵律，下部一长一短的二横画，粗细适中，平稳匀称，恰到好处。古时笔者书写时应是“贞”字蘸了朱色颜料，写完第二字，“夕”字又蘸了一次朱色颜料，写完第四字。从朱迹墨色上看，并非像现代有些书家，写每字都蘸墨，更不是每一笔画都蘸墨，故这四字写得相当用心，相当有法度。从线条的质感上看，古人使用的毛笔不是很“硬”、不是很“刚”，而是偏于软性的毛笔。可以说，其书写效果和今天使用的毛笔书写效果，没有本质上的差异。由此，我们可以初步领略殷商时代契刻的甲骨文与书写墨迹的甲骨文之间不同的特色。

图一

此卜骨原长7.3厘米，宽5.1厘米，毛笔朱书墨迹（见图二），内容为“贞翌丙，亡其从雨。”七个字。即卜问隔天丙，会不会有雨？

图二

下方还能看到“今、日”二字，卜骨下面断缺，并且断缺部分的文字属于第二段落内容，故在此不计。由于年代久远，上述首段七字卜辞某些笔画已模糊不清，但大部分线条与整体形态还是依稀可辨。我们从这七个字的结体布白上，可以看到有长有短、有宽有窄等诸多特点。长者如“从、雨”等字，占二至三字的位置，不受约束，显得特别长；短者如“丙、其”等字，则显得扁而短小；宽者如“其”字，在卜辞七字中，最为宽博；窄者如“亡”字，纵向大约只占其他文字不到一半的宽度。笔画线条整体感朴拙浑圆，骨力内蕴，看上去轻松自如，稚质憨厚。观察细节，又见粗细不等，方圆不一，轻重有别，直中有曲，曲中求直等诸多特色，每一笔画有每一笔画的形态，每一笔画都不相同。此外，这些文字结体的转折亦别具匠心，如“丙、亡”字的转折主方，“其”字的转折主圆，“雨”字的转折左方右圆，“贞”字的二上角、“从”字的左右的人字部、“雨”字下部的三点都大小各异、大小不一，可谓千姿百态，妙趣横生。像一首由殷人谱写的歌，节奏鲜明，韵味悠远。

上文中两件作品，前者可谓“法度谨严”，后者可谓“天趣自然”。我们今天书写甲骨文书法完全可以借鉴这些结体布白、线条造型、书写手法。同时我们看到了写与刻在艺术层面上不小的差异，似乎可以初步确定，古人用刀契刻的甲骨文突出了金石契刻味；古人用毛笔书写的甲骨文突出了书卷气息。如同书法艺苑里“碑”与“帖”这两个范畴，有异曲同工之处。长期以来，由于用毛笔书写甲骨文的骨片数量较少，殷商贞人毛笔朱书甲骨文字墨迹的艺术性往往被忽略了。

图三

说到殷商甲骨文刻与写的不同，最好的证据是我们能见到先写后刻的出土卜辞实例（见图三）。此卜骨大体呈长方形，卜辞也纵向而刻，刻的内容应是序辞：“丁未卜永”。可以看到，刀子刻过后，毛笔书写的痕迹还在，而且能发现书写的墨迹明显比刀刻的笔画要粗，个别笔画写得较长，而刀刻的却较短（如“永”字的主笔画），这足以证明此为先书后刻的卜辞。这里我们既可以领略到刀刻的刚峻挺拔，又可以领略到书写的敦厚朴实。在刀刻甲骨文笔画的映衬下，墨迹书写的书法艺术性也就显而易见了。

有意思的是，甲骨文上面有的字用刀刻过了，有的字已书写好，但还未动刀镌刻，刻与未刻二种形式共存在同一甲骨上。（见图四）“有病”二字已经用刀刻好，而“蚩”字还只是墨迹，未曾用刀契刻。通过上下对照，可以发现刀契文字与墨迹文字截然不同，它们之间的这种差异为人们留下了想象的空间，也让大家更深刻地体会到用毛笔书写甲骨文的艺术性。

图四

过去人们书写甲骨文，由于拓片接触太少，而毛笔书写的墨迹又无法拓展，也就见得更少，所以对甲骨文的笔情墨趣无法体会，写出的甲骨文书法大都过于峻峭尖利、平板僵硬，今天我慎重提出用毛笔书写的甲骨文墨迹，是希望对甲骨文书法有兴趣的朋友，能从中有所领悟与体会，进而得其门径，打消顾虑，大胆地去书写。刀刻的毕竟是刀刻的，笔写的毕竟是笔写的，它们可以在一定程度上融合，但不能互相代替。百花齐放的环境有助于甲骨文书法爱好者创作书写出内涵更丰富、形式更多样的甲骨文书法作品。

（备注：此文刊载于《书法导报》（第九期），收录时有改动）

甲骨文四要地之一：台湾

许多文章在阐述甲骨文的发现和发展时，常常说甲骨文有“三要地”，第一个地点是北京，那里是王懿荣先生1899年发现甲骨文的地方；第二个地点是安阳，那里是殷墟所在地及甲骨文的出土地；第三个是南京，鸡鸣山下北极阁畔的前民国历史语言研究所，那里曾经开展过甲骨文发掘研究工作。

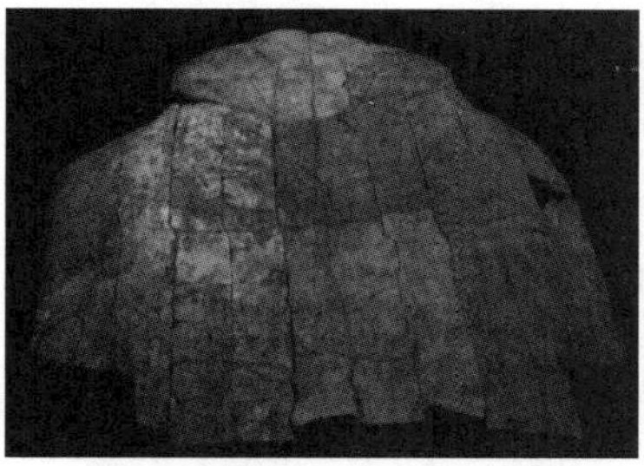

龟甲片（藏于台湾历史语言研究所历史文物陈列馆）王本兴摄

大字涂朱、两边小字填墨的甲骨文（藏于台湾历史语言研究所历史文物陈列馆）王本兴摄

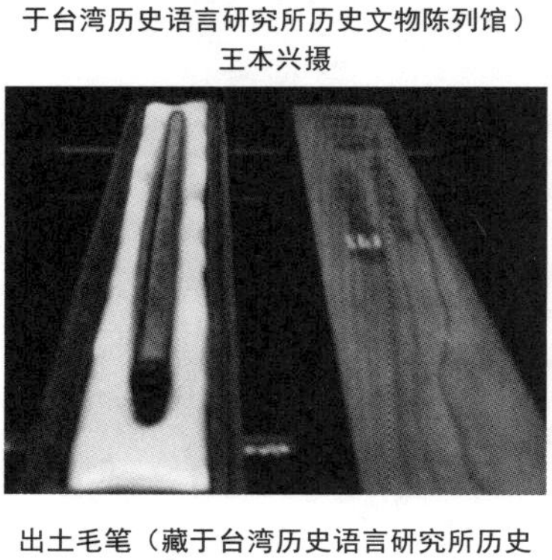

出土毛笔（藏于台湾历史语言研究所历史文物陈列馆）王本兴摄

为甲骨文考古发掘立下汗马功劳的老前辈石璋如先生，通过音频，在纪念甲骨文出土100年的大会上，对甲骨文“三要地”进行了详细的阐述和解释，他说：“有三个地点特别值得注意，第一个地点是安阳，那是甲骨文出土的圣地，是甲骨文的老家，在那里不但要扩大举行，凡研究甲骨文的人，还应该都去朝圣。第二个地点是北京，因为北京是甲骨文发现的地方。1899年刘鹗住在王懿荣家，若王懿荣不害那场病，也不会买龟板煎药，刘鹗若不看龟板，也不会发现其上有文字，王、刘若不是金石学家，有文字，也不相干，恰巧王、刘都是金石学家，机会巧合，甲骨文才得以发现。4年后1903年刘鹗又出版了《铁云藏龟》一书，是甲骨文的第一本著作，所以北京这个地点，应该扩大举行。第三个地点就是南京了，因为南京是殷墟科学发掘所得的甲骨，集中研究的地点，从1928年—1937年，十年间十五次发掘所得甲骨文均集中在这里，并在这里还举行过室内甲骨发掘的工作。研究甲骨文的学者，都知道YH127坑出土有17000多片甲骨，恐怕

很少有人注意大部分甲骨是从南京发掘出来的，大家闭目想一想，除了安阳发掘出土大批甲骨文，还有什么地方出土过大批甲骨文，恐怕只有南京了。所以在南京这个地方更应该扩大规模的，来举行庆祝纪念。”

如此，甲骨文三要地之说似乎可作定论，然而，予以为这个提法还不够全面，甲骨文应该是“四要地”。台湾也应是其中一个，有如下理由：

其一，台湾是祖国的宝岛，他们收藏的有字甲骨多达30204片，其中台湾历史语言研究所收藏甲骨多达25000片，这个数字仅次于北京地区收藏甲骨的数量，名列第二。台湾故宫博物院、历史博物馆、历史语言研究所常年向公众展出精美的甲骨片，宣传甲骨文化。有一批专职学者和专家长期从事研究、整理、缀合甲骨文的工作。

其二，甲骨四堂之一“彦堂”董作宾先生，1949年去了台湾，直至1963年在台北去世。他是科学发掘殷墟的先驱者，是“罗王”之后甲骨学史上的一代宗师，是他发现了贞人，创立了“甲骨分期断代说”，他的《甲骨文断代研究例》已成为划时代的不朽名作。1951年他在台湾任历史语言研究所所长，一生笔耕不辍，给我们留下了《新获卜辞写本》《小屯殷墟文字甲编》《小屯殷墟文字乙编》《殷历谱》等十多种甲骨文专著。

其三，1990年2月，台湾甲骨文学会在台中市成立。此学会不断壮大发展，现有会员2300多人，领导会员切磋甲骨文学术与艺术，在世界各地举办甲骨文书艺研习班、培训班，举办海内外甲骨文书法艺术展览，与其他已成立甲骨文学会的省市组织进行交流互访，并多次组团赴新加坡、日本、韩国、南非、加拿大、美国等地举办甲骨文学术及艺术活动，使甲骨文研究蓬勃发展，驰誉国际。将原本冷门的古文字发展成为世界显学，功不可没。

以上几点足可证明，台湾是甲骨文资源非常丰厚的地区之一，当地的甲骨文学术活动与艺术活动很有潜力、很有特色。台湾地区成立甲骨文学会，其成员的数量和实力亦可谓名列前茅。毋庸置疑，台湾当是中国甲骨文四要地之一。

（备注：此文刊载于《中国书画报》）

人学字　字育人

——学甲骨文书法应从小学生抓起

我们从一年级开始学习最简单的汉字，这些最简单的汉字，大都出自最早的甲骨文字。当人们看到甲骨文时都有一种“似曾相识”的感觉，从发展阶段上看，甲骨文是中国文字的起源，后来才演变为金文、小篆、隶书、楷书、草书，直至今天成为世界公认的中国汉字。故从一开始就学习中国最早的甲骨文字，无形之中让小学生与中国汉字建立了一种亲近感与好奇心。从根本上认识掌握甲骨文字的意义，可以奠定少年儿童良好的语文文字基础。我们说学写字，就好比是学做人，所谓字如其人：什么样的人，就写什么样的字。学会做人，当然字也容易写好。甲骨文有刀有笔，是刀笔合成的艺术，既有书卷气又有金石气。甲骨文之前没有成熟的文字记载，是甲骨文开天辟地，奠定了文字的基础，记录下远古时代的天文、地理、历史、社会、军事、战争、农牧、人事等事项，以“源”的身份，开启了后世的各种文化、文明符号。特别是书法艺术从甲骨文入手，既可溯流而上，也可顺流而下，从源头上学习，就会一通百通，大彻大悟，知其然亦知其所以然。这是中华儿女应该具备的基本文化素质，也是小学生应具备的语文基本功。在强调人文素质的教育背景下，从甲骨文开始学习汉字，有助于少年儿童养成认真细心的学习习惯及良好的意志品格，还可以加强爱国主义教育。

鉴于此，我极力主张：学写甲骨文字，应从小学生抓起。人学字，字亦能育人！

2014 年 5 月 30 日，习近平总书记在“六一”前夕看望北京市海淀区民族小学少年儿童时说：“中国字是中国文化传承的标志。殷墟甲骨文距离现在 3000 多年，3000 多年来，汉字结构没有变，这种传承是真正的中华基因。书法课必须坚持。”总书记的这段讲话，深刻地诠释了学习、传承甲骨文的意义，也是对“从小学学甲骨文书法”最好的肯定与最大的鼓励！纵观中华民族文明发展的历史，自周代开始即以书为教，到了唐代就全面继承了这个传统与制度，在唐代选拔人才的考试中，书法的优劣被作为甄选人才的必备条件。那么，在科教兴邦、科教兴国的今天，“以书为教”也就显得别有意义。作为传承民族文化、传承民族精神的甲骨文书法，理应从小学生启蒙教学开始。小学生写好字是知识、技能和情感体验的有机融合。汉字是用线条组成的具有审美价值的艺术载体，那么甲骨文书写艺术更是其根本之根本。书写甲骨文字实际上与书写汉字其他书体一样，注重结构的疏密，点画的轻重，行笔的疾徐及笔画间的呼应、避让，甲骨文书法是一件端庄、美观的艺术作品。在日积月累的学习活动中，小学生们会逐渐对甲骨文字的形体美有所认识、有所感悟，对甲骨文字产生浓厚的兴趣，从而产生写好甲骨文字、写好汉字的良好愿望。

上文说及，甲骨文字是中国汉字系统中的“小弟弟”，稚气天真，点画结体相对比较简单，几乎是属于“一根线条”的书法，它只有直和曲两种笔画，点也只是直画的短缩，没有楷书勾勒撇捺等那么繁复。“小孩”与小孩之间的亲近感、好奇心是任何东西无法替代的，故甲骨文书写艺术适合少年儿童初拿毛笔时学习，易学、易适应、易上手。此外，有相当一部分甲骨文字属象形文字，写鱼似鱼，写鸟像鸟，写虎似虎，故趣味性强。对少年儿童学习书法艺术来说，第一要有兴趣，第二要容易入门，第三要有信心坚持，这是很重要的前提条件，然后再由此从技法与笔墨层面上去逐步提高，甲骨文书法完全可以达到预想的、理想的境界。

2014 年 3 月 31 日王本兴在无锡市育红小学讲授甲骨文

2021 年 5 月 8 日王本兴在北京景山学校讲授甲骨文

2014 年 9 月 10 日王本兴在无锡市钱桥中心小学讲授甲骨文

2021 年 5 月 21 日王本兴在江苏省丹阳市匡亚明小学讲授甲骨文

甲骨文字的可塑性适合学生们个性的发挥与书写。可塑性泛指事物或人类被塑造的可能性。对甲骨文字及甲骨文字结体而言，它可长可短、可大可小、可粗可细、可方可圆、可聚可散，可收可放、可疏可密，有些结体多写几笔或少写几笔，要求不甚严格，都在允许的范围内。只要根据艺术需要，它的变化以及由这种变化带来的各种形态，异常丰富多彩。总之，它的可塑性非常之大。而对于小学生们来说，他们的生理和心理发展都具有较强的可塑性，被培养改造的可能性及上升空间更大，甲骨文书法艺术领域是最适合他们陶冶文化艺术的空间，在此空间里，孩子们可以展开想象的翅膀，表现自己的喜怒哀乐，发挥自己的创造性与主观能动性。经有关研究发现，儿童的生理结构、形态和功能还未达到成熟和稳定水平时，容易受环境因素的影响。教育心理学中所指的可塑性，主要指儿童在成长过程中，其心理发展易受环境和教育的影响。如果在这个时期能接受甲骨文良好的教育和训练，将会给儿童以后的文化、艺术心理发展，带来不可估量的作用与影响。

人能写字，反过来字也能育人。要想把字写好，就得全神贯注，凝神静气，仔细观察字形结构，不仅需要揣摩笔画的呼应、避让、穿插等，还要脑眼手并用，准确控制运笔的轻重缓急。久而久之，当学生写字正确，结构比例恰当，达到整齐、清楚、易认、美观的要求后，便养成了认真细心的学习习惯及良好的意志品格。所以，学习甲骨文字就是在接受汉字的熏陶。我们的祖先早在几千年前就创造出朴素而又精美、质直而又多趣的文字艺术，这是值得我们引以为豪的。不难看出，我们的祖先在造每一个字时，都对它赋予了一定的含义。因此，对中华民族来说，文字是一种凝聚力，特别是在甲骨文字中积淀了中华民族的睿智、中华民族的文化、中华民族的精神。教学生写好甲骨文字，就是带领他们体验中华民族博大精深的文化和思想感情，工工整整写字、堂堂正正做人。

（备注：此文刊载于《书法导报》）

甲骨文书法、篆刻选字用字的误区

2500年前，孔子在《论语·八佾》中说："夏礼吾能言之，杞不足征也"。意谓我能说夏代之礼，可惜杞国（周封夏后裔之国）未能提供足够的证据。亦谓殷代的文献资料难以征信、认识那个时代的历史文化、时代背景。

然而甲骨文的发现却如同凿破鸿蒙，远古时代的奥妙逐一被人们窥悉，孔子的遗憾终被弥补。1899年王懿荣首先鉴定、收藏甲骨片，经过一代学者的研究考释，认识的甲骨文字已达一千多个。刘鹗(1857—1909)，字铁云，江苏丹徒（今镇江）人，于1903年，将所藏甲骨片选拓1058片，编为《铁云藏龟》，这是第一部甲骨文著录之书。以后，孙诒让、罗振玉、王国维在考证、著录、出版甲骨文资料方面进行了早期的努力与研究。李济、董作宾、梁思永、石璋如、胡厚宣等人对殷墟先后进行了十多次科学发掘，并把近代考古学的科学方法，引进甲骨文研究领域，为甲骨学科打下了坚实的基础。如董作宾的《甲骨文断代研究例》、郭沫若的《中国古代社会研究》、胡厚宣的《甲骨学商史丛论》等著，系甲骨文研究取得的巨大成就。罗振玉、唐兰、商承祚、于省吾、杨树达、陈梦家、饶宗颐以及诸多国外学者如日本的林泰辅、岛邦男，加拿大的明义士、美国的方法敛、英国的库寿龄等亦对甲骨文研究作出了很大贡献。

这些研究包括社会、历史、语言、文学诸方面，随着这些研究的逐渐深入，甲骨文书法艺术渐渐地被人们认识、喜爱。董作宾首先将甲骨文字以字形、书体等十项标准进行断代分期，并创作了俊秀遒丽、典雅工致的甲骨文书法作品。罗振玉搜集甲骨文字楹联179副，并编收章钰、高德馨、王季烈等集联共420副，由其亲自书写，著成《集殷墟文字楹联汇编》，这本汇编可谓甲骨文书法艺术的一大奇观。但也有一些非甲骨学者，对甲骨文的学习不太深入，所写的甲骨文书法大多用方笔，有的甚至像行书。如1928年出版的《商卜文字集联》，1937年出版的《观水游山集》，1937年出版的《甲骨集古诗联》等，作者对部分卜辞契文表达不准确。

1974 年在台湾出版的《甲骨文与诗》，部分甲骨文字犹如刀削斧刻，点画尖利，缺乏甲骨文的书法韵味。现在有些公开发表的甲骨文书法作品，似乎亦不太到位，有些只能称作“不像甲骨文的甲骨文书法”。但更多的遗憾还是在选字用字上所造成的差错与缺陷，于此，予就甲骨文书法、篆刻作品选字用字的误区，谈一些个人的看法。

误区之一：用字不准确

当我们在创作甲骨文书法、篆刻作品时，如果选字用字不准确，不仅影响作品的整体水平，而且给甲骨文的使用造成混乱，容易误导初学者。所以我们在选用甲骨文字时，一定要把握好，一定要谨慎小心。最好多查查甲骨文工具书，或多向专家请教，不能盲目地选取书刊杂志上的书法作品。如图一中所示，系著名篆刻家易大厂“癸亥”一印。这方甲骨文印章无论章法布局，还是刀法技巧及印面气息，都不失为一方好印。然而，遗憾的是，这个“癸”字刻错了，成了“巫”字。而“巫亥”在历法纪年中没有这个年号。若能将这个卜文“巫”字转 45°，就是卜文“癸”字了。易大厂于 1941 年 12 月作古，不可能再操刀重刻，这个教训，只能让后人来记取了。图一左侧为潘主兰甲骨文书法作品，右起最二列最后一个字应为“好”，“好”字应从“女”从“子”，然此处“子”字却写成“辛”字，“好”字也就成了“婞”字，显然这是用字不准确。

关于甲骨文字的正确与否，这里必须说明一点，经甲骨学者最初考证释读的甲骨文字，有一些已与近期公布的甲骨文字不同，还有一些是以前被误读误释的甲骨

不发狂言宜吉利
多行好事自祯祥
潘主兰甲骨文书法

易大厂：癸（巫）亥

叶玉森甲骨文书法（局部）

图一

文字，经过长期考释与研究，现今都被纠正过来了。那么我们在创作书法作品选用文字时，毫无疑问，应当选用现今最新的考释成果，而不能仍然沿用那些当初被误释的甲骨文字。如图一右侧叶玉森的甲骨文书法作品，第一行第二字与倒数第二行第一字，叶氏当“如”字用，《说文》云“如”字“从女从口”。甲骨文“女”字应当系两手交叉放置于身前，但叶玉森甲骨文书法中的“如”字之“女”字部，并非两手交叉置于身前，而是两手反缚在背后，应是奴隶的“奴”字；从口双手反缚之人，逼其口吐实言，故此字当为“讯”字。如果今天仍然当“如”字用那就错了。

甲骨文字往往有一字异说、一字多说之情况，使初学者不知所从。早年学者在考释卜文时，因限于资料，不能做到文从字顺，有一些释对了，但也有一些释得不正确。今天创作甲骨文书法、篆刻作品，在集字用字时，一定要以最新成果为准。若为了作品的需要，为了集字的需要，将前人释错或已经放弃释读的字重新选取使用，就会使自己的作品错字连篇，让人无法阅读。2010 年北京工艺美术出版社出版了予编著修订的《甲骨文字典》。如果需要进一步地了解甲骨文字义，可参阅予撰著的《甲骨文读本》，甲骨文书法、篆刻爱好者可以较为放心地使用这两本工具书。

误区之二：假借不妥当

在甲骨卜辞 5000 多个单字中，目前意见较为一致的可识文字有 1400 多个。知其义并能书写出来，但不确定读音的甲骨文字有 880 多个。笔者经过认真的查核，能合理通假的甲骨文字有 260 多个，发现能合理借用的文字只有 365 个左右，三者加起来还不足 2000 字，用这些有限的文字表达创作是远远不够的。尽管甲骨文书法家、篆刻家在表达自己的志趣和寄寓时，尽量选用文字少一点的名言佳句，并尽量考虑文句的用字。但还常常遇到甲骨文字不够用的尴尬情况。这时，我们适当假借其他一些卜文，是很有必要并且是完全允许的。但如果借用不妥当，或者甲骨文本身有这个字却撇开不用，使用其他字代替，这就不妥了。如图二右侧为《第二届海峡两岸甲

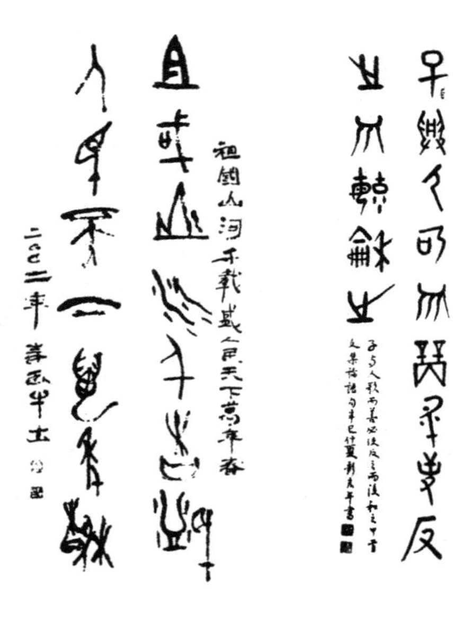

图二

骨文书法联展作品集》中的作品，该作品右起第一列中，第六个字应为“善”字，甲骨文中有“善”字，这里却借用了一个“商”字来代替“善”字。“商”不通“善”，此处的借用不仅没有必要，而且是错误的。再如图二左侧的甲骨文联句书法作品，上联倒数第二字应为“载”字，甲骨文没有“载”的字，人们通常用“⿰⿱才食凡”字来替代。然而此处却借用了一个争议很大的、至今没有定论的卜文（上部形似“木”，下部从“口”，有人释“春”、有人释“秋”、有人释“條”），卜辞中此字作“纪”使用，作品中把它作为“载”字用，显然是不妥的。

误区之三：“造”字不合理

前面已经说过，当我们在用甲骨文字创作书写名言佳句时，若查找不到甲骨文字时可以借用或通假。尽管如此，有可能某些文字既不能通假，也无法借用、替代，在这样不得已的情况下，我们只能适当地去“造”一些甲骨文字，来解决创作书写中的用字问题。“造”字要合情、合理、合义。即所“造”的甲骨文字要符合甲骨文字的偏旁结构规律，要力求符合《说文》的解字含义，符合文字的一般法则与规律，

一家之计在于和

推陈出新

图三

这是一件慎之又慎、比较艰难的事，一般不提倡这样做。如图三下方的甲骨文书法作品“推陈出新”。其中“陈”字无对应甲骨文字，于是就用甲骨文的“耳朵”与“东”字拼凑在一起，“造”了一个“陈”字。殊不知这样的拼凑是毫无根据、毫无道理的，这样拼凑出来的甲骨卜辞谁也不认识，故不能进入这样的“死胡同”与“牛角尖”。图三上方的甲骨文篆刻作品“一家之计在于和”，其中“计”字无对应甲骨文字，也没有合适的甲骨文字可以借用替代，于是作者“造”了一个“计”字，《说文》云“计”字系“从言从十”，因而作品中的“计”字音义相符，造得有些道理。分析卜文每一个字的偏旁、部首，分析其形义句例，不仅是“造”字的需要也是考释文字行之有效的方法。这种方法自汉代《说文》诞生后，至宋代就被人们普遍使用，如宋人分析“秉”字，从又从禾，又即手，以手取禾即秉字之本意。清代孙诒让《契文举例》、唐兰《古文字学导论》对文字偏旁分析有独到之处，对甲骨文“造”字极有价值，但一般情况下不要轻易去“造”字。

误区之四：书体混杂不统一

甲骨文可谓是中国汉字的鼻祖，是我国最古老的文字之一，但在书法、篆刻的定义范畴内，却还十分年轻、十分新颖，就像才盛开的花朵，正若风华当年。我们在学习、书写甲骨文书法时，可以借鉴正、草、隶、篆等其他不同书体的用笔、用墨、结体等诸方面的特色，但更主要的是多读、多临甲骨文的原拓。十多万片甲骨文，为我们提供了学习甲骨文书法最好的法帖，也是提高甲骨文书法水平的宝贵资源。在图书市场中，临帖之帖还是一个空白，正草隶篆各种各样的字帖应有尽有，就是没有甲骨文字帖。为了填补这一空白，予专门编纂了《甲骨文字帖》与《甲骨文同字异形字帖》，原本细小的甲骨文字，皆放大至一两寸，且保持原汁原味，配以释文，临摹书写极其实用和方便。

仲贞子甲骨文书法（局部）
图四

著名学者胡厚宣云："既然练甲骨文书法，结构笔法就应该像甲骨文，至少应该近似甲骨文。不能以甲骨文为名，而自逞才华，把甲骨文写成自己的一种流派……这又何必叫甲骨文呢？"（摘自《甲骨学通论》）此言极有道理，纵观甲骨文的书法艺术，诸多书家的作品很有特色，如董作宾的甲骨文书法作品，藏锋落笔、收笔较细，取婉转流畅一路；郭沫若、简经纶的作品逆入回出，拙涩苍劲，取宽绰疏朗一路；胡厚宣的作品粗壮浑厚，取奇肆雄浑一路；罗振玉、商承祚的作品体态端凝、平稳匀称，取方整内敛一路；沙孟海、潘主兰的作品，纵横自如，取自然奔放一路；秦士蔚的作品则率性自由，类似大写意一路的特点。

然而，我们还能看到有一些甲骨文书法作品诸体混杂，很不协调，失去了甲骨笔意与韵致。如图四，在仲贞子的一幅甲骨文书法作品中，右起第二列最后一个字"代"，系完全用小篆体势写成，从小篆的艺术角度衡量此字，自然显得十分端庄方正，线条匀称和丰满，但从甲骨文书体的艺术角度看，此字与作品整体就显得很不协调。再如图五，此两件作品共同存在的问题是作者使用"柳叶体"创作甲骨文作品，"柳叶体"系二头尖、中间粗，像柳树叶的书体。在此，笔者无意反对用"柳叶体"书写甲骨文字，只是建议在书写时再多一点变化，多一点墨韵，文字的线条

廖宝强甲骨文书法（局部）

知而好问然后能才
洪钰珠甲骨文书法

图五

多一点“甲骨化”，否则会失去甲骨文书法的审美意趣。如果就此回过头去重温一下胡厚宣先生的话语，一定会感到很有意义。

实际上甲骨文书法、篆刻作品选字用字的误区，不止上述这些，只是上述情况较为常见而已，笔者撰写此文，旨在请大家注意这些问题，让我们在对甲骨文书法、篆刻创作的选字用字上，更上一层楼。

（备注：此文刊载于《书法导报》）

三方商玺的谜团与传奇

2013年7月6日《中国书画报》刊文《史上最早的玺印》。作者将长期以来一直不能释读的三方商玺之一、被世人称为“奇文玺”的印文释为“子旬抑直”。

但《中国古代玺印鉴赏》释为“旬抑埴”；《中国书法鉴赏大辞典》分别释为“子亘”“亚禽氏”“瞿甲”；《中国历代印章目录》则释其中二方商玺为“亚罗示”与“翼子”。2018年1月10日《中国书画报》刊文《玺印的起源》有文字谓：“亚形玺的文字，台北故宫张远释为‘亚禽’，李学勤释为‘亚罗示’，其铭文就和数见于商代铜器的铭文相同。和父丁簋等器相比较，可以认定这是一种由氏族图腾进化而来的族徽。”

众说纷纭，长期以来一直如此，未有信服的定论，简直是一个谜团。据此，予亦钻了进去，感慨万千，颇想说说此三方商玺，与同好交流。

众所周知，所谓史上最早的玺印，当指抗日战争前，考古学家从河南安阳殷墟大墓中挖掘出的三方铜质商玺。20世纪30年代，古董家黄濬在其《邺中片羽》中首次著录了此三枚安阳殷墟出土的铜玺（见图一），这引起了考古、学术界的广泛关注。相继著录和选录的有关省吾《双剑簃古器物图录》、胡厚宣《殷墟发掘》、丁山《甲骨文所见氏族及其制度》、饶宗颐《殷代贞卜人物通考》等。通过研究出土的青铜器发现殷商时代冶铜技术已相当发达。尽管如此，20世纪30年代的学者对三方商玺还是持怀疑的态度，相关古籍上也没有关于殷商时期印章的记载。但从出土的地域、背景，以及从印章的文字大体模式来看，并非周代或周代以后之物。后来，徐中舒、容庚、于省吾、胡厚宣、饶宗颐、丁山等专家、学者将其考定为商玺，遂成定论。

“奇文玺”即三玺中的田字玺，或称田字格玺，共四字。鼻纽，现存台湾研究院。确如刊文所云，由于文字奇异，一直无法释读印文内容，也许因为这个原因，在诸多出版物中，把此印反置、卧置、倒置的都有（见图一）。由于印章正反、倒卧不一，田字格中的文字，也就给人们带来了种种不同的猜测。有人曾释为“子亘□□”。有人释为“子旬抑直”（并指出此释文系李学勤先生提出）。这就奇怪了，湖南美术出版社出版的《中国古代玺印鉴赏》中，亦称系李学勤先生释此商玺为“旬抑埴”只是“子”字右边加了侧刀旁、“直”字左方加了土字旁（附图释文却为“直”），如果不是印刷排版出错，那么治学严谨的李先生是不可能这样随随便便提出两种解释的。但无论是释“子亘□□”还是“子旬抑直”，予以为皆不准确。值此说明的是：既为商玺，那么当时通行的文字应是甲骨文，所以识读印文应先参照甲骨文，当然也可参照商代之后的西周金文来考虑，但应当分明主次。

《中国书画报》刊文《玺印的起源》一文认为：“不但位置方向不对，而且似是采用拓封泥的办法从印面上直接拓下来的，故文字是反的。这也是对其长期无法释读的重要原因。李学勤纠正了以往的错误，以原印正拓，发现印面四字右方上下两字是阳文，左方上下两字是阴文，并将印面文字释读为‘子旬抑直’四字”（见图一）。

暂不计阴阳之说，先看印面“子”字，由图二可知，甲骨文“子”字的头部皆不填实而为虚空式的，唯金文之“子”字头部为满实。我们不能随意将满实的子与空虚的“子”画上等号。商玺田字格右上第一字若为朱文“子”的话，那么其右连的竖画与左上方的点画代表什么？当然与“刀”旁相去甚远，有人认为这是刀字部，只是一种似是而非的想象而已，总不至于将其解释为印底之“石礁”吧！因而此字释为“刭”不可信。同样，释为“子”亦应存疑，更不能“为我所用”，随便把“子”

子旬抑直
《中国书画报》
2013年第52期

（未释）
《玺印源流》
北京出版社

子亘□□
《书法篆刻》
高等教育出版社

子亘□□
《中国书法鉴赏大辞典》
大地出版社

《怎样刻印章》
上海人民美术出版社

“刭旬抑直”正拓

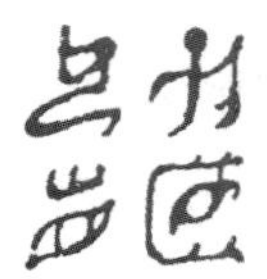

“刭旬抑直”反拓

《中国古代玺印鉴赏》
湖南美术出版社

阴文　阳文

《中国书画报》
2018年第2期

图一

字左边的点画搁置一边，不作任何解释与交代，弃之不理。

再看所谓“旬”字：田字格右下方若为朱文“旬”字，不妨参照图三中甲骨文与金文字样考虑。卜文旬上加一横为指事符号，下呈迴环之状，或省作钩形，由甲至癸十日循环而为旬。虽然说任何文字入印，都可以将文字不同程度地“印化”，但印化了的文字不会离开原文的本质，总是有迹可循的。而此“旬”字与甲骨文、金文字样毫无关联，印文上的结体亦非为旬也。有人释“亘”，对照图三所示卜文“亘”字，其外形与印文似乎有点相似（“回”“亘”初为一字），然仔细观察，其印文中部有一个小圆圈，像斜卧的数字“8”，无论卜文还是金文“回”“亘”之中部，皆无圆形或方形笔画，只是一短小、平直的横画。科学的态度应是严肃的，不能有点相似，就断定是什么。所以释“亘”证据不足。

所谓“抑”通“印”，《说文》谓：“按也，从反印，抑俗从手。”像以手抑人使之跽伏之形，“印”“卬”原为一字。后世玺印出现，《说文》谓：“执政所持信也，从爪从卩。”即爪置于卩之左上方者为印，置于右上方者为卬（抑）。参见图四卜文卬（抑）。而田字格左上方若为白文“抑”的话，其结体应与图四所示吻合，然而你会发现与“抑”无多大关联，而与卜文“印”字类近，可视为印之省文。当然这样的省文能否释为“印”字，有待进一步考定。

所谓“直”，卜文“直”参看图五，“从目上一竖，会以目测得直立之意”。到秦时小篆上竖才讹误为“十”。而田字格左下方若为白文“直”字，则与殷商卜文目上之直竖相差甚殊，但与卜文、金文之“省”字却十分相近。那么可否释为“省”呢？

子（甲骨文）　子（金文）

图二

在图一《怎样刻印章》与《中国古代玺印鉴赏》上，把奇文玺四个印文单独勾勒出来，酷肖到位，亦很有参考价值，但他们都十分谨慎，未作任何文字定论。

旬（甲骨文）　旬（金文）　回、亘（甲骨文）

图三

《史上最早的玺印》一文把奇文玺图版正拓，并提出印文二阴二阳说，进一步打开了人们的思路，是非

卯（甲骨文）　印（甲骨文）　田字格左上方白文笔画

图四

常有益的。予亦以此为范本，大胆探讨、分析。最后，对另二方商玺，亦说说自己的看法。

参看图六，系三方商玺中被释为“亚禽氏”或“亚罗示”之印。此印亦为鼻纽，现存于台湾研究院。印文左右横向排列，左右两边均为“示”字。“示”为“氏”之本字，古代音同字通，所以诸多学者以“示”释为“氏”。仔细观察印面被一个“亚”字形的边框包围，故人们在印章释文前加了一个“亚”字。予以为这有牵强之嫌，因为古代有“亚”字边框的玺印为数不少，如图六中“敬”印，难不成也给它加上“亚”字，令其成为“亚敬”吗？显然没有必要！他和上述的“田”字框一样，都是起边饰作用。在殷商卜文中有现成的“氏”字，古人为什么会弃之不用，而非要用“示”借代呢？在殷商时代，祭祀占卜中“示”表示石柱、祭台、天神、地祇、先王等。故两个“示”表示左右两边两个神主之形。

此印值得探讨的是那个“禽”字，首先排除“罗”字，因为从结体上看，印面上这个字与卜文“罗”字结体相去甚远，无理由释为“罗”。参看图六，甲骨文“禽”“离”二组字形，后者上方多了一“隹”即鸟之部首，应为“离”字（通“擒”）。显而易见，印文之中间一字与“离”字类近，结体皆作省文处理。殷商时征战不断，擒获俘虏或猎物，是胜利的象征。上文已表述过：“示”表示“木表”或“石柱”，即为神主之形，故“示”为天神、地祇、先公、先王之意。左右两边各一个“示”，应与祭祀占卜有关。从这个意义上看，印文中间系“擒”字而不应是“禽”。印文有可能是“示”“擒”“示”三字，意思是把丰盛的战利品放在祭台上，祭祀

图五

图六

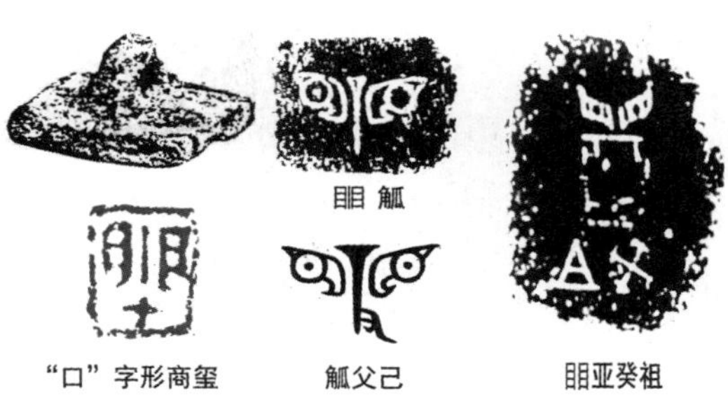

图七

祖先与天神。这样的图文作为族徽或图腾的意义大于文字意义。从图六所示青铜彝器上可以看出，像这样的图文居然很多，与此商玺可谓一脉相承。有人将这些商玺看成是位尊官显的职官名印、诸侯王公的权力象征或凭信之物。予以为，殷商时名印、职官印还未形成气候，因而名印的可能很小。

图七所示的印面文字大多被释为“瞿甲”或“翼子”。鼻纽，此印原存于山东济南一古玩店，后辗转到另一私人藏家手中，至今下落不明。印文为上下组合式，下方的印文当然不是“子”，应为卜文“甲”，这是一个公认的甲骨文字。问题在上方的“瞿”字上，粗略一看，中间有一竖画，两边似是现在的“目”字。两“目”并列者《说文》中有此字，《说文》谓：“左右视也，从二目，读若拘，又若良士瞿”。而“瞿”字上方亦正是二“目”，于是有人就释其为“瞿”，此印也就称为“瞿甲玺”。予以为此释不确。因为印上竖画两边之“目”，为现代汉字“目”，而在殷商时期没有这样的“目”字。用现在的“目”字替代三千多年前的“目”字，我们怎么能犯这样常识性的错误呢？参看图七，笔者选取了重器上的二“目”(“瞿”)之图文，两相对照也就一清二楚了。卜文“目”字还有一个特殊性，即横者为“目”、竖者为“臣”。而重器上的二“目”皆为横。所以商玺上的印文、“口”字内加二短横者视为“目”，把今“目”当古“目”，并以此释为“瞿”，显然不确。

概言上述，三方商玺至目前释文还只能是：“□□印省”“示擒示”“□甲”。与卜文对照，虽然有一些大概痕迹，带一点会意性，但所用印文还处于未确定状态，无法识读辨认，故笔者更倾向于此三商玺系当时族徽一类、纪念性的图形玺，很可能是一种图腾符号。它具备印章的各元素，且有鼻纽，表明可以系绶佩戴，上古时代还没有严密的职官制，仅有实际带兵打仗的将领或王侯宗族，由他们佩戴，以示身份地位或求吉避凶的可能大。

最后，有件十分意外、十分震惊的事不得不提及：这三方商玺的释文差一点引发一场官司，予差一点作为被告而走上法庭！2007 年 1 月 24 日，我正在吃晚饭，一位印界姓徐的道友打来电话，说：“你新出版的《中国历代印章边栏演变简史》一书中，其三方商玺例印之释文，是我在 1989 年之前，第一个考证出来，但你书中没有注明我的姓名，这侵犯了我的知识产权，要求经济赔偿。”我笑着在电话里解释了几句，他竟严厉地说：“你别笑，这不是一笑可以解决的事！我已经请好律师，现在就站在我旁边呢，限你一周内明确答复，否则法庭上见！”这突如其来的一番话，充满了火药味，太出人意料了！因为他是我非常要好的朋友，在这紧张的气氛中我还坚持用友好的语气与他交谈，谁知他越说越严厉："没有人和你开玩笑，这是很严肃的事！我现在是正式通知你，你最好也请个律师，有问题你可以咨询你的律师，若下星期一不回复，那就法庭见。"说罢就挂断了电话。震惊之外还是震惊！我一生从未遇到过这种事，也未遇到过这样的朋友，此时，我没有心情吃饭了，立即丢下饭碗，在书斋找出了他的所谓考证资料，即 1989 年 10 月，大地出版社出版的《中国书法鉴赏大辞典》，在"篆刻"栏目里找到了他关于三方商玺的刊文。但在我的拙著中三方商玺的释文参考的并不是此书，而是 1993 年 2 月，高等教育出版社出版的《书法篆刻》（当然还能找到其他报刊关于商玺释文的证据，但有此已足够了）。而我的拙著出版日期是 2002 年，孰先孰后，找谁告谁，按照这个时序已是一清二楚，还用细说吗？

从接到"最后通牒"性的电话，到找出回复证据，前后不到半个小时。予心平气和地打电话回复他："徐老师，我书中参考录用的释文资料，不是你的考证文章，是南京艺术学院某某博导编著的教材书，特此回复你，按照时间程序，你先起诉谁再起诉谁，应比谁都清楚。根据这个情况，你看着办吧！"说完我挂断了电话。

"侵权"这个问题就像一个"球"，他踢到了我这边，我又从容地还给了他，如果他是一个心理健康的人，是个真正的汉子，就应当把"球"继续踢向目标，这样才具备"篆刻精神"，这样才是一个真正的汉子，至少能赢得我的尊重，不失诚于我。常言道"软"的要捏、"硬"的敢碰，不管是谁，都要坚持真理、坚持初心，坚持进行到底！这样才能称为篆刻界具备正能量的新闻与美谈。

结果，这场气势汹汹的"官司"没有了下文。他欺"软"怕"硬"，我是一个"草根"、是一个"布衣"，可以打压欺负，而他面对"博导"，就没有像对付我那样的胆量了，此事也就此没有了下文。无形之中，他为自己毫无保留地勾画了一幅肖像。真正具备"金石精神"的汉子，太少见了！而关于这三方商玺的研究过程，也成了我一辈子难以忘怀的一段经历。

（备注：此文刊载于《中国书画报》《印说》《甲骨天地》）

甲骨文书法书写笔顺论

在江苏省甲骨文学会，无锡市甲骨文学会、南京市甲骨文书法研究会举办的诸多甲骨文书法篆刻展览会上，以及本人在老年大学、中小学校讲授甲骨文书法创作时，有不少甲骨文书法爱好者向我咨询：有些甲骨文字不知从何落笔？特别是那些象形性的甲骨文字，不知道先写哪一笔，后写哪一笔？实际上这是一个书写笔顺问题。书写甲骨文书法的落笔，与楷书、隶书、行书等书体的落笔不同，它有自身的特点与规律。笔顺书写是否正确，关系到书写的速度、字形的好坏以及作品的艺术表现力。在这里有必要对甲骨文书写笔顺问题作一归纳与梳理。

首先我们回顾一下汉字的常规书写基本笔顺（国家语言文字工作委员会、中华人民共和国新闻出版署，1997 年 4 月 7 日发布的《现代汉语通用字笔顺规范》），它们主要是：1. 先横后竖；2. 先撇后捺；3. 先上后下；4. 先左后右；5. 先外后内；6. 先中间后两边；7. 先进入后关门 8. 后写右上点；9. 后写内部点；10. 先右后左；11. 先内后外；12. 先撇后折；13. 先竖后横。甲骨文的落笔书写笔顺，可以参考此原则。但甲骨文的间架结体有着自身的特点，所以书写笔顺与之有所不同，予提出九种类型，下面以甲骨文字实例来分别论述。

一、从左到右

不仅指点画要从左到右，而且包括甲骨文字的部首。点画从左到右的卜文如图一的“八、廿、竹、聿、纠、月、拱、从、止、州”等字。部首从左到右的卜文如“即、此、臤”等字。甲骨文字从左到右的落笔法，是汉字的常规书写笔顺之一，在卜辞中常用常见。

二、从右到左

即指起笔的点画从右开始先落笔，然后往左写过去，如附图二的“司、色、卜、片、户、询、坠”等字，亦包括甲骨文字从右到左的部首，如“穆、杜、娶、喙、鸣、胶、叙、疾、娴”等字。我们可以从这些卜文中看到，只有写好了右边部分，才能进而写好左边部分。

三、从上到下

甲骨文字从上到下的书写笔顺，是甲骨文书写的主要笔顺之一，无论是点画书写顺序，还是部首书写顺序，相当一部分卜文都是遵循此书写顺序。如图三中“呈、处、百、缶、涕、正、命、宁、柳、奠”等字。特别需要说明的是，有些卜文并不是仅仅包含从上到下一种笔顺，还包含其他多种笔顺。如上述字例中的“呈”与“处”字，除从上到下的笔顺外，还包含起笔时从左到右的笔顺。

四、由下而上

如图四中的“稠、甫、镬、基、曾、遣、插、烬、直、恩”等字，即应先书写最下边的点画或部首，然后，再书写上方的点画或部首。这种甲骨文字，一般下边的点画或部首占文字的主导地位，它们体积大、点画多、整体性强。而上方的部首比较分散、细碎、对称，书写时应该配合、协调、对应好下边的主体部位。例如“婪”字，只有先写好下边的“女”字部，才能把两个“木”字，更好地“安装”在女字部上方。“遣”字亦然，先写下边的“自”字部，然后再对应书写上方左右之“爪”字部。再看“益”字，如不先写下方的“皿”字部，上方那么多的“水点”也就无法落笔写上去了。

图一 从左到右

图二 从右到左

图三 从上到下

图四 由下而上

五、先外后里

即先写外框或外围的点画，再写里面的点画。如图五的“白、日、丹”等字，先落笔把外框写好，再写里面的横画。“因、困、囚、齿、函、渊、宦”等字，也是先把外框写好，然后，再写里面的点画或部首。再如“贝、卤、心、角”等字，应先从左到右，把外围部分写好，再写里面的点画。

六、先中间后两边

即先把中间部分的点画或部首写好，再从左至右，写两边的点画或部首。参见图六“垂、分、扦、城、介、米、弄、水、巫、亚、涉”等字。例如“城、亚”字，先将正中的“口”字部写好，然后再把四周的笔画写上。

七、先主笔后辅笔

在甲骨文字中有主笔和辅笔之分，主笔应落笔先行书写，辅笔在其后书写。如图七中“阜、木、聿、才、玉、草、索”等字，其主笔即为结体中的长竖，其他皆应系辅笔。有时主笔是一个部首，如“兑”字的主笔是“口”字部，应先行书写，后再写上方和下分的笔画。“果”字应先写中间的竖画，此竖画正是结体中的主笔，再写两边的斜画，最后再写斜画上端的圆画。再看“尔”字，似乎不知从何下笔，也分不出主辅，然仔细观察，不难发现中间之长竖即为主笔，长竖写好后，再写横画和接横画两端的竖画，接着从左至右把诸多斜式短画写好，最后把最上端的“箭头”写上。像这样结体复杂的甲骨文字，我们可以把长竖、横画和两端短竖都称为主笔，它是整个结体中的一个主框架，那些短小的斜画和上方的箭头属于辅笔的范畴。“粟”字的主笔毫无疑问，应为中间的曲竖，应先书写完成，接着写斜画，最后书写穿插在其间的圆画。由此可知，卜文的主笔一般在中间部位，辅笔一般在上下或左右两边。

图五 先外后里

图六 先中间后两边

八、象形文字先写头目后写其他

在甲骨文字里，有不少是象形文字，这些象形文字大多数与虫鱼鸟兽有关，

图七 先主笔后辅笔

象形文字在书写时应先从“头”与“目”落笔书写，然后再写其他部分。参见附图八，“虎、鸡、鹿、马、龟、黾、猴、鸟、象、蜗、龙、兔、蛇”等卜文，皆应从头落笔书写，写好头部的框架，接着再把眼睛（如有目）写上，最后再写其他部位。有些象形文字头目不太明显，例如“凤”字，实际上应从最上端开始，依序往下书写即可。“燕”字将头部圆画写好后，接着写下方的主笔画即“人”字形笔画，再写左右两翅，最后像画龙点睛一样，恰到好处地写上头部的代表嘴形之画。“鱼”字很特别，它头身相连成一体，当然先写头、身框架，再写中间部位，最后左右对应地写上“鱼翅”形笔画。

九、先主要部首后辅助部首

有些甲骨文字很难从点画上分清主次，但从部首上可以很明显地看出主要与次要、主动与被动来，这样的甲骨文字，应先写主动或主要的部首，后写被动或次要的部首。例如图九的“刺、伤、祐、引、于、钺”等字，一看便知其左边的部首占主导地位，它们显得庄重、正直、形体也较大，而右边部首显得委婉、迎合，附属性较强，形体也相对比较短小。“豚、⿰犭立、况”等字，与上述情况相反，其右边的部首占主导地位，左边的部首则从属于右方。此外，有些甲骨文字，其主要部首在中间，如“圣”（读 kū）字，应先写中间的“土”字部，后再写其他部首。“万、橐”等字的主要部首，亦是在中间部位，应落笔先行书写，后再写其他部位的点画。值此一提的是，像“幼、称”这样一类甲骨文字，其主要部首在下方，其次要部首或辅助部首则在上方。

如果熟练掌握了上述九种落笔书写笔顺，那么在创作书写甲骨文书法作品时，也就不会有“落笔难”的问题了。

（备注：此文刊载于《书法导报》《中国书画报》）

图八 象形文字先写头目后写其他

图九 先主要部首后辅助部首

漫谈世界四大古文字

世界上最古老的文字一般认为有四类：一是巴比伦的楔形文字，二是美洲印第安人的玛雅文字，三是古代埃及的纸草文字，四是中国的甲骨文字。下面，让我们来了解世界四大古文字的今昔。

四大古文字之一：楔形文字

巴比伦泥版文字是一种楔形文字，由古苏美尔人发明，阿克德人继承，巴比伦人、亚述人均使用过这些文字，伊朗高原的波斯人对这些楔形文字加以改造。泥版是文字的主要载体，其形制与种类有很多，且大小不同。楔形文字自然是指文字形成的方式和性质。这里所说的“巴比伦”或“巴比伦文明”是一个什么样的概念呢？在西亚人烟稀少的沙漠尽头，著名的幼发拉底河和底格里斯河相交汇入大海。两河交汇所形成的肥沃的冲积平原，古称美索不达米亚，分为南北两部分，大体以今伊拉克首都巴格达为中心，北部称亚述，南部称巴比伦尼亚，由于巴比伦时期的辉煌成就，人们习惯上把这个古老的文明称为巴比伦文明，它是两河流域一系列城市文明的总称。

早在 1472 年，意大利人巴布洛在古波斯（今伊朗）游历时，在设拉子的古老寺庙残破的墙上，见到了一种奇怪的字体，每字都成三角形的尖头，外形像钉子，也像打尖用的木楔，有横卧、有尖头朝上、有尖头朝下、有的斜置（参见图一），当时无人知晓这就是楔形文字。1616 年意大利探险家彼得罗·德·瓦莱，来到美索不达米亚，

图一　泥版楔形文字

游览了今希腊附近的一些小山丘，并带回了一些刻有文字的砖块，其字形状若楔子。

1820 年，英国探险家克劳蒂乌斯·詹姆斯·里奇，在巴格达以北的土丘处，搜集到了许多碎陶及刻有楔形文字的泥版。欧洲的东方语言专家一直试图译解这种奇异的文字，但在近 200 年的时间里未获成功，其主要原因是这种楔形文字很少见，与现代的文字几乎没有任何联系与源流关系。

1802 年，德国中学数学教师格罗特芬德经过苦苦钻研，破译了波利斯楔形文字起首的 10 个字母，并断言楔形文字应当从左往右读。另一个破译有功的人是英国的亨利·罗林逊，1837 年，他前往伊朗通往古巴比伦的古道上的比希斯顿，冒着生命危险攀上陡峭石壁，抄录了所有碑文，译出了三个波斯王国的名字，并辨识楔形文字 60 个字母。罗林逊并未就此罢手，1843 年在巴格达的库云吉克又发现了 100 块泥版，并考证这些泥版制成于公元前 7 世纪中叶，是一部楔形文字“辞典”。1846 年，罗林逊把这些泥版文字制成一份精确的摹本和一份全译文稿，提交给英国皇家亚洲学会。

于此前后，考古工作者又先后发掘出几十万块泥版文书，由于格罗特芬德、罗林逊等人的杰出贡献，楔形文字被成功破译。值得一提的是，1872 年后，英国的乔治·史密斯又从美索不达米亚发现、带回了 384 块泥版。1877 年，美国宾夕法尼亚大学在此进行了 4 年的考古发掘，出土了 50000 件泥版。“楔形文字”这个名称是英国人命名的，当然，在形成成熟的楔形文字之前，有一个演变发展过程。追本溯源，楔形文字最初是一种图画象形式文字，后来演变为楔形文字，其间经历了几百年的时间。图二所示文字为早期平面图画式文字（公元前 3200 年左右），其中鱼、鸟、蛇等图形文字与中国的甲骨文字极为相似。不同的是，甲骨文字不能拼凑，而这些泥版图形楔文可以拼凑，如“眼”和“水”拼凑起来就是一个“哭”字，“鸟”和“卵”拼凑起来就是“生”字等。随着社会的发展，苏美尔人进行了文字改革，增加了符号意义，简化了图形。

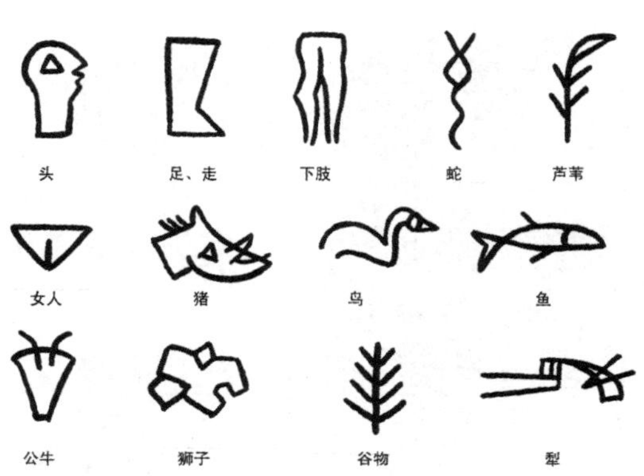

图二　早期图画式形象文字
（王本兴摹书）

在公元前 3000 年代中期，人们用发音符号代替了表意符号，即用楔形符号代替了象形符号，文字体系日臻成熟，最终创立了楔形文字。这些文字书写在泥版上，一般用芦苇或木棒（也有用兽骨）按压。按压时，用力按的地方笔痕宽而深，抽出时留下的笔痕则细而窄，故点画开头部分粗，结尾部分较细，像木楔一样，遂被称之为楔形文字。前面提及，最古老的楔形文字从右往左、由上而下书写，然而往下书写时由于很容易被书写的右手抹掉，后来便改为从左往右横行书写。当时两河流域木材稀少，石头也不多见，但冲积平原上的泥土丰富广阔，且黏性好、土质好，将它使劲揉搓，并按需要做成大小不一的方形或长方形的泥版，书写之面制作得较平坦，并把棱角磨圆，先用细绳在泥版上画好格子，然后再书写文字。泥版可以一面书写，也可以两面书写，小泥版抓在手上书写，大泥版则把它放在特制的架子上书写，书写完成后把泥版晾干或烧制，使它变得十分坚硬，可以长久保存（见图三）。现在被发掘出来的最古老的泥版距今有 5000 多年的历史。

泥版楔形文字的符号数目总共不到 600 个，常用的只有 300 多个，每个符号最少代表一两个字义，代表四五个音节，掌握这些文字书写技能的是备受崇拜和尊重的“众神的书吏”。书吏常担任神职、祭司，是为统治阶级服务的特殊职业阶层。20 世纪 30 年代，法国考古学家安德烈·帕罗特在两河流域上游马里挖掘出一所房舍，其建造时间在公元前 3500 年左右，这是人类最早的学校，从中还发现许多泥版“教科书”。1849 年，英国考古学家莱尔德，在发掘尼尼微的亚述王宫遗址时，竟然发现了一个有 30000 册泥版图书的“图书馆”。灿烂的巴比伦文明及其泥版文化延续了很多年后，终因战争、生态环境恶化等原因，逐渐消失了。楔形文字被字母文字取代继而被阿拉伯语文字取代，随着时代的变化，楔形文字成为无人释读的神秘符号。虽然这些神秘的符号被破译了一部分，但人们发现它与今天使用的阿拉伯语文字竟毫无渊源关系，泥版也就成了博物馆的藏品与古董。

图三　楔形文字泥版

四大古文字之二：玛雅文字

在世界上诸多远古文明中，玛雅文明最具浪漫色彩，缺乏历史常识的人们，常常神魂颠倒，想入非非，认为“玛雅人是某星球来到地球开发的一支遗民”，玛雅人是外星人，这是十分荒唐可笑的。应当感谢考古学者，他们用科学技术，解开了这个谜团。

玛雅文明分布在中美洲，用现代政区国家疆域划分，即包括今墨西哥、危地马拉、洪都拉斯和萨尔瓦多等地区。“玛雅”这个提法是近500年的产物，10世纪后尤卡坦半岛上有三个强大的城邦，其中之一叫玛雅潘，曾一度成为政治中心。12世纪到14世纪，西班牙人把这个城邦的威名加在整个玛雅地区，这才有了玛雅民族与玛雅文明的说法。玛雅的各个支系民族，都拥有自己的语言，这些语言之间有相同之处也有不同之处，支系语言是从古代同一个民族语言分化、衍变、发展而成。经学者们考证梳理，发现在公元前1500年到公元前800年间使用的奥尔梅克的字符，是中美洲地区最早的文字符号，他是中美洲各大文字系统产生和发展的本源。

1945年至1946年间，考古学家发现了奥尔梅克人头像等石雕作品，亦发现了刻在石碑上的图形符号与抽象字符，表明文字已经存在。如图四所示，即为与文字相近的奥尔梅克图形符号。中美洲的萨波特克人，在公元前200年左右，将其发展到一个新阶段。从1900年开始考古学家对古萨波特克人的祭祀中心蒙特阿尔班遗址进行发掘，出土了300多块刻有人像的石板，发现了一些独立短文（见图五）。这些文字有表意却无表音功能，数量有限，应用范围不大。与萨波特克人一起生活在瓦哈卡地区的米须特克人，他们在前者文字的基础上，吸收、继承、创新了文字，以象形符号为主，类似于连环画的形式。公元12世纪前后，阿兹特克人来到了墨西哥中部地区，他们使用了类似于卡通画形式的图画字符（见图六），与表意的文字符号已十分接近，且有了自己的读音。但他们的文字系统还处于不成熟的初级阶段。

图四　奥尔梅克图符（王本兴摹书）

图五　萨波特克祭祀中心蒙特阿尔班的石刻短文（王本兴摹书）

玛雅文字通常认为是由爱比奥尔梅克源流演变，爱比奥尔梅克文明散布在加勒比海湾到危地马拉高地东部的广阔地区，从公元前150年左右开始，其文字系统就逐渐成熟完整，有一部分字符已具备单纯的表音功能。玛雅文字与萨波特克文字一样，与奥尔梅克文字有着明显的传承关系。图七所示内容系最早的玛雅石碑刻文。此碑文独立成章，其中有的直接用表示口语的音节符号作为构字部件，可见玛雅文字成熟之高度。图八所示系玛雅文字选例，其文字已相当抽象化，完全脱离了“文字化”的意义，似经过了“标准化”处理。玛雅文字的音节大约有300多个，有了音节符号，文字记录语言的能力得以提高。玛雅文字从公元初期到公元900年前后，在上百个酋邦国家中流行传播，并不断更新拓展，至公元6世纪达到鼎盛，最后一篇带有时间记录的玛雅文字写于公元909年。

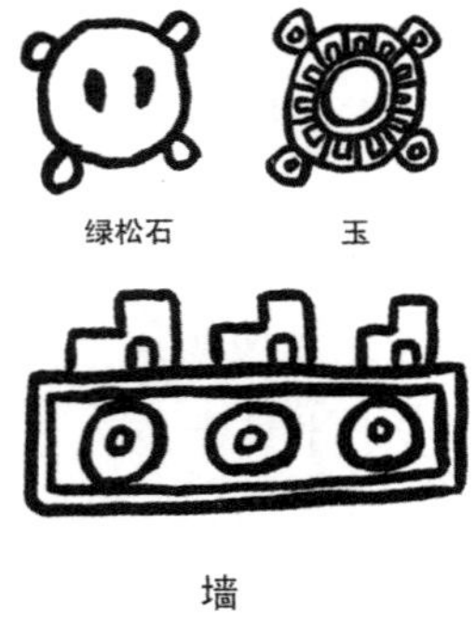

图六 阿兹特克字符（王本兴摹书）

总体分析玛雅文字，除了抽象符号，还发明了两种新的字体，即头型符和全身符，前者以取侧面像为基本字形，后者则以全身像来表达字义。在同一种文字符号类型中会有多种不同的写法，这样的情况其主要原因是地域差异，以及书写者个人审美情趣的不同。类似于中国书法一样，书体、字体很多，但万变不离其宗。所以在同一篇玛雅文章中，可同时出现三种字体，书写者可以根据书写内容随机应变。如图九所示，帕伦克宫殿内墙刻字左上方的7个字，即为全身符。

图七 最早的玛雅石碑

玛雅文字的载体很广泛，有刻在贝壳上的，有刻在木板上的，有刻在陶制器皿上的，有刻在石碑上的，有刻在兽骨、人腿骨上的，早期大都刻在石上，常见于庙宇、祭台、门框、台阶、墙壁、石棺、洞壁等设施或器物上。刻字的工具有石刀、玉刀，偶用动物的尖齿利爪。写字用的颜料只有红黑两种，

图八 玛雅文字选例（王本兴摹书）

黑墨用炭灰掺水制成，红色取天然赤铁石。工具方面也有类似中国式的毛笔，在陶器、榕树皮以及鹿皮上描绘图案。

玛雅文字有很多构字部件，主要有如下几部分：表形部件，取物全部或一部分；表意部件，抽象性强，可用联想式的借形表意法，也可用象征性隐喻式借形表义法，还可用多义词、同义词之间的借形表义法和指定式的抽象表义法；示意部件即为表音符号。

玛雅文字的命运和其他古文字一样，16世纪西班牙人用武力征服了玛雅人。西班牙的随军主教迪耶戈·德·兰达为了彻底地从精神上消灭玛雅人，传播他的上帝的福音，野蛮地下令烧毁所有的玛雅文献，成千册玛雅文化典籍被付之一炬，难以计数的玛雅祭司也惨死于熊熊烈火之中。玛雅人花了数千年时间在西半球培育的最为光彩夺目的文明之花被兰达折断，剩下的一星半点只能掩埋在丛林之中、泥土之下，热带雨林疯长的草木吞噬了一度繁荣昌盛的城市。

直到1785年，一名墨西哥军官安东尼·德·里奥，怀着探险的好奇心，考察了帕论克古城遗址，发现了那些玛雅先民的踪迹。时隔20年，另一名军官都潘克斯再次考察帕伦克，两人发表了“考察记”，但并未引起世人注意。美国人史蒂文斯、英国人加塞伍德于1839年至1841年间，结伴对洪都拉斯的科潘遗址考察，又穿越危地马拉，进入墨西哥，沿途踏勘了十多个遗址，这些遗址之间有一定的相似性，他们推断这个地区曾经独立存在一个民族文明，源于美洲本土，其建造者就是还居住当地的玛雅印第安人的祖先，玛雅文化才真正被发现。

图九　最早的玛雅石碑（公元199年）

文字是玛雅人最伟大的创造之一，从公元200年前后留下的最早的玛雅文献算起，直到16世纪西班牙殖民时代的到来，此间1000多年的历史发展中，迄今已经发现的石刻作品约5000件，有文字图画的陶器约1000件，带有字符的小物品约500件，刻于宫殿、庙宇、洞穴、墓室、金字塔台阶、石柱等处的字符约有2500个。今天已知的玛雅文字音节字符有200至400个，已知的表意玛雅文字有850至1000个，这些仅仅是发现的玛雅文字的三分之一，尚有三分之二的玛雅文字难以破译。

玛雅文字作为一种历史文字，早已被当地玛雅人弃之不用，与今天使用的字母文字更无关联，而古人又没有留下任何理解这种文字的工具。从发现玛雅文字至今已有170多年了，其解读破译工作远远没有完成。目前解读玛雅文字的主要文献：1931年出版的、盖特著《简明玛雅文字字典》，1962年出版的、汤姆森著《玛雅文字目录》，1989年出版的、科比恩著《象形文字全编》，1975年出版的、克诺罗佐夫著《玛雅象形文字手稿》，1955年出版的、克诺罗佐夫著《古代天玛雅的文字体系》《玛雅印第安人的文字》，1992年出版的、米歇尔·蔻著《破译玛雅的密码》《玛雅的书写艺术》，2001年出版的、蔻和凡·斯通同著《释读玛雅文字》。以上皆为玛雅文字爱好者入门工具书。此外还有雪莉著《玛雅文字的动词》、布里克著《玛雅文字语法》等。

解读玛雅文字虽然谜团重重、困难叠叠，举步维艰，但值得一提的是，美国芝加哥的麦克阿瑟基金会常为玛雅文字的研究提供经济援助，迄今为止已经投入了200多万美元，还资助过马休斯、斯图阿特和格雷海姆等学者从事资料收集工作和玛雅文的研究活动。

四大古文字之三：纸草文字

埃及80多座金字塔、长约57米高约20米的狮身人面像、精工奢华15吨重的石灰石巨棺以及千年木乃伊皆为古埃及文明的象征，而古埃及的象形文字、纸草文字则是承载古埃及文明的载体。在距今五六千年以前，埃及人就在尼罗河富饶的土地上生息劳作。埃及处于非洲东北部尼罗河下游，东临阿拉伯沙漠和红海，西接利比亚，南邻赞比亚，北濒地中海。由于尼罗河贯通埃及全境，使埃及成为沙漠中的绿洲，埃及人在这块土地上创造了丰富灿烂的古代文明。通常认为，最早移居到尼罗河谷地的是非洲土著尼格罗人。之后，亚洲的哈姆人到此征服了土著民族，接着西亚的塞姆人陆续抵达埃及。在长期的生活过程中，土著人、哈姆人和塞姆人融合为一个新的部族，这就是埃及人。“埃及”一词源于古希腊语，古埃及人称自己的国土为“凯麦特”，意即“黑土地”。到了氏族社会，古埃及人除了有石铲、石刀、石锄等生产工具，还制造了铜刀、铜锥等，能自己烧制陶器，能织布、缝衣、编制器物，用芦苇土坯建造房屋。后来进一步发展金属工具，提高了生产力，有了军队和国家，迈入了文明世界。公元前 6 世纪是埃及空前繁荣的时代，有村庄和城市 18000 座，人口达 700 万。

埃及的象形文字与中国的象形文字十分相近，但两者是独立发展的。埃及的象形文字最早出现于公元前 4000 年代中叶，通常刻在石碑、陶器上，或者寺庙、陵墓、建筑物的墙壁上，后出现在纸草上。从埃及塔萨遗址出土的公元前 400 年的破损陶片上，绘有图画符号（见图十），有的像树叶，与后来的象形文字“树”的限定符号相似；有的跪坐人头上泻出液体之陶罐，与后来的“净化”一词相似；有纵横交错的水渠形，即后来的“州”字；有的像一块牛皮，即为后来的“兽皮”一词限定符号；有高举双臂的图符，即为后来的“灵魂”一词。这些图画符号虽是草就，但实用、常用，大都向文字方向发展，系埃及象形文字的雏形。埃及有史以来第一件象形文字文物是在希拉康坡里斯遗址出土的纳尔迈调色板（见图十一），年代约为公元前 3100 年，正面头戴白冠的纳尔迈右手高举象征王权的标头，左手抓住被俘敌首的头发，右上方有一只鹰，站在一束纸草上。纳尔迈身后系执履官吏，下端是被打败而逃跑的敌人，其反面刻有两头颈部交缠的神兽，上方的头戴红冠的纳尔迈正在举行凯旋式，并检视被捆绑着已被斩首的敌人。前方的仪仗队（四人）手执军旗（两旗顶上是鹰，一旗顶上是犬、另一旗是胎盘，皆系联邦的标志），下端是象征纳尔迈王的一头强壮公牛正冲撞墙垣环绕的城市。调色板的正反两面上部有两个牛头人面的哈托尔女神像，神像中间是王宫门面，里面写有纳尔迈的名字，画面上其他人的名字均用小象形文字书写，被抓头发的敌首名字用鱼叉和水池两个表音符号表示。带有人头的纸草是一组表意象形文字，附在土地上的人头代表尼罗河三

图十　公元前 400 年埃及塔萨遗址陶片符号
（王本兴摹书）

图十一　最早的象形文字：纳尔迈调色板

角洲的居民，6 束纸草代表俘虏纸草之国 6000 居民，鹰是纳尔迈的象征，整个图面表示纳尔迈征服了三角洲，使那里的居民成为俘虏。所示象形文字既有表意的符号，又有表音符号，说明公元前 3100 年左右埃及已经形成了较完整的象形文字，这一时期的文化亦达到了较繁荣的阶段。图十二系古埃及刻在石碑上的象形文字，图十三系刻在印章上的象形文字。

象形文字的形体很复杂，书写速度很慢，后将象形文字被简化，人们采用圆笔形式，创造了一种书体，被称之为“僧侣文字”，亦叫“祭祀体文字”。到公元前 700 年左右，又演变成一种叫“世俗体文字”，它是祭祀体文字的草写形式，书写形式更简单，已不具备图画的特点。到罗马统治时代，不仅在商业上使用，在平民日常生活中及宗教文献上都使用这样的文字。公元前 332 年，亚历山大征服埃及，希腊文被确定为官方文字，埃及祖先传下来的语言受到希腊语的影响，演变成为科普特语言文字。它采用希腊字母包括 24 个大写字母和 7 个补充字母，作为民间通用文字。科普特文字与先前几种形体的埃及文字一脉相承，是古埃及文字发展到最后一阶段的文字。

拿破仑远征埃及的战争结束后，欧洲人迅速进入埃及，古庙、古寺、古墓、石碑、棺木、神灵、雕像、陶器、手杖，丰富的文物古迹令他们眼花缭乱，而与古迹密不可分的那些无处不在的埃及象形文字，却无人可识。法国人商博良凭借不懈的努力，破译了这些文字，书写在数以万计的纸草上的古埃及文献，亦被释读出来，打开了古埃及的文明之门。商博良生于 1790 年，他除了学习拉丁语和希腊语，还刻苦学习希伯来语、阿拉伯语、叙利亚语、阿拉米语，埃及是他心中的圣地。1822 年他首先从人名入手，然后找出相应的碑铭符号，成功地破译了古埃及的文字系统。商博良仅 42 岁就去世了，人们追念他破译埃及象形文字的不朽功绩，称他为“埃及学之父”。

图十二　古埃及石碑上的象形文字

图十三　古埃及印章上的象形文字

古埃及象形文字由表意符号、表音符号和限定符号三部分组成。早先这些符号有 700 多个，到公元前 500 年左右，发展到 2000 多个。表音符号是把词语的发音表示出来，取得音值；限定符号是在表音符号外加一个新的纯属表意的图形符号，置于词尾，以表明这个词是属于哪个事物的范畴，限定符号是不发音的，三者组合起来，便构成了完整的句子。图十四为由象形文字发展到科普特文字的各时期文字比较。

文字是记录人类文明最主要的载体，前面已说到古埃及最早使用的象形文字在公元前 27 世纪，后来他们用纸草纸来书写文字。不少古埃及的纸草文献都保存在欧洲各国的博物馆和图书馆里。最早的纸草书是法国人普利斯发现的，他在古埃及首都底比斯附近发现了一部文献，成书时间在公元前 2500 年，用对话体写成，主要内容是告诫人们如何处世，该文献后被称为“普利斯文献”，现藏巴黎卢浮宫博物馆。1885 年英国人哈里斯在底比斯一个墓室发现了一份由 79 张大纸草粘连而成的资料，草纸总长度约为 40.5 米，内容是有关宗教的记录，文献中还有若干精彩插图，图十五系古埃及写在纸草纸上的诗。

尼罗河三角洲的沼泽地和池塘中，盛产一种与芦苇相似的植物，叫纸莎草，草叶呈三角形，草茎高达 3 米多，粗细与人的手腕相当，茎部富含纤维。人们将纸莎草茎秆外皮剥去，用小刀顺纤维方向切割成窄长条，并将其竖直交错放置，用木槌击打至汁液渗出，经干燥处理后，这些长条就永久粘在一起，用浮石擦亮后，即可用于书写，所以纸草纸亦叫纸莎草纸（见图十六）。它成了地中海地区一种通用的书写材料，希腊人、罗马人、阿拉伯人都曾经将其作为书写材料。古埃及人用削尖的芦苇或鹅毛作笔，用烟渣调水或用菜汁当“墨汁”书写，写好后卷在木杆上，用细绳扎好，形成卷帙。公元前 18 世纪，古埃及人普遍用纸草纸记录文献，凡公文书、登记簿、法律条条、宗教文献等，都用纸草纸卷轴书写，上面还盖有印章。公

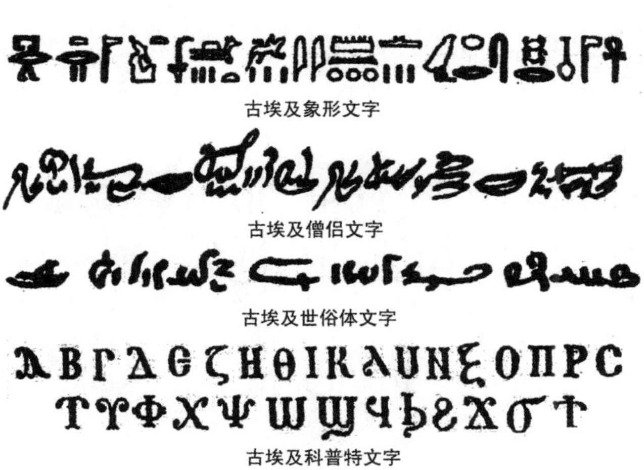

图十四　古埃及各时期文字比较

元前 2 世纪左右，羊皮纸发展起来后，纸草纸逐渐减少，但并不是马上销声匿迹，直到 11 世纪，教皇还使用显示尊贵的纸草纸来书写诏书。

古埃及的文字结体复杂，所以书写文字就成为一种专门职业。大多数人都很贫穷，上不起学，不会写字，只有少数能书写的人被称为“书吏”，最早的书吏形象见于纳尔迈调色板上。“书吏”是古埃及社会里高人一等的专门为统治阶级服务的知识分子阶层，可具体分为公文书吏、书信书吏、军队书吏、国王书吏、圣书书吏等。从 18 世纪开始，就有人开始收藏纸草纸文献，迄今为止，已发现 2500 多部希腊、罗马文学著作的纸草纸抄本，翻译和研究纸草纸上的古代文献，成为一门专门的学科叫作“纸草学”。

四大古文字之四：甲骨文字

相传上古时期，黄帝的史官仓颉根据日月星辰、鸟兽足迹等自然景物创造了文字。许慎在《说文解字·叙》里亦说：“黄帝之史官仓颉，见鸟兽蹄迒之迹，知分理之可相别异也，初造书契。”据传还有史皇、沮诵造字之说。其实仓颉、史皇等造字只是一个传说，汉字不可能由某一个人单独创造出来，有可能是仓颉等人对文字进行整理和规范。中国原始人类在文字产生前先结绳记事，又用八卦符号象征事物，后常用图画来帮助记忆、传递信息。事物日繁，这些皆不能尽赅，渐有刻画变成文字。汉字的“字”由表示房屋的盖头和下方孩子的“子”组成，这表示繁衍后代，一代一代演变发展成文字之意，汉字和本文中其他古文字的发展轨迹有所异同。1983 年至 1987 年间，河南省文物考古研究院在距离河南省舞阳县城北 22 公里处的贾湖村东部进行考古发掘，发现龟腹甲契刻符号（图十七），与后来的殷商甲骨文“目”字极为相似。据碳 14 测定，图十八系新石器时代出土的契刻符号，距

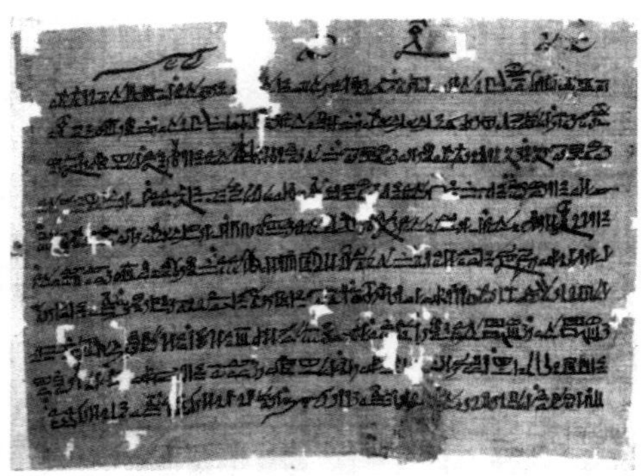

图十五　古埃及写在纸草纸上的诗

图十六　纸草纸制作过程示意

今已有 8000 年。据考古学者研究，这些刻符都是汉字的原始形态，古人已经在摸索着创造文字。1959 年，科研人员在山东省宁阳堡头村发现大汶口文化遗址，遗址中的陶器上印有各种字符（见图十九）。字符的上方一个圆代表“日”，下面一个“火”字，组成一个“炅”（热）字。这个文字与甲骨文已十分相似，无疑是殷商甲骨文字的先驱。笔者选用仰韶文化、龙山文化的陶器字符与甲骨文字作一对照比较，可以清晰地看到，它们之间确实一脉相承（见图二十）。我们说远古先人的契刻字符，大都用图画的方式来表达，所谓意符文字，就是让人一看就能用自己的语言读出来，并明白它的意思，这样的意符文字就是实体文字，刚开始实体文字数量并不多，后来由于社会发展及实际需要，又产生了音义相容的形声字。人们运用转注、假借等方法，汉字才生生不息发展至今。众所周知，甲骨文字是较为成熟的、有系统的、规范化的文字，经过上古先人数千年的摸索和创造才诞生的。

早在公元前 1300 年，商朝的第 26 代君王盘庚把都城从亳迁到殷，经过一系列的复古改制，中兴了行将崩溃的商王朝。后来，小辛、小乙、武丁、祖庚、祖甲、廪辛、康丁、武乙、文丁、帝乙、帝辛（即殷纣王），八代十二王皆建都于此。殷作为商朝后期的都城，前后历时共 273 年。史书记载，殷纣王曾下令扩建都城，南临朝歌，北据邯郸及沙丘，并在这些地方营建离宫别馆。殷都达到了空前的繁荣。然而，统治者的荒淫暴虐，激化了各种社会矛盾，武王在推翻殷王朝的同时，也彻底摧毁了这个繁华的都城，年代一久，连它的残垣断壁也慢慢地从地平线上消失了，到汉朝，这个地方已是一片废墟，因此，汉武帝时的史学家司马迁在《史记》

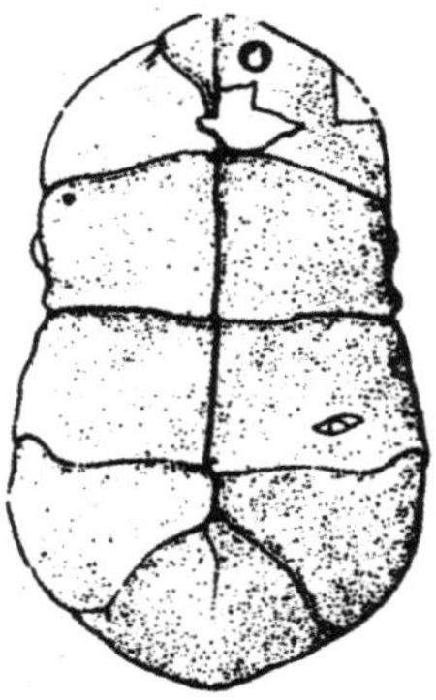

图十七　约形成于公元前 6680 年—前 6420 年，在贾湖遗址发现的龟腹甲契刻符号

图十八　新石器时代的刻符

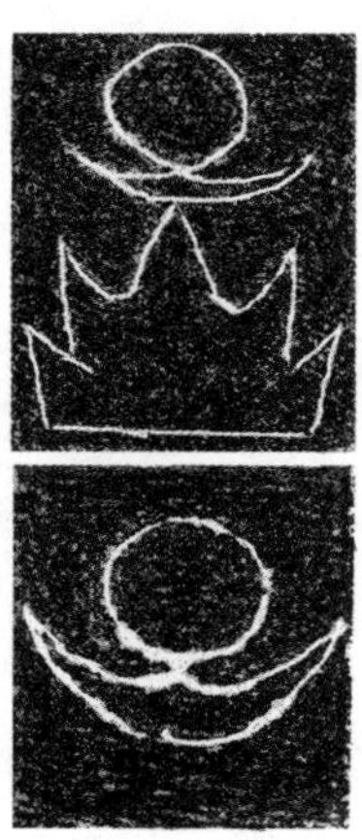

图十九　约形成于公元前 4500，在山东宁阳发现的大汶口文化字符：“炅”（热）

里就把它叫作殷墟，殷墟即今河南省安阳市西北郊的小屯村一带。

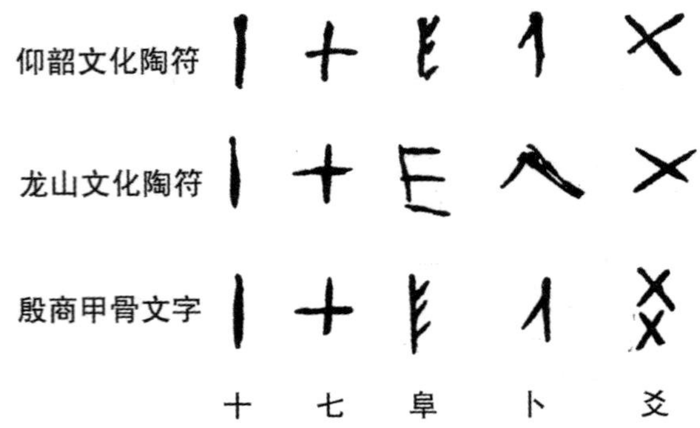

图二十　原始社会新石器时代陶器文字符号与殷商甲骨文字的比较

据近代考古发现，自隋唐到明朝，在小屯村立村以前，这一带属于丛葬区，荒坟累累，在长达一千多年时间里完全是一个“鬼”的世界，直至明代后期才有人聚居。清朝末年，小屯村一带的农民在翻土耕地时，常常刨出一些有字或无字的甲骨片来，当地人认为这是“龙骨”。据《甲骨琐语》记载，把这种甲骨当作药材送进药铺的是一位叫李成的剃头匠。

剃头匠李成，小屯村人，时常走街串巷为村民剃头，由于劳累和自身不洁，有一次竟然染上了一身脓疮，脓水流淌，连衣服也没法穿。剃头生意冷清，他无钱寻医买药，于是万般无奈之下，他把那些散落在河边的甲骨收拾回来，碾成粉末，涂在身上的脓疮上，想不到奇迹竟然出现了，疮面的脓水被这些骨粉给吸干了。众所周知，清代人留长辫子，前额上的头发要剃光，用锋利的剃刀来刮去这些毛发时难免会刮破、刮伤皮肤而引起出血。李成想，既然骨粉有吸脓、吸血的功效，何不再大胆地进一步试验一下呢？于是他用刀片划破自己的手，把骨粉敷到流血的伤口上，血居然被止住了，自此之后，每有刮伤出血，他就用骨粉敷治。更为奇特的是把一根细草，用唾液沾湿后，横放在甲骨上，这草却转成了竖的方向，原来这些全都是因为埋在地下几千年的古骨，有吸湿的功能。甲骨有这般特异功能的消息，很快传遍了小屯村。村上一些老人说，这可能是神仙显灵，而读了几年书的人，则说它就是“龙骨”。

李成身上的脓疮治愈后，他就不再干剃头这一行了。而是去沟渠、田间、河滩等地方，把别人扔掉的（大多系无文字刻画）龙骨收集起来，拿到中药铺去卖。起初药铺不知这是何物也不敢收，李成就当场做了止血的试验，药铺掌柜以六文钱一斤收购。久而久之，龙骨开始走进了药铺，当作“刀创药”，亦称“尖刀药”或“刀尖药”出售行市。小屯村的农民也开始用它换钱了。随着时间的推延，事态进一步发展，人们认为龙骨还能治疗“妇女病”和气血“虚弱症”。随着龙骨药用功能的扩大，对甲骨的需求也随之扩大，这样的事情很快就传向四面八方，周围的农民也纷纷前来挖掘。消息又传到了古董商的耳朵里，他们则联想从地下挖掘出来的东西，会不会与出土的文物有关？不妨也弄几片来看看，反正六元钱一斤，也不贵，就这样，甲骨文又传到了古董商的手里。

历史的演义就是这样，很多人由于文化的限制，他们能使甲骨重新出现在人间，走进中药铺，却不能使甲骨重现它自身的宝贵价值。这个任务只得由专家、学者来完成。那么这个学者、专家将会是谁呢？

王懿荣就是第一个揭开甲骨之谜的学者。据说，在光绪二十五年（1899 年）的秋天，王懿荣得了病，经医生诊治后，开了一张处方，上面有一味中药就是龙骨。王懿荣派人到宣武门外菜市口一家名叫达仁堂的中药店按方购药。药买回来后，王懿荣亲自打开药包验看，忽然发现龙骨上刻有一种类似篆文而又不认识的刻痕，凭金石学家对古物鉴定的敏锐，他意识到这可能是一种很早的古文字，是早于自己所研究的古彝器上的文字，这引起了王懿荣极大的兴趣，于是他派人前往达仁堂购买了一些带文字的龙骨。王懿荣认真辨认研究，同时注意在京师收购。不久潍县的古董商范维卿又带着这种刻有文字的甲骨片，进京拜见王懿荣。王懿荣视若珍宝一般，收购下来。此后，又有另一位古董商赵执斋也携甲骨数百片来京，被王懿荣认购。这样在不长的时间里，王懿荣就收购了甲骨 1500 多片。甲骨的价格也越来越高，最后卖到二两银子一个字。

王懿荣不仅是确认甲骨文，并判定它为商代文字的第一人，也是大量收集、珍藏甲骨文的第一人，他开创了我国甲骨文研究的历史。可是就在发现甲骨文的第二年，八国联军攻入北京，王懿荣为国殉难。他还没来得及对甲骨文进行深入的研究和诠释，就和他刚开始接触的甲骨文诀别了。王懿荣收集的甲骨文大部分转让给了刘鹗。刘鹗（1850—1910），字铁云，江苏丹徒人，以所著《老残游记》而闻名于世。在王懿荣发现甲骨文的时候，他正在北京候补知府。因为他是吴大澂的学生，也涉猎于金石学，所以与王懿荣的关系也极为密切，王懿荣殉难后，他极为悲伤。当时王家为了还债，就把王懿荣生前收藏的甲骨文，大部分转让给了刘鹗。刘鹗自己也大量收集甲骨文，他用了约一年时间，收集到约 3000 片。另外他又派自己的儿子到河南去收购甲骨，前后收集了近 5000 片。1903 年刘鹗将自己收集到的甲骨进行了整理分类，拓印了 1058 片，排版后分成六册，由“抱残守缺”斋石印，出版了我国第一部甲骨文的书籍《铁云藏龟》。在书的自序里，他第一次明确指出，甲骨片上所刻的文字是“殷代人的刀笔文字”。这些刀笔文字有许多不同的名称，因为它是契刻的，出于殷墟，所以有人把它叫作殷墟书契，简称殷契；也有人从书写内容上考虑，认为它是殷人的占卜遗物，所以把它称为殷代占卜文字。然而，它最通行的名称是甲骨文，这是就书契材料而言的。所谓甲是指乌龟的背甲和腹甲，以腹甲为主；所谓骨是指牛、猪、鹿等的骨头，其中大量的是牛的肩胛骨。《铁云藏龟》的出版与罗振玉也有关系。1901 年，罗振玉在刘鹗处见到他从王懿荣手中得到的甲骨后，不仅极力劝说他将其所藏甲骨文拓印出版，而且还亲自为其所藏甲骨文进行墨拓。

在甲骨收集的最初阶段，无论是王懿荣、刘鹗，还是罗振玉及其他国内外的收集人，都没得到甲骨出土的确切地点所在。王懿荣说河南汤阴、安阳，不甚具体；刘鹗认为甲骨文出土于“河南汤阴县属之牖里城”；罗振玉则说：“光绪己亥予闻河南之汤阴发现古龟甲兽骨。”当时许多人都认为甲骨出土于汤阴，罗振玉还相信过甲骨出土于河南汲县（今河南省卫辉市）。学者们之所以相信甲骨出土于汤阴或卫辉等地，原来是上了古董商们的当。那些古董商看到甲骨的身价与日俱增，他们为了自己垄断，获取暴利，防止别人染指甲骨的贩卖，故意把甲骨出土的真正地址隐瞒起来，而指东道西。

罗振玉经过多年的留意探寻，直到光绪三十四年（1908 年）才知道甲骨出土地是在安阳的小屯村。罗振玉在《殷墟古器物图录》序言中讲道：“光绪戊申予既访知贞卜文字出土之地为洹滨之小屯。”随着甲骨文出土地点的确认，以及甲骨文研究的深入，对甲骨文所在的时代的认识也越来越清楚了。罗振玉在《殷商贞卜文字考》中讲：“于刻辞中得殷帝王名谥十余，乃恍然悟此卜辞者，实为殷室王朝之遗物。”1914 年他编印出版的甲骨文集，就命名为《殷墟书契》。

殷人早在夏代便已是我国东部地区的一个强大民族，是中华文明的奠基者之一，在殷墟这片土地上凝聚了近千年的文化积淀，而甲骨文为我们打开一座中国远古的文化宝库。经研究发现，殷商是一个神权统治的时代，崇尚占卜，无论什么事都要向鬼神卜问才敢行动。《礼记》云：“殷人尊神，率民以事神，先鬼而后礼。”在日常生活中，大凡祭祀，征伐、风雨、出入、田猎、收成、气象、疾病、生育等都要得到神的“启示”，请命上帝。凡重大的事情还要几个人反反复复地卜筮，最后“三人占则从二人之言”，如果“龟筮共违于人，用静吉，用作凶”，任何活动都得停止，以求逢凶化吉。殷人占卜前，对龟甲和牛骨必须经过整治，方能用于占卜。整治包括取材、削磨、钻凿三道主要工序。取材即宰杀以获取龟板和牛骨，通常是在规定的吉日举行隆重的祭祀后进行批量的宰杀。获取骨料后，龟板须刮磨得厚度均匀、表面光滑，牛骨则要削去隆起的部分再将其磨平。最后在龟甲和牛骨的背面钻出一种枣核形的“凿”和圆形的“钻”。三道工序完成后，整治好的骨料被存放在库房中以备占卜之用。占卜时将甲骨置于炭火之上，烧灼其背面钻凿处，同时祷祝并述说所卜之事，待甲骨受热后，钻凿处预先爆裂，在甲骨正面可以看到产生的裂纹，凿处产生的上下裂纹称“兆干”，而钻处则呈现的横向裂纹称“兆枝”（即占卜所说的卜兆）。

最后，把所要请示的问题和鬼神的回答刻在裂纹的旁边，等事情有了验证之后，再把应验的情况补刻上去。这些刻辞非常简单，最少的一字，一般为十几个到二三十个，五十字以上的极少见，超过一百字的更少。卜辞的格式千篇一律，凡是一条完整的卜辞，大体上都是由前辞、问辞、占辞和验辞四部分组成。前辞又叫叙辞。包括占卜的日期和占卜者；问辞又叫命辞，是指要问的事情；占辞是占卜到的将有什么事情；验辞是占卜后的结果或应验情况。了解甲骨文的书写格式（术语称甲骨文例）是很重要的，如把一条意义明确的卜辞错误解读，就会成为一堆不可理解的奇文怪字。一般来说沿中缝刻辞的，自上而下，转行时向外，即右辞沿中间千里路下行向右转行，左辞沿中间千里路下行向左转行；沿首尾两边刻辞的，自上而下，向内转行，即右辞沿边向左，左辞沿边向右。人们把占卜看成是十分神圣的事，强盛的殷王朝，奴隶主拥有至高无上的权力，对天神鬼神更为崇拜，为了取得神的欢心，对占卜的刻辞要求很高，不仅要写得好，而且要刻得好。它是贵族们的档案，而那些从事书刻活动的贞人，专以贞卜为职业，他们父子相传，世代因袭，是当时的“书法家”。他们不断书刻，不断改进，不断雅化，完善了甲骨文字。使甲骨文在不同时代呈现出不同的艺术风格。这些纵横交叉的线条、变化灵动的字体结构，显示出甲骨文非凡的艺术底蕴。

刻在甲骨上的卜辞和记事并不是殷商王朝的正式文告和典籍，只是社会生活中祭祀、占卜活动的记录，大量甲骨被埋藏在地下。在王懿荣、刘鹗、罗振玉等人确定为甲骨文物之前，亦常有甲骨及铜器出土，只是人们不识此物。隋唐时期殷墟是一块墓地，到明代后期，才有人居住于此，始称小屯村。只要有人居住，就要取土盖房、耕田打井、开渠挖土，这样就会或多或少挖出甲骨，后来，人们把大骨当"龙骨"出售，小骨又被抛弃或回填入土。当王懿荣、刘鹗、罗振玉等人确定甲骨系殷商文物之后，皆重金购买，商贩、古董商愈加重视，于是，当时生活贫困的人们开始大规模私挖乱掘。为求厚利，挖掘规模不断扩大。据罗振玉《洹洛访古游记》记载，古董商坐地收购甲骨，村民有个体挖掘，也有群体挖掘，连"童子"也知道从挖掘之中捡拾小块甲骨去出售。小屯村的地主就对村民"抽头"，为此常发生矛盾而不断出现械斗流血事件。人们在菜园、房基地、路旁草地中挖掘，所挖面积达27万平方米，深度达6到7米，虽未将整个殷墟挖遍，但殷墟中心地区大多惨遭破坏。1928年5月，中央研究院历史语言研究所在小屯村开展考古发掘，标志着我国近代考古的正式开始。从1928年10月至1937年，中央研究院历史语言研究院先后15次对殷墟科学发掘，共发现有字甲骨22718片，有字兽骨2200片。在第13次发掘中发现的"YH127坑"，出土有字甲骨高达17096片。河南省政府亦派出省博物馆组织的发掘队去小屯村发掘两个月，共发现有字甲骨2673片，有字牛骨983片。1937年7月7日，日本发动了侵华战争，中国人民奋起抗战，抗战期间殷墟再次遭到私挖乱掘，大量珍贵文物和甲骨流向国外。有资料表明，加拿大多伦多博物馆收藏甲骨8702片，日本31个单位和31个个人共计收藏有12443片。新中国成立后，中央人民政府颁布了一系列文物保护法规，成立了专门的考古所、研究所、殷墟博物馆等，将殷墟纳入了科学管理的轨道。1973年小屯南地又出土甲骨7150片，1991年在园庄东地出土甲骨584片。此外，在河南洛阳，山西洪赵坊堆，陕西长安、岐山凤雏、扶风，北京房山、昌平，河北邢台等地，又考古发掘出土"西周甲骨"17000多片，其中有字甲骨300多片，在甲骨学的领域里开辟了西周甲骨新分支学科。胡厚宣《八十五年来甲骨文材料之再统计》一书，列出我国38个城市98个单位，共藏甲骨95880片，其中山东博物馆收藏5468片，上海市博物馆收藏5275片，南京博物院收藏2921片，天津市博物馆收藏1847片。北京市机构和个人共计收藏70000片，台湾收藏30204片，香港收藏89片。国外有12个国家共藏甲骨26700片，其中英国（7个单位2个个人）收藏3355片，美国（21个单位9个个人）收藏1882片，德国（2个单位1个个人）收藏715片。图二十一系殷墟出土的刻辞卜甲、刻辞卜骨选例。

经整理归纳，考证释读的文字有1400多个，还有未知未识的甲骨文单字4800多个。刘鹗对甲骨文中涉及干支、数字的40个甲骨文字进行了论述，其中34个无误，堪称不易。真正重视考释甲骨文字的第一人乃浙江瑞安孙诒让（1848—1908）。继而收集、保存、传播、考释及至甲骨书法，罗振玉当居第一，他与王国维共同推动、深入研究，使甲骨文的发展进入了一个新的领域。史称“罗王之学”。王襄、董作宾、郭沫若等学者对甲骨文的研究亦作出了巨大的贡献。此外还涌现出叶玉森、容庚、商承祚、于省吾、唐兰、胡厚宣等一大批卓有成就的甲骨学者。据中国社会科学院历史所1999年6月统计，中外学者发表的甲骨文论著达10946篇。2009年1月21日，以甲骨文文字、甲骨文书法艺术为主题的展览，在美国纽约联合国总部南大厅隆重举办，这标志着甲骨学从“象牙塔”走向民众，走向了全世界。

图二十一　甲骨刻辞

小结

若对四大古文字作一比较的话，正如胡适先生所云：“原先以为古代的文明只有罗马、希腊，看了这些3000年前的殷墟契刻，才知道他们那时还是小孩子似的。”（《胡适之先生晚年谈话录》）胡适先生的话非常风趣又恰到好处，实际情况正是这样。予以为中国甲骨文有如下特点：

其一，象形刻画是四大古文字的共同源流，甲骨文的形体结构特别简明概括。

其二，四大古文字都在公元前孕育萌生，都因为战争或天灾而被废弃、埋没在地下，其中三者均中断而绝迹，只有甲骨文的血脉、文字体系依然衍变、传承、发展着。

其三，其他三者与当今所在地区使用的文字基本没有关联，而甲骨文字与今日使用的汉字有密切的因果、渊源关系。

其四，其他三者只有少数学者在考释研究，一般人无法认识阅读，而甲骨文却日渐普及，很多人都能识读。

其五，其他三者已成“死”文字，而甲骨文字在当今的书法、篆刻、工艺、美术等领域还在广泛应用。

其六，出土甲骨文原片收藏在世界十多个国家，几乎所有文化发达的国家都有甲骨文研究机构，1999 年 6 月据有关资料统计，中外学者发表的论著达 10946 篇。这是其他古文字所不及的。

中国甲骨文既是古老的（已有 3000 多年历史），又是年轻的（才被发现 100 多年），他既是中华民族的文化瑰宝，又是全人类的共同财富。

（备注：此文刊载于《书法导报》）

甲骨之先　四堂之上
——不能忘记孙诒让先生的开山之功

一提到甲骨文，人们就首先想到“甲骨四堂”（雪堂罗振玉、观堂王国维、彦堂董作宾、鼎堂郭沫若），再说其他人物似乎就不那么熟悉了。尤其是清末经学家、文字学家，甲骨文研究的开山鼻祖孙诒让先生提及较少，知之者亦相对不多。甚至有一些大型的辞典工具书在论述书法史、艺术史的甲骨文部分时，连孙诒让先生的名字亦不曾提及，这确实令人遗憾和惋惜。孙诒让先生（1848—1908）他一生最大的嗜好就是读书和研究，整理古籍。他生性善良，是一个真正做学问的“书呆子”。他著作等身，学术成就宏富，在经学礼制、文献校勘、典籍训诂、国学教育诸领域建树卓越，特别是在甲骨文领域里，他撰著了我国第一部考释甲骨文的专著《契文举例》，可谓披荆斩棘、筚路蓝缕，是立下了开山之功的第一大功臣。所以章太炎先生称他是：“三百年绝等双”。予以为在甲骨文领域，孙先生是“甲骨之先，四堂之上”。

众所周知，能称得上“甲骨之先”的人，应有三位，第一位当是王懿荣先生（1845—1900），他首先在1899年发现了甲骨文，并确定其为殷商文物。然而，他还没有来得及对甲骨文进行进一步研究探讨，就在发现甲骨文的第二年，八国联军打进北京，他就为国殉难了，王懿荣先生是最先发现甲骨文的学者。第二位系刘鹗先生（1857—1909），字铁云。他从收集的5000多片甲骨文中，选拓了1058片，1903年出版了我国第一部甲骨著作《铁云藏龟》，让世界第一次见到了甲骨文的模样，并第一次向世人提出甲骨文“为殷人的刀笔文字”。他在《铁云藏龟》序文中确认了55个卜文单字（其中错释了13个）。由于卜文字体特异，因此无法辨别其义。6年后，即1909年7月，他贫病交加，卒于新疆乌鲁木齐。刘鹗也就成为最先拓印甲骨文的学者。第三位就是孙诒让先生，字仲容，一作仲颂，号籀高（庼），名徵君，晚号越东逸民，浙江瑞安人，同治时举人，官刑部主事。前后五次应礼部屡试不第，遂引疾而归，从此他无意仕途，随父亲孙依言居江宁布政使任所，晚年任温州师范学堂暨浙江教育会长。1903 年，《铁云藏龟》影印出版不久，孙诒让先生就获得此书，爱不释手。第二年，即 1904 年初冬，就完成了这部《契文举例》，成为甲骨史上第一部发凡起例、考释甲骨文的开创性著作。

实际上撰著《契文举例》只用了两个月时间，据传在这两个月期间，孙诒让先生把自己关在楼上的书房里，足不出户，从早到晚一直伏案撰著。面对《铁云藏龟》中印刷并不清晰的甲骨拓片，凭借自己对彝器古文字学的渊博知识，对卜文进行考释，完成了 5 万字的《契文举例》。全书为上下两卷，上卷为日月、贞卜、卜事、鬼神、卜人、官氏、方国、典礼等八篇，下卷为文字、杂例两篇。正确释读出“贞”“秉”“射“羌”“去”“省”“若”“亘”“兆”“禽”“周”“毋”“惠”“设”“复”“易”等很难破译的甲骨文字。全书考释了约 334 个卜文，其中正确的约有 185 个。书稿撰著完成后，照原稿抄写了至少 5 份，分别寄给了罗振玉、刘鹗、端方等人，但一直没有出版，后来，这些稿本不知下落。1908 年，孙诒让先生去世，《契文举例》的一份手稿，在上海被王国维发现。1917 年，罗振玉不惜花费数百金，将其出版发行，此时，距离孙诒让先生去世已 9 个年头了。

孙诒让先生的开创之功及他的《契文举例》，为何没有受到应有的重视呢？予以为其主要原因有：

其一，孙诒让先生《契文举例》完稿后，没有将书稿及时交付印刷出版，而是将手抄本分发交托给了别人，而 4 年后他又离开了人世。当时，知道甲骨文的学者还很少很少，因而是历史和时间埋没、耽误了他的功绩与著录。

其二，孙诒让先生《契文举例》手抄稿，1904 年完稿时已是仲冬 11 月，给了刘、罗、端等人，5 年后即 1909 年刘客死他乡。7 年后即 1911 年端方被起义士兵杀死于军中。而罗对此稿本曾说他读完以后，认为他“未能洞悉奥隐”（《殷墟贞卜文字考》序文），又说“未能阐发宏旨”（《殷墟书契》序文）。对此稿本以后的下落再也未提及。他们手中的稿本流落何处，无人知晓。沉没了 12 年后（1916 年）王国维在上海又得孙氏手稿《契文举例》，第二年（1917 年）罗振玉遂出资出版。尽管如此，罗对此稿本并不看好，又认为“得者什一而失者什九”；王国维亦不屑此稿本，谓其“其书实不可取。上卷考殷人制度亦绝无条理，又多因所误释之字立说，遂觉全无是处”（《王国维全集・书信》164 页）。由此可知，社会动荡、稿本失落、识者稀少、“两堂”贬低、后起学者的苛求，造成了一定的误导和负面影响。

其三，孙诒让先生在《契文举例》完稿后，虽有《名原》问世，但对甲骨文的研究随着他生命的结束而突然终止，未能持续发展下去，取得更大的成就。而后起的甲骨四堂在甲骨领域里，不断有所深入、有所创新与突破，许多开拓性的成果使甲骨文研究不断推向新的高度和深度。

然而，在考释甲骨文字的领域里，孙诒让先生无愧为“甲骨之先”，筚路蓝缕的开山之创，这是不可否认的事实与成就。再者，孙氏的年岁、学识、著述皆在四堂之先。

关于“四堂之上”一说，予还言犹未尽，现提出如下几点看法：

其一，《契文举例》是孙诒让先生晚年的甲骨著述，在他之前还不曾有人做过对甲骨文字考释与研究的工作，这是一个公认的事实。罗振玉先生、王国维先生虽然对他的《契文举例》评价不高，但也不得不承认有筚路蓝缕之功。随着岁月的流逝，后人更清楚地看到了《契文举例》的重大价值，而后人的一些研究和著述，明显地可以看到，亦或多或少带有孙诒让先生著述的影响和痕迹。邵子风先生《甲骨书录解题》撰文云：“草创条例，审释殷文，在殷契著述中首具披荆斩棘之功，后贤有作皆此书所启导也。”又谓：“自殷契出土以来，此中国学术史上别创领域，其有裨于殷墟文字之学，尤未可估量也。”钱南扬先生《孙诒让传》有文云：“近世甲骨之学从此始，其创辟之功大矣。”从上述“罗王”的赞叹，到后贤学者“甲骨从此始”“皆此书所启导”之说，足可证明功在四堂之上。

1964年郭沫若对孙诒让的题词

其二，陈梦家先生认为“罗王”不免苛刻了一点。孙诒让先生是“有开山之功”的。是“初步的较有系统的认识甲骨文字的第一人”。1964年郭沫若先生在孙诒让家乡浙江瑞安，参观孙氏的藏书楼（玉海楼）时，题词谓：“甲骨文字之学，创始于孙仲容，继之者为王观堂、饮水思源，二君殊可纪念。”（洪焕椿《浙江文献丛考》）郭沫若先生为甲骨四堂之一，他说这些话时已距《契文举例》出版60年了。“饮水思源”，语重心长，推崇孙诒让先生为“创始人”，连王观堂也只能作“后继者”。可见孙氏应在四堂之上矣。

其三，我想引用裘锡圭先生和姚孝遂先生对孙诒让先生的评语作为本文的结束。裘锡圭先生在《古文字论集》中提出：“《契文举例》在释字方面的贡献应该说是相当大的……是甲骨文研究方面一部有重要价值的开创性著作。关于对此书的评价，不但王国维说的‘实无可取’‘全无是处’明显不合事实，就是罗振玉所说的‘得者什一而失者什九’也是不够公允的。考虑到孙氏写书时在资料等方面所受的限制，他所作出的那些贡献就更加值得后人珍视了。孙氏在古文字和文献方面的学力决不在‘罗王’之下。”姚孝遂先生在《中国文字学史》中提出：“孙氏提出的研究古文字的思路，如今还是人们普遍应用的科学途径。”

“有些事历史是会永远铭记的”这是我信奉的一句话，孙诒让先生心地善良、默默无闻、谦虚谨慎，把智慧和学养留给了后人，王本兴在此向您鞠躬致意！

（备注：此文刊载于《中国书画报》

殷墟 YH127 坑 70 周年祭

——17000 多片甲骨在南京考古出土

北京：1899 年，由王懿荣发现了甲骨文；河南安阳：是殷墟甲骨文埋藏的圣地；南京：70 年前，曾考古出土甲骨文 17096 片。这个鲜为人知的地方即位于南京北极阁南麓、鸡鸣寺前的中国科学院南京地质古生物研究所。20 世纪 30 年代，这儿为国立中央研究院历史语言研究所，人们常称为“史研所”。这儿与甲骨文到底发生了什么事呢？

位于南京鸡鸣寺的中国科学院南京地质古生物研究所

李济、高去寻、李景聃、王湘等考古工作者在讨论 YH127 坑发掘方案

YH127 坑甲骨装入木箱后起运（1936.6 安阳）

一、震惊的发现

1936 年 6 月 12 日下午四时左右，民国时期的中央研究院历史语言研究所组织的第 13 次河南安阳殷墟甲骨文发掘工程已接近尾声。这次发掘于 1936 年 3 月 18 日开工，计划在当年 6 月 12 日结束。组织这次发掘工作的负责人系郭宝钧、石璋如先生，其组成人员还有李济、高去寻、李景聃、王湘、尹焕章、祁延霈、孙文青、潘悫、魏善臣等人。此时，有人发现坑壁东北面有一小块带字甲骨，大家喜出望外，继续接着往下挖，竟接连挖出了 760 片甲骨！此刻天色已晚，在没有什么照明设备的情况下，不得不停止发掘。并把坑位遮盖好，夜里派专人看守。谁也没有料到这是一个惊世的发现！谁也没有料到这里是一个

殷商王朝的甲骨“档案库”！这个日后编号为 YH127 坑的甲骨坑位，将名扬四海，永载史册。

1949 年定居中国台湾，曾亲身参加第 13 次安阳 YH127 坑科学发掘考古工作、被誉为“考古人瑞”的中国第一代考古学泰斗石璋如先生，回忆讲述了这次发掘工作全过程。

YH127 坑发现后的第二天，即 1936 年 6 月 13 日，人们又继续开始了紧张地发掘工作，127 坑的直径只有两米左右，其间只能容纳二个人在坑内操作，王湘、石璋如两个人既能独当一面，又能很好地分工合作，小心有序地向纵深挖掘。只见完整的大龟甲版一片挨着一片，满坑皆是。挖掘工作是由前向后退着干的，当不能容纳两个人时，石璋如先退出，由王湘一人继续干，最后连他也无立足之地时，只好把坑壁再打开一个口子，让王湘出来。

工作告一段落后，再由摄影者照相。人们发现上层的甲骨起来后，其下层仍有许多，当时不知道还有多深，这样一层一层地清理挖掘下去，不仅时间上不允许而且无法保证质量。6 月 14 日，大家决定改变方法，原先是从中心向两边挖掘清理，现在像剥皮似的从四面向里挖掘，形成了一个连泥带骨的“甲骨柱”，并决定把这个“甲骨柱”装入一个大木箱，运回南京中央研究院，然后再在室内仔细发掘。与城里的木匠接洽后，木匠察看了现场觉得没有这么大的板材可以制成箱体。他们组织起来，积极想办法，四处去找大树，连夜锯成板材，把木料运到工地。制成后的箱子实在太大，有 2 米见方，高达 1 米多，根本无法在坑底转移与移动，只能将木箱在空中吊起，从上往下套。

经过四五天的努力，把“甲骨柱”整体装入了大木箱。开始向上运，坑深约有 5 米多，又经过 2 天工夫才运上来。期间《彰德日报》进行了报道，说中央研究院发掘了一个“大龟壳”，装进了一个大木箱，惹得周围的群众纷纷蜂拥而来，抢着看新闻，抢着看热闹。

二、运往南京

把“甲骨箱”这个庞然大物运往火车站，可是个大难题。当时安阳最有运输能力的叫李绍虞，系研究所考古队办事处西邻，也是董作宾先生的好友。很有实力与名气，他愿意加盟全力以赴，帮忙解决运输问题。他们把箱子捆扎起来，就像抬轿子一样，64 人抬杠，并有 6 人在旁边辅助，一共有 70 人。为了步调一致，事先在当地训练。李绍虞提了一面铜鼓，他说："第一声，各就各位；第二声，杠子上房；第三声，扶杠挺胸；第四声，开步走。"当正式依序执行时，第一声、第二声皆能顺利进行，到第三声扶杠挺胸时，只听得"咔嚓"一声，两根大杠被压断了，箱子纹丝未动，抬杠的人也都作星散。

怎么办？大家只好把箱子打开，除去一部分土块，再把箱子锯去一段，减轻了重量，把工人们重新组织起来，并借来了两根榆木大梁。据说榆木杠只会弯不会断，并由原来的双杠式改为十字式捆扎，48 人抬杠，另安排 22 人在旁边辅助起杠。十字形捆扎的榆木杠横面太宽，无法从路面上通过，只能走麦田。箱子在榆木杠之下，箱底距地面太近，碰到地面的麦根等杂物阻力很大，故运行的速度十分缓慢，走了三四十步就得休息。距火车站不过 3 里路，却整整走了两天才运上站台。适逢天降大雨，5 天未能放晴。车站负责管理运输工作的人员见木箱如此笨重庞大，他们请示南京下关火车站，等答复的电报回来，临上车时又出了问题，车门太窄，箱子无法搬进去！经仔细策划，去掉了两侧的箱带、箱帮，方勉强塞了进去。由李景聃、魏善臣二位先生押车随行。1936 年 7 月 12 日终于运抵南京中央研究院历史语言研究所。历时刚好 1 个月。

三、轰动南京城

1928 年秋，中央研究院历史语言研究所成立于广州，曾迁址北平、上海。1934 年搬迁至南京北极阁附近，今古生物研究所所在地。1928 年至 1937 年先后组织了 15 次殷墟甲骨科学发掘，共发现甲骨 24918 片。惊世国宝 YH127 坑甲骨箱运抵南京研究所后，引起了极大的轰动，各界人士争相传递这个特大新闻，当时很多人前去观瞻。汪精卫来到现场，指着庞大的灰土柱说："哇！好一个大龟呀"。引得在场学者哑然失笑，汪看了半晌、听了介绍，临走时才恍然大悟："原来是好多龟啊！"（朱彦明《殷墟甲骨发现记》）据传当时为了永久保存 YH127 坑"原汁原味"的面貌，史研所曾专门请了一位技艺高超的工艺匠师，选用上等的汉白玉材料，雕琢了一个 YH127 坑甲骨标本模型，上面还刻有中央研究院、研究所、考古组、安阳发掘工作人员、南京室内发掘等相关领导及人员的名单。遗憾的是这个珍贵的标本模型在日寇侵占南京时失踪了。失踪不等于完全消失，这么珍贵的东西不可能说没就没了，或许它沉睡在某一个角落里，或许它被某一个人收藏，当然，也有可能早已流落海外。70年过去了，这个汉白玉标本一直杳无音信，从未露面，笔者在此呼吁：望有识之士知情报情，提供、奉献给国家，让它重现天日，永载史册。现在中国国家博物馆、安阳殷墟博物馆内的YH127坑模型乃后人用石膏仿制而成。

四、南京室内发掘

YH127坑甲骨南京室内发掘序幕由董作宾、梁思永、胡厚宣诸位先生揭开，他们仔细察看甲骨堆积的情形，每发掘一层总是先照相留影，再上一层玻璃纸，把每一块甲骨的样子都详细描绘出来，并编号，每版每片装一个纸盒，每一层放置在一个架子上，发掘工作非常认真细致，一丝不苟。发掘清理完毕，进行逐片清洗，再把号码直接写在甲骨上。根据石璋如先生口述录音，YH127坑南京室内发掘工作历时3个月才完成。在安阳发掘现场只发掘清理了一层，甲骨片不超过5000片。在南京室内发掘清理了5层，甲骨片达12000余片。YH127坑的甲骨片共计17096片。

YH127坑的发掘之所以称为科学发掘，除有组织、有领导、有计划、有目标地进行考古发掘外，他们还用全新的方法，从理念上打破条条框框，对考古发掘工作进行了彻底的改革，由野外转入室内发掘，这是人类考古史上惊天动地的第一次，也是十分成功的一次，他是科学加创新的结晶。室内的工作比室外更有条理、更有把握、更有层次，因而是高规格、高质量的发掘。它是考古史上中国的学者、专家齐心协力，用心血写下的一个崭新篇章。

1937年日本侵华战争爆发，殷墟的科学发掘工作也被迫中断，视甲骨为生命的中央研究院历史语言研究所的专家学者，克服重重困难，冒着生命危险，带着数以万计的甲骨片撤离南京，经长沙、桂林，取道越南到达昆明，后到四川，在环境十分恶劣、生活非常艰苦的情况下，董作宾、胡厚宣等学者，矢志不渝地研究YH127坑出土的甲骨，在此基础上董作宾编著成《殷墟文字乙编》上、中、下三辑，分别于1948年、1949年、1953年相继出版。YH127坑南京发掘的科学价值，中国科学院考古研究所研究院刘一曼先生在甲骨发现百年纪念之际曾云："YH127坑，共发现刻辞甲骨17096片，是殷墟发掘以来最重大的收获，坑中甲骨文的时代属武丁时期。此坑属武丁时代埋藏甲骨的窖穴。YH127坑甲骨，不但数量多，而且有许多重要的现象。

1. 7000 多片甲骨文中，牛骨仅 8 片，其余全部为龟甲，再结合过去出土过单埋卜骨的窖穴，可推出殷代卜甲与卜骨是分开存放的。

2. 整个刻辞卜甲数量多，达 300 块，其中有 1 块产地为马来半岛的大龟甲长 44 厘米，宽 35 厘米，这是迄今为止最大的一块卜甲。

3. 发现一些改制的背甲，即将背甲改制成有孔的椭圆片（类似鞋底形），表明殷人可能将甲骨穿成简册。

4. 发现了用墨或朱书写的文字，表明殷人已经拥有了书写的笔和颜料。

5. 发现了刻划龟甲卜兆的现象。

6. 常见文字中填朱填墨的情况，有的龟甲上大字填朱，小字填墨，黑红互衬，鲜艳夺目。

7. 记龟甲来源的刻辞较多，YH127 坑甲骨，刻辞的内容极其广泛，上至天文星象下至人间杂事无所不包，涉及殷代的政治、经济、文化、社会生活各个方面，是研究商代历史的珍贵材料，所以，有的学者称 YH127 坑是殷王朝的档案库。”(1999. 1《中国书法》)。

五、YH127 坑 70 周年祭

“殷墟”古称北蒙，位于河南省安阳市西北部一带。商代第 20 位商王盘庚自公元前 1300 年由奄（今山东曲阜一带）迁都北蒙后，遂称之为殷。盘庚迁殷至帝辛（纣）灭亡，历时 273 年。殷是商朝都城，公元前 11 世纪周武王灭商后，殷都在战火中被毁弃，殷民星散，殷地荒芜，而大量的甲骨片也就被埋入地下。春秋末期世人称殷商废都为“殷墟”，甲骨文亦称“契文”“卜辞”“贞卜文”“殷墟文字”“龟甲文字”等。它们沉睡在地下 3000 多年，直到 1899 年河南小屯村一带的农民在翻种土地时才被发现。殷商是一个神权统治的时代，崇尚占卜，无论什么事情都要向鬼神卜问才敢行动。《礼记·表记》云：“殷人尊神，率民以神事，先鬼而后礼。”在日常生活中，大凡祭祀、征伐、风雨、出入、田猎、收成、气象、疾病、生育等，都要得到神的“启示”，请命上苍。甲骨文上的卜辞就是每次占卜的记录。人们把占卜看成是十分神圣的事，强盛的殷王朝，奴隶主拥有至高无上的权利，对天神鬼神更为崇拜，为了取得神的欢心，对占卜的刻辞要求很高，不仅要写得好，而且要刻得好。它是贵族们的档案，而那些从事书刻活动的贞人，专以贞卜为职业，他们父子相传，世代因袭，是当时的“书法家”。他们不断书刻，不断改进，不断雅化，完善了甲骨文字，使甲骨文在不同时代呈现出不同的艺术风格，这些纵横交叉的线条，千变万化的字体结构，显示出甲骨文非凡的艺术底蕴与技巧。1992 年胡厚宣先生普查 25 个省市博物馆后，曾公布：南京博物院藏有甲骨文 2921 片，位居山东、上海之后名列第三。经前人归纳整理甲骨文单字有 5000 多个，已考证释读的文字仅 1400 多个。甲骨文从 1899 年发现至今已 100 多年，发掘 YH127 坑至今已 70 年，今天甲骨文研究已经国际化了，世界各地均有专家学者在甲骨领域里耕耘。当我们在回顾历史的时候，石璋如先生生前曾认为有三个地方值得特别纪念：第一个地方当然是河南安阳，那是甲骨文出土的圣地；第二个地方是北京，那是甲骨文之父王懿荣认识发现甲骨文的地方；第三个地方是南京，那是殷墟科学发掘的策源地，乃殷墟所得甲骨文集中研究的地方。石璋如先生生前在口述录音中风趣地说：“大家闭目想一想，除了安阳发掘出土大批甲骨文，还有什么地方出土过大批甲骨文，恐怕只有南京了。所以在南京这个地方更应该扩大规模来举行庆祝纪念。”迄今为止，江苏、山东、台湾以及河南安阳、湖南长沙等省市成立了甲骨文学会。在 YH127 坑河南安阳殷墟以及南京室内发掘 70 周年之际，国内外的专家、学者云集南京博物院，隆重举办规格高、规模大的 YH127 坑学术研讨会与甲骨文书法篆刻展览，入选的专题论文、入展的甲骨文书法篆刻作品皆结集出版并正式发行。同时，与会期间在原“史研所”即今南京古生物研究所大院内，复制 YH127 坑模型、设立 YH127 坑纪念碑，并举行揭碑仪式，这是纪念 YH127 坑南京室内发掘 70 周年最珍贵的礼物。

2006 年 6 月 12 日

（备注：此文编录、删节刊载于《扬子晚报》《现代快报》《书法导报》《中国书画报》）

翰墨飘香　春风化雨

——走进江苏省盐城监狱开讲甲骨文书法课

2013年“五一”劳动节期间，予应邀前往江苏省盐城监狱，为服刑人员讲授甲骨文书法课。从甲骨文的产生、发展，到甲骨文书法的意义，编成一个一个小故事，生动有趣地演绎讲述。考虑到这些服刑人员的书法水平、文化程度参差不齐，我把甲骨文的笔画归纳成直笔、曲笔、点笔等三种类型去临摹练习，把甲骨文结体归纳成七种特性：象形性、对称性、正反共存性、倒置互换性、合文同体性、定向稳定性、不可逆转性等去书写创作。特别是将甲骨文书法独特的形式、内容，以及与众不同的用笔、用墨、布白的特点，作了深入浅出的介绍与指导，中肯地告诉他们，学习甲骨文书法并不神秘与艰难，某种程度上讲比学习其他书法还容易入门，因为被破释的甲骨文字只有1400多字，一天学会写三至四字，一年就全会了。同时还说到，甲骨文是中国文字之源头，也是书法之源头，既“古老”——距今3000多年，又“年轻”——发现才100多年。学习甲骨文书法不一定是为了当书法家，而是为了提高传统文化艺术素质，培养认识社会、认识人生的能力与心性。它是学习书法、学习艺术的绝好途径与选择，希望服刑人员痛改前非，珍惜高墙内安静的环境、独立的时间，在这样特殊的地方，潜心学习一些老祖宗留下来的宝贵知识，探究民族艺术精神，在改造中学习甲骨文书法，陶冶心灵，充实精神胸怀，希望甲骨文书法艺术能伴随其今后的人生。

2013年5月王本兴走进盐城监狱开讲甲骨文书法课

江苏省盐城监狱成立于1950年，位于全国第一个生态示范市——盐城市大丰区境内，毗邻麋鹿和丹顶鹤两个国家级自然保护区，占地面积12.3万亩，现有服刑人员2400多人。近年来盐城监狱 400 多名干警，以科学发展观为指导，切实履行监狱职能，高标杆定位，高标准要求，高水平管理，实现了无狱内重特大案件、无罪犯非正常死亡、无罪犯脱逃的“三无”目标，被评为全省监狱系统党建工作先进单位。在文化建设方面，他们确立了科学的教育改造观，注重电化教育、文化活动，建立了网络教室、电子阅览室等文化育人工程，特别注重用中国传统的书法艺术帮教服刑人员。在此次甲骨文书法讲座期间，独特的甲骨文内容与优美的艺术形式，深深地吸引了所有的听众，两个小时的课程不觉一晃而过。最后，予蘸墨举笔作甲骨文书法创作示范，当我写完最后一笔时，全场不约而同地报以热烈掌声，以示对甲骨文书法的赞赏与热爱。用甲骨文书法艺术协助帮教服刑人员的文化教育活动，促进了监狱文化建设，同时也为书法艺术赋予了新的内涵、意义与作用。

（备注：此文刊载于《中国书画报》《书法导报》之新闻版）

论甲骨文字形美

甲骨文是汉字的鼻祖，是目前所能见到的具备文字三要素（形、音、义）、成系统的最古老的文字，它是汉字发展史上一种特殊的字体。中国书法起源于何时，无确切记载，然而，甲骨文有刀意又有笔意，可谓是最早的书法艺术。郭沫若先生说："卜辞契于龟骨，其契之精而字之美，每令吾辈数千载后人神往；文字作风且因人因世而异，大抵武丁之世，字都雄浑，帝乙之世，文咸秀丽。细者于方寸之片，刻数十，壮者其一字之大，径可运寸。而行之疏密，字之结构，回环照应，井井有条。固亦间有草率急就者，多见于廪辛、康丁之世，然虽潦倒而多姿，且亦自成其一格。凡此均非精于其技者绝不能为。技欲其精，则练之须熟，今世用笔墨者犹然，何况用刀骨耶？……足知存世契文，实一代法书，而书之契之者乃殷世之钟、王、颜、柳也"（郭沫若《殷契粹编·自序》）。因之，书法的起源与汉字的起源可谓同时、同步。

甲骨文从数量、技艺、风格及规模上看，殷商时代是成熟、鼎盛时代。

殷人尊神，帝王更是每事占卜，甲骨文就是古代贞人用刀刻写的占卜记录。贞人是当时社会上最博学、最有文化的人，可称之为当时的"书法家"。龟甲上的卜辞有些系先书而刻，有些系直接落刀不书而刻，无论哪种方式，都是以刀代笔。

运刀与运笔终究不一样，加之龟甲是十分坚硬的东西，刀在进行刻画时，要克服粗糙与较大的阻力，掌握深浅与快慢，才能产生一定力度的线条来，也正是这个缘故，龟甲上的贞卜文字都是以方折、直笔为主，十多万片甲骨文字，都统一在一个基本的格调之下。但仔细研究，洞察其字形，刀笔交替，多姿多彩，变化无穷。贞人们煞费苦心，匠意别具，巧妙地设计、组合点画结构，给我们展示了一幅前所未有、惊世骇俗的字形之美的不朽巨作。

甲骨文字作为当时社会的实用文字，偏重于形，尽管有很多形声字，但它还是以象形来表达事物内容，这就注定了文字在造型与线条刻画上需要更多更美的构思与创造。甲骨文字的字形美是人类进步、社会文明的真实写照。兹不揣于甲骨文书法艺术学习、创作中之管见，试对卜辞字形美作初步探讨。

一、长圆方扁参差美

对甲骨卜辞稍作归纳整理，就会发现它们的字形主要是方形、长形、圆形与扁形。而这四种形貌，正是人们日常生活中最基本、最常见的。

如下字例：长形字：望 羊 东 牛 令

方形字：工 其 周 亘 贞

扁形字：卣 虹 舟 灾 目

圆形字：白 土 贝 面 日

卜辞大小、长短、方圆各种字形相间相参，组成了一个和谐美的整体。中国文字源远流长，从古老的原始陶文演变到成熟的甲骨文字，起码要有五六百年的历史，甚至更长时间。甲骨文字的这些基本形态，正是人们不断改进，不断总结，博采众美的结晶，它体现了中华民族根深蒂固的传统美学原则和审美的共同心理。在甲骨卜辞中，长形、方形占大多数，为后来的汉字方块形结构奠定了基础。

二、平正险绝对比美

平正是创作书法作品、营构书体的基本条件。王羲之说：“夫书，字贵平正安稳。”（王羲之《书论》）。甲骨文字尤其如此。如（喜）（曰）（工）（幽）（百）（古）都是上小下大、上窄下宽，上方的分量轻于下方，故重心安稳，字势平正。再如：（豆）（王）（生）（星）（丘）底部都有一长横托住上方，犹如人站在大地上一般，稳如泰山。颜真卿说：“意外生体，令有异势。”（《述张旭笔法十二意》）。意谓书法不能千篇一律，平正之外应追求险绝。契刻卜辞的书家似乎早知此理，常常平中置险，而险中又能见稳意，平与险相辅相成，唱和对比，格外生动。如图一的卜文“终”字下方挂着两个小椭圆，且一高一低，乍看十分险绝，摇摇欲坠，但仔细观之，两圆遥相呼应，顶端有两根斜线牢牢拴着，不愿意轻易坠下，险但很安稳。妙不可言。卜字“辰”字，中间两条斜线向左下倾斜，犹如滑梯，整个字势右高左低，毫无疑问，向下斜拉的力量是相

图一

当强大的，斜线上方的一端被拉弯，成了弧形，大有断裂之势，奇险无比。但无须担心，其“滑梯”下端有一条直线挡住，且与右上的横折成垂直平行布局，起了“保险”作用。那根线段仅能拉弯，但不会拉断，这正是险中寓稳的绝好结构。

卜文“媚”字，上部“眉”与下部之“脚”自然倾斜，而中间部位的各个单元又向同一个方向作倾斜之势。随时有可能向下滑脱。然而，幸有跪弯后的一根直线穿过中部各单元，将其全部支撑住，就像杂技演员手拿器物，寻找各种不同姿势的重心，化险为夷。

卜辞中“为”字，形为手牵象以助役之意。《吕氏春秋·古乐》称：“殷人服象，为虐于东夷。”整个字无一笔系横平竖直，牵象之手与象之尾强烈呼应对比，象尾与象背撑住整个框架，字画向背互逆、线条各行其是。但开合自然，向背逆转都在规矩之中。此字可谓减一笔则不成其形，多一笔则画蛇添足。险绝之中包含平衡之意。孙过庭《书谱》云：“初学分布，但求平正，既知平正，务追险绝，既能险绝，复归平正。”而卜辞正是在“平正—险绝—平正”的多重变化与对比中，描绘出优美的字形。

三、直笔圆笔线条美

甲骨文用刀契刻，文字的载体是龟甲兽骨。尽管以刀代笔，但刀毕竟是刀，不能包含全部笔意，不像现代人那样拿着毛笔挥洒出各种各样的线条来，也因为这个缘故，甲骨文字的线条有它自己独特的个性色彩。可以说，甲骨文字是以直笔、方折为主。但也有圆笔，它以一种流动、婉曲之势穿插、回环在以方折直笔为主的整篇卜辞之中。

如图二甲骨拓片中的“十、五、有、六、贞、曰、我、其、古、燎、于”等字几乎全用直笔书契而成。这些字画，爽快通达、斩钉截铁、刚劲有力，有一种淋漓尽致、一泻千里、雄浑古朴的畅快之感，令人难忘。此外，这些线条有刀意，有笔意，其中刀意尤重，使人感受到生气勃勃的阳刚之美。圆笔，是指曲圆之笔。如图二甲骨拓片中的“获、擒、鹿”等字：及图三甲骨拓片中的“午、画、儿”等字皆运用了曲圆之笔。这些字画，依靠自身的弹性与张力，一任起伏流伸，洋溢着天真烂漫、自然率真之姿，同时也呈现一派平和秀润、婉约的阴柔之美。

图二

直笔圆笔并不是孤立的，在甲骨文中往往有直笔，又有圆笔。两者相参，阴阳回环相接，字里行间方能神采飞扬。如图三甲骨拓片中的“易”字，左边圆笔，右边直笔。“自”“东”字都是直笔与圆笔并用。单独的方形与圆形似乎是一对矛盾，一旦方圆结合，矛盾转为统一，就产生了一种特殊效果，刺激观感，美之为美。古人为什么通过简单的直、圆之笔，能造化出字形之美呢？原来直线和圆线并不是我们想象的那么简单。贞人利用斜直线寓意危崖倾倒之势。如图一的“协、男”等字，使人感到它在剧烈地运动，排山倒海，无法阻挡。而“四、己、册”等字，由平直、垂直之线组成，那是一种轻松静谐的格调。再如卜文“乙、面、明”等字，用的是圆曲之线，十分柔媚。但凡弧线、半圆线、梯形线、波浪线、抛物线等均属于圆笔，可谓矫若游龙，疾若惊蛇，其屈曲缭绕恰似腾蛇赴穴。通过线条来领悟动与静，领悟自然万态，这符合欣赏者的思维逻辑。作为甲骨文书法艺术，通过笔画线条变化，能使观赏者的心情跟着活动起来，这正是甲骨文字形美之所在。卜文的直线与圆线是有生命的线，有骨肉的线，它出于自然，又经过精心净化提炼，比自然更精神，更有生气。

图三

四、左右上下对称美

对称是大自然的杰作。天地之间，万事万物都有一定的对称性。地球有两极，人有左右两侧，五官对应，鸟有两翅，兽有四腿，大千世界中，江河、湖泊、高山、树林、船帆、房屋、宫殿、塔楼、桥梁，等等，都体现出一种统一、对应的美感。远古贞人，在契刻甲骨卜辞时，深谙对称妙理，并将对称之法广泛运用到文字结体之中。他们常常从龟甲中缝向两侧对刻，以成对称之状。而甲骨文字也采用对称式结体。如图四甲骨拓片中的“焚、鄙、征”；图五中的“卯、星、雨、有”等字，都突出了左右对称性。此外，还有一些甲骨文字，左右或上下的形态、变化基本相同，可称之为近似对称，如图一的“黄、舞、学、果”等卜辞。无论何种对称，都起到安稳、平衡、和谐作用。这种形式亦最容易产生端庄、严肃气氛，产生缜密、质朴之美。对称是最能感动人心，最容易被人接受的一种艺术形式，同时，亦最能给人留下良好的印象与美好的回忆。

五、高度概括象形美

最初的文字，始于图像，随体诘诎，画成其物，称为象形文字。象形是创造汉字最原始的方法，它直接从图画发展而来。前面说过，在甲骨文字产生以前，应该有一个图形文字的发展阶段，那时图形文字占绝大多数。随着社会发展，图形文字减少，符号文字则占大多数，而留下来的这部分图形文字，愈见精到，高度概括，简洁扼要，寥寥数笔便勾画出某一物象的形态。

甲骨文中一部分象形文字即是如此。它们屈伸自如、生动活泼、稚气可爱，给甲骨文字带来了一种奇特之美。如图六“卜”字的一竖，是中心垂直之线，由天上直插下来，旁边那一小叉，可左可右，像指南针一样，指示方向。至今领导讲话仍称“指示”。“贞”字亦然，上面是个“卜”字，下面是个贝壳。“文”字之状像交错之织物，织物之织纹系饰品，故“文”字可释为美饰之义。见图五中的“鸟”字，一看便知是只鸟。再如图一中的“虎”，张牙舞爪，耸背扬尾，凶气逼人。“龟”字亦然，活灵活现，形态逼真。再看“马、鹿、鼎、龙、鱼、象”等字，无不构思

图四

图五

精巧，无与伦比，显示了古代贞人独特的造型美、象形美。有人把它比作是3000年前“画得最简单的画”。此话非也，画是画，它与文字相比，有明显的差别。字是字，它有成熟的体系，完成了从画到文字的符号进化，具备了文字的三要素，已不当画用。所谓象形文字，是指像某一形态而已，它仅仅是像。

此外，在甲骨文字中，还有许多包含山川地理、几何图形的文字，如图一中的“水“字像弯曲的河流一样，前面提及的“虹”字，像雨后跨天长虹。而“山”字，则三山并立，高耸入云。“吕”字呈正方形、“车”字呈圆形、“五”字呈三角形、“兹”字呈菱形、“听”字呈扇形。象形文字加上许多人们常见的不同的几何图形，它们互相穿插，互相套用，使甲骨文字更加千姿百态，朴素大方，充满耐人寻味的艺术精神。

图六

六、大疏大密相生美

疏与密，即虚与实。疏密是构成甲骨文字虚与实的主要手段之一，它可以包含在整篇卜辞之中，亦具体表现在某一个单字之上。整篇作品，是指行与行、字与字、上与下之间的空隙、黑白处理。而单字的疏密是指笔画之间互相离合、挪让、密集与分散的处理。疏密，是一个古老而又现实的话题，它浸淫各个艺术门类，犹如生活中有喜有怒，自然界有昼有夜，一台戏有高潮与低潮，一篇小说有轻描淡写与激烈紧张，一幅画、一方篆刻印章有疏与密的空间布白意趣。甲骨文字更是如此。如图六的“刚、彭”等字，右边极疏，左边则极密，呈现了左实右虚的形态；“翌、滴、专”等字，则呈上右密左疏状；“若、见、鲁”等字，呈上密下疏形；“门、邦”等字，则为上疏下密状。从以上字例可以看到甲骨文字疏密对比十分强烈，反差极大，密处笔画繁多，最大限度地占据空白，可谓宽可走马。疏密相间，是甲骨文字字形美的重要特征之一。体现了卜辞的生动活泼、体现了卜辞的识读性、趣味性，化板为活。

我们可以把卜文的疏密法归结为两类：其一，自然疏密，如卜辞“若”字，像人跪跽，而两手扶其首，保持了字画的原有规律，呈自然性上密下疏。其二，人为疏密。如图六的“壶”字，可以人为加密，由简到繁，由疏到密，取之所需、取之为美。

七、有纵有敛意趣美

图七

图八

古代贞人挥刀如笔，精神所致，五彩缤纷，珠玑满片。有的甲骨文字字体开放，以纵取势，宛若高山奔泉。凡纵展卜辞，皆张开四足，面对世界，多多自在。有些卜辞则截然相反，就势戛然而止，亦收亦敛，让气度内涵，犹自桃源一盆小景，自成一段气象。有纵有敛，纵中有敛，敛含纵意，这给甲骨文字的字形美注入了无限的活力与生机。如图六的“玉、典、游”等字，势从上展，力图上扬；“非、美、余”等字，则向下纵展，上露之锋芒微乎其微；“束、来、庚”等字，则上下充满纵意；“行、桑、春、燎”等字，则向四面舒展；也有一些卜辞单向右或左纵展，如“中、我、从、豕”等字；有些卜辞以敛为主，如“宫、旦、渊、酉”等字，字势无纵放之意，线条大都向中宫收敛。此外，卜文的同一个单字可以写成以纵为主，亦可写成以敛为主，如图六中的两个“涉”字，后者呈纵展之势，前者则呈收敛之状，其字画大都向重心包围呼应，不越雷池。不仅单字有纵有敛，甲骨文的整幅拓片篇章亦有纵敛之分，如图七的甲骨拓片中，个个卜辞舒展疏朗，线条粗壮自如，无拘无束，一派风流潇洒貌，读之令人振奋。如图八的甲骨拓片上的文字，则相反，个个卜辞婉约内收、谨小慎微、藏而不露、恪守敛规，线条短小细微，一派平和柔细、宁静肃穆气象，读来令人沉思。

纵敛系一种意趣，一种感情的泄露。刘熙载在《艺概·书概》中说：“笔性墨情，皆以其人之性情为本。是则理性情者，书之首务也。”蔡邕在《笔论》中说：“书者，散也，欲书先散怀抱，任情恣性，然后书之。”用古人总结的道理来品味贞人的甲骨文字，顿觉纵敛之法确系表情达意，散怀恣性之法，一张一弛，一动一静，感应观赏者的脉搏，调动观赏者的心绪波浪。同时让人领略到贞人的文化涵养与性格品位。情注笔端，字出心迹，至今如此，王羲之的《兰亭序》，是明快欢畅情愫的流露，颜真卿的《祭侄文稿》则是悲愤、沉郁的基调。卜辞亦然，性格豪放的贞人，在社会开放人民康乐的大背景下，字势多动多纵，以自由奔放为主流。相反，在社会动荡，战争不断的环境下，温文沉着的贞人，感情压抑，含而不露、意味深藏，其卜辞格调则以敛收为主。当我们阅读贞卜文字时，随着字形的纵敛起伏、刚柔相济，我们在感情上也会产生共鸣。

八、错落有致呼应美

先看图九的两个“嬉”字，前者比较方正端庄，后者不仅左右两部分换了位置，且左右两边呈现出较大幅度的落差。如此，一是避免了同一个字的重复，二是增添了艺术趣味与字形之美。错落与参差意义相近，但亦有区别，参差属于字与字上下之间关系。错落属于单字本身左右或上下的关系。有相当一部分卜辞不仅错落有致，而且互相顾盼呼应。再如图九的“牡”与“对”字，它们左右两部分互相拉开，构成错落之势，又互相呼应，富有情趣。还有一部分左右结体的字，则故意写成上下错落的形式，如“妹、狈、洋、掸”等字。而原是上下结体的字，则又故意写成左右错落的形态，如“姜、盛、年”等字。有些卜辞还利用自身的笔画写成参差错落貌，如“黍、凤、受、解、沫、渔”等字。其结体的某些部首，不仅大起大落，而且大幅度倾斜，摇摇欲倒。但它的重心仍然稳正，力扛千斤，

图九

显示出中轴线的力量。从卜辞的大度错位，忽左忽右，忽高忽低，忽俯忽仰，变化多端，极尽离合揖让之能事，可以看到卜文的字形之美，尽出新意于法度之中，可以说这是其他书体所不易达到的。时下许多现代书法，大胆变形，大胆扩张错落，亦大多出自甲骨文字字形之原理。由此看来，甲骨文字“其契之精而字之美，每令吾辈数千载后人神往”的断语，系相当富有哲理与独具卓识的。

综合上述，甲骨文字系刀笔文字，古代贞人善于用刀笔表情达意，通过长、方、扁、圆表现文字的参差美，通过平正险绝追求对比美，通过字形对称来表达平衡、端庄美，通过高度概括的线条达到象形美，疏密产生相生美，纵敛以求意趣美，错落有致贵在呼应美。甲骨文字是远古祖先留给我们的一笔巨大的艺术财富，它特有的线条艺术优美的字形，为后来的书法艺术打下了坚实的基础。

（备注：此文刊载于《书法导报》）

漫谈甲骨文书法创作

一、引言

甲骨文亦称“契文”“卜辞”“贞卜文”“殷墟文字”“龟甲文字”等，它们在地下沉睡了3000多年，直到1899年河南小屯村一带的农民在翻种土地时才被发现。殷商是一个神权统治的时代，崇尚占卜，无论什么事都要向鬼神卜问才敢行动。《礼记》云：“殷人尊神，率民以事神，先鬼而后礼。”即见一斑。在日常生活中，大凡祭祀、征伐、风雨、出入、田猎、牧游、气象、疾病、生育等都要得到神的“启示”，请命上帝。甲骨文上的卜辞就是每次占卜的记录、占卜的档案。人们把占卜看成是十分神圣的事，强盛的殷王朝，奴隶主拥有至高无上的权力，对天神、鬼神更为崇拜，为了取得神的欢心，对占卜的刻辞要求很高，不仅要写得好，而且要刻得好。它是贵族们的业绩与档案，而那些从事书刻活动的贞人，专以贞卜为职业，他们父子相传，世代因袭，是当时的“书法家”。他们不断书刻，不断改进，不断雅化，完善了甲骨文字，使甲骨文在不同时代呈现出不同的艺术风格。这些纵横交叉的线条、千变万化的字体结构，显示出甲骨文非凡的艺术底蕴与技巧。至今，国内藏有甲骨文100000多片，港台藏有近30000多片，英、法、美、日、朝等十多个国家藏有近30000多片，共计150000片以上。经整理归纳，甲骨文单字有5000多个，已考证破译的字仅1400多个。每片甲骨文都是历史的见证，都是先祖留下的文化瑰宝，都有强烈的诱惑力，那缕缕刻痕，无不昭示着我们去进行更深入的探索与思考。这些孔夫子、王羲之没见过，颜真卿、米南宫亦没见过，这些瑰丽的文化宝库，却向我们敞开了大门，这既是一个绝好的机遇，又是一个时代的挑战。一百年以来，不少学者、书法家的甲骨文作品很有特色，如董作宾的甲骨文书法，藏锋落笔，收笔较细，取婉转流畅一路；罗振玉、王襄、商承祚的作品体态端凝，平衡匀称，取方正内敛一路；叶玉森、丁辅之、简经纶的作品，纵横自如，取自然奔放一路；秦士蔚的作品则具率性、自由、大写意一路的特点。无数人为之呕心沥血，为甲骨文书法艺术开创了一个充满希望、充满光明、激动人心的开端。但甲骨文的发现、发展，进入书法艺术领域，不过是近百年的事。甲骨文书法的继承与创新，从某种意义上讲，比其他书法门类更艰巨、更广阔。学甲骨文书法，无疑是明智的选择，“取法于上”，学甲骨文书法应当说是从根本上学起，只要带着虔诚投入进去，一分耕耘，就会有一分收获。

二、以何种甲骨文书体临摹创作

就艺术层面而言，“甲骨文”是一个笼统的概念，实际上它有多种书体，且风格各异，随时代变迁不断变化，大字有寸余，小字若蝇头小楷。董作宾先生提出按照世系、称谓、贞人、坑位、方圆、人物、事类、文法、字形、书体等十项标准，分为五个时期。郭沫若在董说的基础上加以合并，分为三个发展时期。学习甲骨文书法就像学习其他书法一样，须结合本人的具体爱好和基础情况，也就是说要结合自身的审美观、自身的书写特点来选择书体。在这里笔者以甲骨文字的结体与线条为依据，分成八种不同风格的书体类型，供书法爱好者临习参考：

图一

第一，奇肆雄浑型甲骨文书体。如图一，文字的点画粗壮浑厚，线条肥而有肉，具有金文点画的特色。结体大小不一，长短不一，大多趋向于正方稍微显长的特征，气势开张、精神饱满，给人以天然无雕、朴实无华的感觉。根据董作宾的断代分期，这类书体在第五期（帝乙、帝辛时代）较为多见，与商末周初的鼎铭书风靠近。

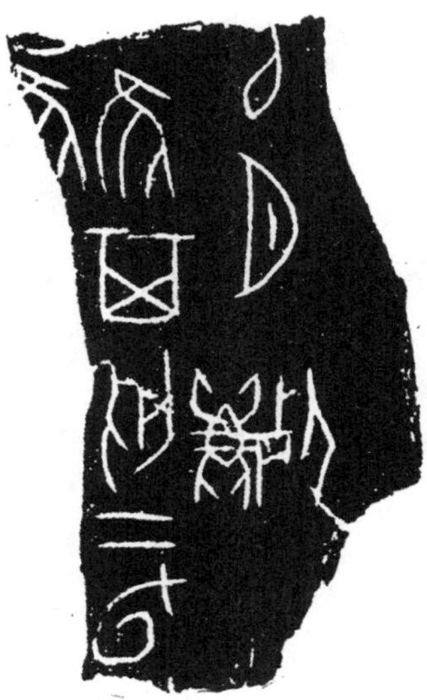

图二

第二，宽绰疏朗型甲骨文书体。如图二，其结体大开大合，骨架张扬宽阔，中宫放松，字心部位留白较多，点画爽直挺拔。整个文字显得萧散宽展，豪迈博大，气度不凡。这类书体在武丁、祖庚、廪辛、康丁时期较为多见。

第三，俊秀遒丽型甲骨文书体。如图三，俊秀遒丽型甲骨文书体，多见于断代分期的第二期、第四期、第五期书风之中。它的字体俊秀，大小适中，行款整齐，契刻工整，线条娟雅细巧，劲健妍美，无论是单字还是整篇文字，给人的感觉总是规范精美，工稳之中显露出静穆遒丽的神采。

第四，尖利奔放型甲骨文书体。如图四，即甲骨文字的点画露锋出尖，棱角分明，这些点画向四周有一定的辐射性，毫无顾忌，毫无约束，自由纵放伸展，而它的结体有的松散，有的紧敛。字体的大小、点画的方向、纵横的位置似乎缺乏规律性，因字而宜。这类书体主要分布于董作宾断代分期的第一期、第三期及第四期书风中。

第五，方整内敛型甲骨文书体。如图五，它的文字整齐划一，纵横有列，行款井然有序，无论是文字的大小，还是点画的长短，都没有过度的伸展放纵，平稳端庄，显得非常工致方正，与其他甲骨文字相比，确实别具风貌。这类书体在断代分期中，各期均有所见，而在第二期、第三期、第五期书风中尤为突出。远古贞人在严饬工致方面下了功夫，不仅契刻十分精致，而且字体细巧、温润，充满着书卷气息。可见古代贞人使刀如使笔，既有高超的书法水平，又有精湛的契刻技巧。

第六，婉转流畅型甲骨文书体。如图六，甲骨文字以圆曲之笔为主，圆笔、曲笔、弧形之笔很多，每个文字都在圆的韵律包围之中，给人以灵活、柔丽、飘逸感。在断代分期中多见于第一期、第四期书风。

第七，挺拔修长型甲骨文书体。如图七，书体文字均以修长为主，以纵取势，并具直笔多圆笔少、刚劲挺拔的特点，多见于断代分期的第一期、第四期书风中。

图三

图四

图五

图六

图七

图八

第八，率性写意型甲骨文书体。如图八，指带草意的甲骨文书体。古人用草书的手法与笔意来契刻抄写，无疑这是一种创新之举。它的点画的粗细、文字的大小、布白的疏密，都很不经意亦不刻意，而是一种率性随意而书，犹似“乱石铺路”。当然这种率性随意并不是乱涂乱抹、乱刻乱书，它是被统一在同一个基本书风与格调之下，是远古贞人心迹的写真、胸臆之抒发，当然亦有可能是契刻者探索与尝试的结果，总之它是写意的。它广泛分布在第一期、第二期、第三期、第四期书风之中。

学习书法都要从临帖入手，市肆书城有各种各样的篆帖、楷帖、隶帖、行帖、草帖，但尚未有正式的甲骨文字帖，予编撰《甲骨文字帖》《甲骨文同字异形字帖》相继在 2015 年、2019 年正式出版发行。前者分三种书体，每种 450 字（次），字径三寸，共计 1350 字（次）。后者不分书体，为方便临摹，印了米字格，共计 4000 多字（次），原汁原味，明丽清晰，弥补了甲骨文无字帖的不足。

此外，还从十多万枚甲骨文拓片中，予按以上八类书风，选编成《甲骨文拓片精选》。予编著的《甲骨文字典》（第 3 版）、《甲骨文书法学》《甲骨文字辨异》等 20 部甲骨文专著，均可作为临摹与创作甲骨文书法的参考书。

学甲骨文书法从临摹开始，打好了基础，有了基本功，再进入创作。不断临习，不断地去认识掌握它，反复实践，积累经验，才会不断进步。至于近人的甲骨文作品，尤其是那些自描自摹的所谓甲骨文书法作品，最好不要去临习，以免被套住而不能自拔。

三、甲骨文点画的特点

尽管甲骨文可以分期分类，但猛利劲削的线条是它们共同的特点。古代贞人使用青铜刀、玉质刀等硬器，在龟甲兽骨上契刻，不仅讲求结体与布局，而且十分注重点画线条的质量。它的点线以方直为主，圆曲为辅，方圆相参，有刀味亦有笔意，平直利索，不激不厉。兴许出于契刻方便与顺手，他们用刀与契刻一般由下至上、从右至左。考古学者新近研究成果表明，甲骨文字大多不书而刻，少数先书而刻。从朱书、墨书的痕迹分析，所用毛笔均属硬毫，中锋运行，有轻重徐疾之分。有些不书而刻的甲骨文字，刻后在笔画中再填以朱砂朱墨，同一片甲骨片上甚至涂有两种颜色，旨在装饰美观，丰富视觉艺术效果。点画是书法艺术造型的基本单元，点画的不同，也就形成了书体的不同。董作宾先生说：“甲骨文本身，有过二百七十三年的历史，它的书契有肥、有瘦、有方、有圆，有的劲峭刚健、有顽廉儒立的精神；有的婀娜多姿，有潇洒飘逸的感觉。特别是殷代中兴名王武丁时代的史臣们书契文字，气魄宏放，技术娴练，字里行间充满了艺术的自由精神。”（董玉京《大家一起来学习甲骨文》）。

远古的甲骨文书法，下笔有锋，收笔提而出锋，行笔重而壮实，转折处方折为主，笔势纵贯上下。由横、竖、点、斜、曲五个基本笔画组成，也可归纳成点、直笔、曲笔三种笔画。点表现短小、含蓄、活泼与不可言状的动感；直笔表现平直利索，刚劲有力，一泻千里，呈阳刚之美；曲笔表现回环婉转，随物意曲尽其妙，呈阴柔之美。

点画的典型字例：（雨）、（泉）、（水）；

直笔的典型字例：（玉）、（田）、（网）；

曲笔的典型字例：（若）、（渔）、（夒）；

在甲骨文字的刻写中，贞人尤为注意笔画的轻重对比，突出主笔，主笔壮实，支撑全局；曲笔穿插，长短合度，刀随锋下，线随刀转，不加修饰。粗观点画各自为政，细看却笔笔呼应，一气呵成。从前一时期举办的几次甲骨文书法大展的作品看，有的吸收篆法，用钟鼎笔意创作，有的甲骨文书作带有隶书草意。总体可分两类：一类粗犷、自由、多变，另一类俊秀、遒丽、工致。但也有一些两头尖中间粗的柳叶体作品，缺少变化与新意，未免过俗。还有一些作品似乎太形象化、美术化，近于漫画，写龙画龙，写马画马，写鸟画鸟……有失甲骨文书法的笔意刀韵。

四、甲骨文结体的特点

最早的甲骨文字有象形性、绘画性，随着文字的发展与大量应用，其象形性、绘画性逐渐减退，书写实用性增强。除一些动物字、器物字、植物字保留象形特点外，大部分甲骨文字的结体已基本离开了表露事物的象形特点，有了书法艺术的用笔、章法、结体的要素。“结体”亦称“结字”，是指将点画按照疏密、松紧、开合、挪让等原则组成单个字形，殷人善视刀取势，随类赋形，遵循规矩而不为规矩所缚，向我们展示了点画与点画之间，具有一定规律的组合关系，展示了活泼自由又高度概括的特征。如：

正方形结体的字：（丁）、（齿）；

长方形结体的字：（簟）、（因）；

棱形结体的字：（齐）、（兹）；

圆形结体的字：（日）、（车）；

三角形结体的字：（命）、（丙）；

扇形结体的字：（取）、（射）；

梯形结体的字：（网）、（贞）；等等。

甲骨文把文字与图形结合起来，产生千姿百态的奇妙变化，给人以大方、质朴、亲切之感。结体是营造文字美的重要因素，远古贞人从大自然生生不息的万物中采纳精华，将对称、均衡、对比、呼应等美学规律置于文字结体之中，合理有度的布局，支撑起整个文字形体。同一个字可以有多种写法，多一笔少一笔不甚严格，这给创作甲骨文书法有更多的选择余地。归纳一下甲骨文的结体有如下特性：

1. 象形性：指甲骨文字形象地勾勒出原有事物的形貌形态，简明扼要，栩栩如生，形象生动。如（马）、（虎）、（鸡）、（山）等。

2. 正反共存性：指整个文字可以正书，亦可反书。如（耳）；（片）、（明）、（羌）、（鸟）、（岁）等。

3. 倒置互换性：指文字上下或前后可以互换。如（旦）、（昔）、（物）等。

4. 定向稳定性：有甲骨文字其方位十分明确。上下左右都不能移动改变，否则就会变成另一个字。如“火”字：，转 90° 则变成了“耳”字：。如“辛”字：，倒置则成了“立”字：。“癸”字：，转过 45° 则成了“巫”字：。

5. 平衡对称性：这和大自然山脉河流、天地日月、人伦阴阳，正反、虚实相关。贞人将此运用到文字结体中，使之成为富有魅力的艺术形式。如左右对称的字“共”：，“乡”：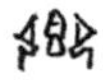，“车”：。上下对称的字“幸”：，“齿”：，“莫”：。四面对称的字“城”：，“晕”：，“亚”：，“齐”：，等。

6. 不可逆转性：指在同一组甲骨文字只能顺向通假，不能逆向通假。如“女”通假“母”字，但“母”不能逆向通假“女”字；“中”通假“仲”字，但“仲”不能逆向通假“中”字；“巳”通假“祀”字，但“祀”不能逆向通假“巳”字；“矢”通假“寅”又通假“黄”字，但“黄”不能逆向通假“寅”、不能逆向通假“矢”字。

7. 合文同体性：把两个专有名字合书在起。如：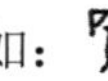（丙月）、（武丁）、（祖辛）、（梦父）、（三百）等。

五、甲骨文书法的章法与款式

章法即谋篇布局，古代贞人对甲骨文章法布局大部分都经过深思熟虑，十分注意整篇作品的疏密、行气、挪让，大多是从上至下竖行排列，但也有横向排列，还有一种布局，呈对称形式，左右两边卜辞相互对应，以此追求章法美观。同一件事反复多次卜辞，可向上依次分段排列，每段之间用横线隔开。纵观诸多甲骨拓片，形式多样，不拘一格，可以看到甲骨文字的柔曲婉约之姿，巧妙地穿插在刚直为主的整篇卜辞之中。概言之，古代甲骨文书法的章法布局有如下特点：

第一，险绝平正，变化多端。甲骨文书法有纵无列，纵向取势，各字俯仰向背，左顾右盼，欹正相宜，平险结合，动中寓静。

第二，错落有致，各具体势。无论何种书体，都讲究错落变化，甲骨书法堪为典范。段与段，行与行，重心游移，或左或右。字与字之间有大有小，有长有短，生动活泼。

第三，方圆结合，神韵飘逸。方与圆是书法艺术中两个不同的用笔风格，在甲骨文书法中，方圆相参，刚柔相济，尤为多姿多彩。

第四，虚实相间，浑厚天成。甲骨拓片的布白大都有疏有密，有离有合，可谓：“四面停匀，八边具备，短长合度，粗细折中。”体磊落而壮丽，姿光润以璀璨。

经过以上的归纳分析，我们在创作甲骨文书法作品时，可以借鉴古代贞人的遗风，借鉴历代传统书法艺术的格调，在常规的传统作品形式基础上，来创作甲骨文书法作品。值此说明的是，这只是借鉴，而不是全盘照搬，不是把甲骨文书法作品写得与甲骨拓片的形式一模一样。作为书法作品，载体是宣纸，书写用毛笔，效果是墨色，区别和变化很大，要综合分析，综合考虑，综合应用。总而言之，甲骨文书法作品，与正草隶篆其他书法作品一样，在同一个传统的基本模式之中。

书法作品它有千百年来形成的自身模式，毫无疑问，这些约定俗成的模式是创作甲骨文书法作品的基础与根本，不能偏离，借鉴甲骨拓片上那些章法布白之精华，最后目的是使甲骨文书法作品成为更完美、更有甲骨风味，而又别具一格的艺术品。

实际上拓片上的某些布白形式，与今天的书法艺术章法布白形式，有一定的距离与差别，我们只有古今结合，互相融会贯通，才能创作出优美的形式来，可以用中堂、条幅、对联、横披、斗方、扇面、手卷、册页等形式，来创作甲骨文书法作品。对联以纵取妍，易切入，易发挥甲骨文特点，选择此形式的人似乎更多一些。此外，木刻、竹刻、瓷刻及其他工艺品上，亦能展示甲骨文书法的风采。前一时期举办的全国甲骨文书法大展，各种款式的作品应有尽有，有的作者喜写独字大幅，气势恢宏，动人心魄；有的别出心裁，用火将纸烧破，在空余处写上甲骨文字；更多的还是对联与条幅，墨迹淋漓，端庄典雅。在此予有一点建议，为了增加可读性，在作品合适的地方，应写上释文，这样会更好一些。

六、甲骨文书法的内容与文字通假

中国书法以汉字为内容，以汉字为书法艺术的基础，离开了它，书法就无本、无源、无所依托，甲骨文书法也是通过汉字书写来表现的。

创作甲骨文书法，首先要确定书写内容。可以选择唐宋诗词、短文名言、成语警句、座右铭以及自作诗词等。一般讲，字数不在多少。需要注意的是某些诗文查找不到正确的甲骨文字，亦没有合适的通假字可以替代，如此创作者只得忍痛割爱，弃之另择，从这个意义上看，甲骨文书法创作的内容字数不宜过多。在最近举办的甲骨文书法展中，有一些作品内容很好，书法艺术性也较高，但因为个别甲骨文字书写得不正确，通假失当，而被淘汰，实为可惜。故在选择创作内容时，每个文字必须用正确、规范的甲骨文字来书写，个别找不到合适的甲骨文字，可谨慎使用金文或通假字来替代。甲骨文字的通假应按照一定的原则进行，不能各行其是，造成混乱。

1. 在已经释定、为学界公认的甲骨文字中，借用音同、音近的字，如“舞”，借作“无”“抚”，“之”字借作“志”，“泉”字借作“全”，“凤”字借作“风”等。

2. 用甲骨文字的半边来替代，如“告”字代“浩”，“乐”字代“药”，“音”字代“暗”等。

3. 借用形近的字，如“水”字借作“淼”，“毓”字借作“流”。

在无法使用上述三个原则的情况下，要谨慎地选用金文、籀文等古文字中的字，可以照甲骨文字的风格书写。如“某”与“谋”借金文写作，“圭”与“畦”借金文写作，“梅”借金文写作，“乾”借籀文写作，等等。总之甲骨文书法中的用字不能臆造，不能用现代汉字替代。

在一篇甲骨文书作中，四字句、五字句最多只能有一个字可以借代，五绝、七绝诗词中借代字不能超过总字数的五分之一。不建议使用过多通假借代字，否则就失去了甲骨文书法的意义。

七、甲骨文书法的用笔

契刻卜辞似乎无藏锋、逆锋、回锋等笔法，但我们用毛笔来书写创作甲骨文书法艺术作品时，就非讲究笔法不可。由于甲骨文书体的特殊性，其用笔亦具有一定的特殊性。所谓用笔，即包括笔法、笔力、笔势、笔意等内容。

笔法是指用笔的标准与方法，简明扼要地说，指起笔、收笔、转折、方圆及行笔时的提按、疾涩等技巧。毛笔选用长锋羊毫或短锋羊毫均可，根据需要还可选用硬毫，总之，使线条产生浑厚质朴感。长锋一类毛笔，易使线条产生爽直遒劲之味。起笔以藏锋为方，若用露锋起笔，须含蓄力敛，不宜过尖，中锋行笔，收笔可以平出平收，也可杀锋提收，若用露锋收笔，锋要留得住，不能飘扫而出，力求线质凝练遒劲。

笔力系指线条的韧性与力度。甲骨文书法的笔力主要通过毛笔的逆涩与擒纵来获得。要善用毛笔的涩行逆势，逆是行笔中的阻力，即“行中有留”，如此方能收到“绵中裹铁”的效果；不涩则无力，行笔浮快则呈“春蛇秋蚓”，无骨无筋。这里要注意，切忌将笔故作颤动扭曲，流入另一种粗俗之气。擒纵即收放，擒指心敛指紧，节节收刹，于起讫处力注毫端，所谓若凶鹰博兔，凌空取势，入木三分。纵指笔放意展，尽情挥洒。擒纵如同矛盾的两个方面，既对立又互相包容，是一种无擒则不纵、纵中寓擒的辩证关系。若无擒纵则线质郁结，散漫懈怠，难见神采。

笔势系指线条的动态方向。契刻卜辞的笔势，基本都是由上而下，由左至右，偶有逆向，因字而变。创作甲骨文书法时，必须注意点画的来龙去脉，字与字之间，行与行之间，做到顾盼有情，呼应贯通，笔断意连。

笔意，指书法的风度韵致，强调结体与线条的情感与意趣。《续书谱》中有段话值得记取："有缓、有急、有有锋、有无锋，缓以仿古，急以出奇，有锋以耀其精神，无锋以含其气味，横斜曲直，钩环盘曲，皆以势为主。"甲骨文书法亦如此，"用笔著墨，不过三分，不得深浸，深浸则毫弱无势。""用笔不欲太肥，肥则形浊，又不欲太瘦，瘦则形枯，不欲多露锋芒，露则意不持重，不欲深藏圭角，藏则体不精神，不欲上大下小，不欲左高右低，不欲前多后少。"这些经典用笔技法千万不能放弃或忘记。

八、甲骨文书法的用墨

甲骨文书法的用墨，有人认为可以马虎一点，若这样就错了，墨法不活，则全篇成僵局。甲骨文书法不仅要保持原有的金石味，而且应有超凡脱俗的书卷气，这书卷气关键就在于用墨。所谓"水墨"，即墨活于水，水生于墨，书之墨法妙在用水。一份墨（诸如"一得阁"等品牌），须加注其墨五分之一左右之清水，调匀后用净笔蘸墨书写；或者在带墨的笔头上略蘸清水再书写；亦可在笔头上蘸少许浓墨再书写；再者可在带墨的笔头肚上滴几点清水后再书写。先蘸墨后蘸水、先蘸水后蘸墨、先墨后水再墨、先水后墨再水，方法不同，效果与墨色亦不同。无论何种方法，笔内总含水量不能没有也不宜太多，否则，浮烟浓墨，顿失精神。

"墨分五色"，各有特点，其实何止五色，浓墨，雄伟庄严，要求浓而不板滞；淡墨，清雅幽逸，要求淡后见沉厚；干墨，苍劲质朴，要求干而不浮涩；湿墨，丰腴浑融，嫣润淋漓，要求湿中有筋骨；渴笔，高古豪迈，要求渴而不飘散。甲骨文书法的笔法与墨法应当是有机的结合，相辅相成。笔实则墨沉，笔飘则墨浮，笔虚则墨散，笔灵则墨活，而且两者还与纸质的优劣有关，这些都须作者在创作实践中，逐步积累经验，找到感觉。

总之，在创作甲骨文书法时，哪一个字要蘸墨，哪一个字不需要蘸墨，哪一个部位见浓，哪一个部位见淡，都要事先“预谋”好。如果在一幅书法作品中，每个字都一样黑，这样的作品就没有节律，至少没有用好墨。你要想到手中之笔是刀，使笔如使刀，需写出金石刻意来；同时你又要想到，使刀如使笔，游刃有余，尽力让线条多一些清爽、闲雅、虚静的书卷韵味。讲墨法的作品，与不讲墨法的作品，一看便知，两者是两个不同的艺术层面。

值得一提的是，2017 年 1 月，北京工艺美术出版社出版发行了予之拙著《甲骨文书法学》，20 余万字，共 8 章 42 节，本书从甲骨文书法最初基本的须知须会，到书体的临摹，如何进入创作，有关创作形式、创作章法、创作要领，以及甲骨文书法作品的赏析，都作了详细的分析归纳与描述，书后还附有甲骨文简明字典。读者称赞该书“观点鲜明、艺术突破、学术超前、从无到有、发人未发，填补了甲骨文书法领域的空白。”对甲骨文书法创作大有裨益，各位甲骨文书法爱好者不妨参照与借鉴。

既有契刻的金石气息，又有毛笔的书卷气息，这是甲骨文书法的最高境界。

（备注：此文刊载于《书法导报》）

漫谈甲骨文篆刻创作

一、甲骨文篆刻的兴起

2500年前，孔子云："殷礼吾能言之，宋不足征也。文献不足故也，足，则吾能征之矣。"由于缺少殷代的文献资料，所以很难认识那个时代的历史文化、时代背景。然而甲骨文的发现，却击破鸿蒙，远古时代的奥妙终于被人们窥悉，孔夫子的遗憾亦被弥补。

1899年王懿荣首先鉴定、收藏甲骨文。此后，经过一代代学者的研究考释，目前已识别的甲骨文字达1400多个。江苏丹徒的刘鹗，于1903年，将收藏的甲骨文选拓1058片，编为《铁云藏龟》，第一部甲骨文著录之书问世。此后，孙诒让、罗振玉、王国维等人继续对甲骨文进行研究。李济、董作宾、梁思永、石璋如、胡厚宣等人对殷墟先后进行了十多次科学发掘，为甲骨学科奠定了实质性基础。而董作宾的《甲骨文断代研究例》、郭沫若的《中国古代社会研究》、胡厚宣的《甲骨学商史论丛》等著录，是研究甲骨文的重大成就。

罗振玉、唐兰、商承祚、于省吾、杨树达、陈梦家以及诸多国外学者如：日本的林泰辅、岛邦男，加拿大的明义士，美国的方法敛，英国的库寿龄等学者，都对甲骨文研究相继作出了很大的贡献。虽然这些研究主要侧重于社会、历史、语言、文字诸方面，但随着研究的深入，甲骨文书法艺术逐渐被人们认识、喜爱。董作宾首先将甲骨文字归纳分类为十项标准，进行断代分期。并亲手创作书写了俊秀遒丽、典雅工致的甲骨文书法作品，罗振玉集甲骨文字楹联179副，并编收章钰、高德馨、王季烈的诗集联共420副，由罗氏书写成《集殷墟文字楹联汇编》，可谓是甲骨文书法艺术的一大奇观。此外，丁佛言、商承祚、简经纶等一大批甲骨文书法艺术家也相继涌现。

随着甲骨文书法艺术的发展，甲骨文篆刻艺术应运而生。杨仲子、简经纶可谓是甲骨文篆刻的先驱，后继的秦士尉为甲骨文篆刻作出了不小的贡献。杨仲子

(1885—1962)，名祖锡，号一粟翁、梦春楼主，江苏南京人，系我国著名音乐家，现代音乐教育的开拓者。他十分喜爱金石篆刻，将甲骨文字引入印章领域，徐悲鸿曾谓仲子先生是“贞卜文字入印之第一人”。他的甲骨文印章端凝厚重、布白奇险、平稳相参，大小错落，节奏感特强，把音乐的韵律融入了方寸之中。简经纶(1888—1950)，字琴斋、琴石，别署千石楼主。广东番禺人，精于甲骨文篆刻，他的印章工致精丽，蕴藉严谨，用刀干净利落，呼应挪让，尤见情趣。秦士蔚(1922—1999)江苏省书法家协会理事、江苏省文史研究馆馆员、南京市书法家协会顾问，他以甲骨文字入书、入印，以甲骨文字刻边跋，是一位风格独树一帜的书法家、篆刻家。他的甲骨文篆刻刀中寓笔，笔中寓情，运刀之中，既表现出甲骨文字的挺劲，又表现出金石文字的浑成，挺劲与浑成融和，化为一片清新。笔画细者如毫发，却有扛鼎之力，笔画粗者如老松枯藤，峥嵘中不失娟丽，二者相参，顾盼生辉，气息相生。总体风格上呈现老辣、拙朴、峭拔、隽秀之特点。章法布局既合乎甲骨文字自然之妙趣，又合乎现代审美之情思，匠心独运，寓险绝于平正，似欹反正，自成一路，令人观之如临雨中湖山，月后星野，达到了印章中的上乘境界。印款边跋上，率以甲骨文字为之，印文与跋文高度统一。

甲骨文篆刻虽然晚于甲骨文字的研究与甲骨文书法艺术，但它毕竟是用刀而为，与远古贞人卜辞契刻有一定的内在联系，容易找到共同感觉和共同语言，亦容易进入古人状态。印章上被印化的甲骨文字，是今人对古人的理解与诠释，是融入了现代审美趣味的另一种崭新的艺术类别。根深则叶茂，甲骨文篆刻艺术必将会有繁荣、灿烂的春天。

二、甲骨文篆刻的风格

杨仲子、简经纶等艺术家的诸多甲骨文印章，引起了篆刻艺苑的关注。以甲骨文入印，较有特色的篆刻家还有董作宾、罗振玉、魏乐唐、商承祚、秦咢生、易大厂、丁衍庸、邓尔雅、冯康侯、翟树宜、秦士蔚等。纵观历年来诸多甲骨文篆刻作品，似乎更体现出“印从书出”的特点。可以说甲骨文篆刻的风格与甲骨文书法的特点是大致相近的，现分类叙述如下：

1. 奇肆浑厚型印风。用刀厚重，线条特具笔意，粗壮沉凝，宏伟奇宕，体势伸展飘逸、气势博大。如图一，秦士蔚印“秦”，简经纶印“翁山后人”。结体开

秦　　　　翁山后人
秦士蔚印　　简经纶印

图一

行年五十　　雪谷长寿　　宾虹　　叔言集古
董作宾印　　杨仲子印　　邓尔雅印　　罗振玉印

图二

亚子　　老子犹龙　　自得其乐
李白风印　　魏乐唐印　　魏乐唐印

图三

为我　　贞吉　　丙寅　　高时敷
杨仲子印　　简经纶印　　易大厂印　　高络园印

图四

旦冏造像　　车马一东西　　丁鸿
董作宾印　　简经纶印　　丁衍庸印

图五

阔豪迈，线条雄浑朴实，布白萧散空灵，疏密有致。文字大多采用甲骨断代分期的盘庚、小辛、小乙、武丁及康丁时期的甲骨文字。

2. 工致内敛型印风。如图二，董作宾印“行年五十”，杨仲子印“雪谷长寿”，邓尔雅印“宾虹”，罗振玉印“叔言集古”，其印文线条干净利落，刚直遒劲，无超常的长线条，到位即刹住收刀；结体方正平稳，点画向中靠拢，呈紧缩内敛之状；布白十分严整有序。与甲骨文第三期、第五期书风血脉相通。

3. 写意情趣性印风。竭力表现情趣，追求率性写意一路格调。如图三，李白风印“亚子”，“亚”字又当做边框用，“子”字置其中间，妙趣横生。魏乐唐印“老子犹龙”，不计工拙、挥洒自如、大小错落、长短参差，无论是结体还是用刀，均显出自然天趣。他的另一方印“自得其乐”，拙涩奔放，左展右拓，纵横自如，古朴的边框，印中还有一条不经意的竖界，情趣交映。

4. 纤丽俊秀型印风。印文线条纤细妍丽，是满虚布白，充满典雅清劲、婀娜多姿的韵味。如图四，杨仲子印“为我”，简经纶印“贞吉”，易大厂印“丙寅”，高络园印“高时敷”等，印面冲和淡泊，以虚静为主，点画纤雅静逸，丰精内涵，给人以风度俊逸、萧淡轩朗的感觉。与断代分期的第二期、第三期书风相近。

5. 象形性印风。印章象形性印风有两个含义与范畴，其一，指印章文字与甲骨拓片原文字风格保持一致，文字结体、线条相近类似。其二，指印章文字大都采用象形文字，与自然意象保持一致。用象形性文字入印，重在自然天趣。如图五，董作宾印“旦冏造像”，简经纶“车马一东西”，丁衍庸印“丁鸿”，印中车鸟、动物栩栩如生，“字随形赋，画成其物”，图文并茂、生动自然，十分引人注目。

虽然着墨不多，却独具风采。

6. 婉转流畅型印风。曲线多于直线，书卷气息浓厚，有小篆曲屈转展、珠圆玉润的韵味。如图六，杨仲子印“牛马走”，秦士蔚印“万年”，刻得流利回环，转折处几乎全用圆转，柔顺缠绵，以曲代直。从甲骨文第一、第四、第五期书风中，都能见到这类圆润婉丽的甲骨文字。

牛马走 杨仲子印　　万年 秦士蔚印

图六

7. 刚劲挺拔型印风。如图七，杨仲子印“学圃老人八十以后作”，冯康侯印“以介眉寿无已大康”。这类印作，瘦劲刚健、通达爽直，转折处几乎全用方折，十分险峻挺拔。点画相互穿插，以动致静、气势凌厉、纵横奔放，与婉转流畅印风截然不同。大多借鉴武乙、文丁、帝乙时期的甲骨文字书风。

学圃老人八十以后作 杨仲子印　　以介眉寿无已大康 冯康侯印

图七

8. 宽绰疏朗型印风。如图八。董作宾印“作宾启事”，简经纶印“多即一”，秦士蔚印“田光烈”，这类印章，笔画也十分挺拔刚健，但它的结体宽绰开阔，印文文字的间隙空灵疏朗。点画、部首之间拉开距离，增大了文字的磅礴气势，它和工致内敛型印风的特点恰好相反，前者主内敛，后者主外拓。

作宾启事 董作宾印　　多即一 简经纶印　　田光烈 秦士蔚印

图八

9. 小篆型印风。如图九，王本兴所刻“自得其乐”“养心”印，完全采用小篆线条刻制。这类印章属满虚布白，清晰委婉，匀称秀雅。

养心 王本兴印　　自得其乐 王本兴印

图九

10. 金文型印风。如图十，王本兴所刻“仁者乐山”“智者乐水”印，皆采用粗壮、浑厚的金文线条刻制。这类印章属满实布白，敦厚壮实、丰润稳重，与小篆型印风形成了鲜明的对比。

智者乐水 王本兴印　　仁者乐山 王本兴印

图十

上面归纳的十类印风侧重于线条、结体与章法方面，比较典型，有代表性，再从印章的模式等方面还能分类，故远不止此十种。

三、甲骨文篆刻内容

甲骨文篆刻创作的内容，即刻什么的问题。当然，创作内容的范围非常广泛，总体讲凡古今中外的诗、词、文、赋、警句、名言、成语、自作诗词、文句、联句、格言、座右铭等皆可入印。少则一字、二字、三字，多则多字、长句都可篆刻入印，但由于已知的甲骨文字仅1400多个，所以创作内容一般不宜多字、长句或长文。作品的内容直接反映作者的思想情感与修养水平，合适的内容可以增强作品整体的意趣与内涵。

关于内容的选择，这里提出四个原则：

第一，情心一致，有感而发，做到雅俗共赏。

第二，文明和谐，健康向上，歌功颂德，做到催人奋进。

第三，回味隽永，发人深思，做到情趣兼富。

第四，名副其实，物意协调，做到画龙点睛。

因此，篆刻内容必须认真选择，尽力做到内容与形式一致，内容与篆刻风格一致，内容与情趣及人文环境互相融合。创作内容确定还有一个很重要的原则，那就是必须要有对应的甲骨文字，当然，没有对应的甲骨文字之字，可以用金文替代，但这样替代的文字只能是极少数。

四、甲骨文篆刻的字法

甲骨文篆刻创作的内容确定后，就要确定甲骨文字，因此创作者需要具备一定的文字知识，没有起码的文字知识，在创作篆刻作品时，必然会犹犹豫豫，甚至会出现文字差错。所谓文字知识这里包含两个方面，其一，要知道文字出处；其二，还要掌握好繁体、简体、异体字的基本知识，如此才能在创作篆刻作品时得心应手。甲骨文篆刻的入印文字必须是甲骨文字，可以通过《甲骨文字典》《甲骨文编》《甲骨文字帖》等工具书查找。甲骨文字的字形可根据印章风格，或大或小、或长或短、或方或圆、或敛或拓，随机应变，这叫入印文字的“印化”处理。此外，就甲骨文字而言，还有如下特点：

1. 正反互书。所谓反书是指整个文字字形的反书，而不是把某个部位任意反书，如图三与图十中的“自得其乐”印，其“得”字即正反互刻。

2. 合文同体。一般专用词可合书在一起，如图二中董作宾的“行年五十”，“五”“十”刻在一起。

3. 定向稳定。即文字的方向不能改变，如甲骨文“癸”字，若旋转45度，就变成了“巫”字。图十八“巫亥”印，实际上是一方纪年印，应为“癸亥”，显然这里的印文出了差错。

4. 倒置互换。有些甲骨文字上下、左右部首可以互换，如甲骨文“昔”字，其“日”字部写在下方或上方均可，如甲骨文“物”字，写在“牛”字部右方或上方均可。

5. 不可逆转。有些甲骨文字通假只能单向通假，不能反向通假。如“巳”通“祀”，但“祀”不能反向通“巳”。

据不完全统计，甲骨文单字有4000多个，被考释能识读的单字只有1400多个。当然在治印时，这一千多个单字不够用，此时可用假借法来解决这个难题。

其一，可借用音近、音同的字，如“凤”可借作“风”。

其二，可借用单边的字，如“告”可借作“浩”。

其三，可借用形近的字，如“水”可借作“淼”。

若上述假借法无法解决问题，还可以谨慎地选用金文、籀文、小篆或其他古文字中的字，进行“甲骨化”后入印。在此特别提醒：第一，甲骨文字不能臆造，不能生搬硬套；第二，在一方印章中，假借文字最多只能有一两个，不能过半。假借文字过多就失去了甲骨文篆刻的意义。

五、甲骨文篆刻的章法

章法即印章的布局，布局自然受到印章风格的宏观控制，全印的统一、和谐十分重要。下面就甲骨文印章的章法布局，提出几点参考意见。

1. 古玺式布局。古玺是春秋战国时期的官玺与私玺的统称。以方形为主的古玺印章，构图布白清晰明了，个性强烈，大疏大密，虚实反差明显，纵横开阖，生动多姿，往往采用粗边边栏细朱文字。文字与边栏间留有空地与距离，结体穿插错落，顾盼呼应，白文古玺四周刻有一道白文边栏。甲骨文印章借用了这种模式，体现出异曲同工之妙。采用古玺形式的甲骨文印章比比皆是，如罗振玉的“叔言集古”、杨仲子的“雪谷长寿”、秦士蔚的“秦”、简经纶的“多即一”等印章，都是典型的古玺式布局，而且用刀犀利果断，整体风格与古玺一脉相承。

费冰 秦士蔚印　　智者不言 简经纶印　　在乎己不在乎人 简经纶印

图十一

2. 大疏大密式布局。疏密只是相对而言，印章都有疏密，在甲骨文篆刻中，大疏大密，大块留空的方法运用得格外巧妙，如图十一，秦士蔚印“费冰”，印左除二道折画外，其余留下了大片空地。简经纶印“智者不言”，印上较密实，印下留红多，特别疏朗。图四中杨仲子的“为我”与高络园的“高时敷”等印作，采用了“满虚法”布白，都突出了大疏大密布局的特色。

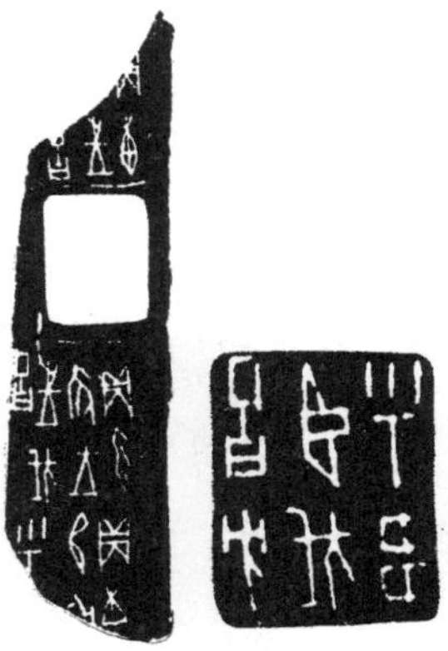

呼多臣伐吉方

图十二

3. 平险结合的布白。平稳与险绝是一对矛盾，两者寓于同一方印章之中，则动静相宜，会产生意想不到的美感，如图八中秦士蔚的“田光烈”印，“田”字横平竖直、端庄平稳，“光烈”二字歪歪斜斜，俯仰向背，各有天地，奇险无比。图四中杨仲子的“为我”印，“为”字上部向右上倾斜，下部向右下倾斜，既有条理又充满变化，就像杂技演员走钢丝绳，保持着各种姿态的不同重心。

贵有恒 王本兴印　　癸丑咢生七十三岁 秦咢生印

图十三

4. 对称法布局。印文作对称式布局，一般从文字本身的特点考虑，可以左右对称、上下对称，亦可对角对称、前后对称。文字与文字之间，点画与点画之间都能营造对称氛围。如图二中罗振玉印“叔言集古”，下面两个“口”字部呈左右对称；图五董作宾印“旦冏造象”，“旦冏”两字上部两个圆，呈上下对称；再如图十一，简经纶印“在乎已不在乎的人”，两个“在”与两个“乎”字，组成了交叉式对称之状，对称给人平衡协调、温和宁静的感觉，系深受人们喜爱、最富魅力的艺术形式之一。

5. 甲骨拓片式布局；甲骨拓片与甲骨文字篆刻，同为刀刻，不仅气息想通，而且在形式上也能互相借鉴。可以做一个小实验，参见图十二，系甲骨文合集中616号拓片，用刀在“呼多臣伐吉方”处，切割出一个方块，你会发现，这方形的一块绝似一枚天然甲骨文印章。有些印人就以甲骨拓片为原型，进行分朱布白，刻制甲骨文印章，如图十三，秦咢生印“癸丑咢生七十三岁”，印文左右而置，中间留红，像甲骨拓片一样，保持自然天趣。

6. 朱白相间式布局。在一方印章中，有的印文呈现为朱文，有的印文则呈现为白文，如图十三，王本兴印“贵有恒”，前二字系白文，而后一字“恒”则是朱文，“恒”字虽然笔画较少，但宽博大度，方正雄浑，左右两边协调一致又气势相当。

7. 多字甲骨文印章布局。印章二至六字居多，七八字以上属多字印，如图十四中的多字印，印面上有的有四五行印文，字数达 20 多个，有朱文，有白文，有方形印，有圆形印。纵行有序、端庄方整、丰满浑厚，整体依然呈现出古朴典雅之美。秦士蔚的“才饮长沙水，又食武昌鱼”印，白文印，满实满白，纵有列、横无行，大小错落，字形以长取势，先秦古玺形式布白，周虚中实之格局似乱石铺路，线条、转折方圆兼施，用刀犀利，外框加了“口”字边格，全印特别有甲骨气势与甲骨品位。简经纶的朱文印“为一日计者亡千载也”，刻制了“井”字边格，字虽多，但一字一格，有条不紊。此外，王本兴刻制的王维五言诗一首，属多字甲骨文印章，亦古趣盎然、清新别致。

8. 杂形式甲骨文印章布局。杂形印亦可称之为花纹图案印、异形印等，是秦汉印中一种特殊形状的形章。一般印章呈方形、长方形、圆形、椭圆形，杂形印变化多端，没有固定的模式，如菱形、三角形、钱币形、编钟形、葫芦形、尖圆形、扇形、半圆形、曲尺形、亚字形、心形、水滴形、多角形、月形、腰形、人形、动物形、云形、叶形、琵琶形、花形、拼合形、盾形、联珠形，等等，以及诸多不规则形的印章，皆可归为杂形印。杂形印之“杂”，实际上泛指方形以外的所有形式之印章。细细品读，反复观赏，可谓千变万化、异彩纷呈，越看越有味道。这些形形色色的特殊形状印章，给篆刻者和欣赏者带来了多元、多角度的艺术视野和艺术享受，体现了篆刻艺术领域的广泛与深度，体现了篆刻艺苑百花齐放的无限风光。

甲骨文篆刻借鉴这些多姿多彩、多种多样的外在形式，然后赋予其甲骨文的内

已见寒梅发 复闻啼鸟声
心心视春草 畏向玉阶生
（王维诗一首）王本兴刻

为一日计者亡
千载也
简经纶印

才饮长沙水
又食武昌鱼
秦士蔚印

图十四

亚明
秦士蔚印

仲子六十以后作
杨仲子印

渔火若星
王本兴刻

五谷丰登
王本兴刻

方圆相宜
王本兴刻

才高八斗
王本兴刻

心声
王本兴刻

犬守义
王本兴刻

人生乐在相知心
王本兴刻

人事悠悠同逐鹿
野田历历见归鸿
王本兴刻

智者乐水仁者乐山
（孔子语）王本兴刻

图十五

容，镌刻成风貌独特的甲骨文印章。例如图十五，即为甲骨文杂形印，如秦士蔚的“亚明”一印，有四个单元，把“亚”字作为印章粗壮的边格，“明”字在“亚”字边格中间，朝向四面四个不同方向，此印妙在四个单元既同又不同，同：“亚明”二字整体几乎刻得一模一样；不同：“明”的方向不一样，可谓匠心独运。杨仲子“仲子六十以后作”一印，属不规则形状印章，甲骨文字随形赋形，布白自然，恰到好处，极为得体。图十五中另有甲骨文扇形印、葫芦形、钱币形、编钟形等，皆系笔者精心镌刻之甲骨文杂形模式印例。其中“心声”印，乃砖印，把“心”字作为印章边框，而声字置于印中。“人生乐在相知心”一印，乃取自王安石“汉恩自浅胡恩深，人生乐在相知心”句，有人质疑王安石之心态与品格，然而，予则不然，大浪淘沙，“人生乐在相知心”感人肺腑，故印章用两心形，代表两人，安坐于沙发之上，以此颂扬人与人之间多一些快乐与信任。再看“人事悠悠同逐鹿，野田历历见归鸿”一印，乃天然竹根印，中间系竹洞，印文刻制在圈竹之上。尝试不同的章法布局是十分有趣、十分有意义的。甲骨文杂形印借鉴是基础，重在自由发挥与创造性的设计构思，布白、结体、用刀皆自然而不做作，保持形式与内容协调一致，张扬个性，但不狂怪粗野。

以上只是从印章形制、文字上对布局的几点建设性意见，实际上从边格、印式以及印章种类诸方面，章法布白还有很多变化。从某种意义上讲，篆刻章法并无定格，关键在于作者的灵活运用，要真正掌握它，运用好它，必须从篆刻艺术的传统入手，去认识了解历代印章及流派印人的作品，从中悟出章法布局的共性与基本法则。不过，有了以上传统的几点，再参以自己的审美情趣，也足以能使甲骨文篆刻艺术变成思想修养、心迹的写照。

六、甲骨文篆刻的刀法

刀法即镌刻之法，印章艺术的篆法、章法最后均要通过刀来完成，故刀法是篆刻艺术的三要素之一。关于刀法的理论历来很多，实际上归纳起来只有冲、切两类，对甲骨文印章来说，冲刀居多，切刀为辅。刻刀选用单头平口刀，或用10cm×10cm的白钢车刀自行磨制。刀不宜太小，刀角要敏锐，刀刃两边斜面夹角以30°～40°为宜。冲刀法起刀时，用刀角入石，刀杆倾斜35°左右，腕力、指力并发，沿着点画线条由右向左奋力推进。朱文线条要挺拔刚健、浑融畅达。切刀法亦由右至左，推进时刀杆一起一伏，作切割之状，一刀切完，稍提起往前再切第二刀，或者不提刀，向前暗移再切，线条直折硬涩、老辣凝重。印文点画通常用双刀（即一来一去）刻就，白文印也可以用力度重一些的单刀刻。明朱简云："使刀如笔，不易之法也，正锋坚持，直送缓急，转须带方，折须带圆，无棱角，无臃肿，无锯牙，无燕尾，刀法尽于此矣。"赵之谦《苦兼室论印》云："刀欲其行，又欲其止。须行中有止，止中有行。若力小处止，则弱而不展，恃力行处，则走而不守，皆误。"甲骨文篆刻的用刀亦遵循上述原则。刻印不仅仅是沿着墨线镂刻，更主要的是要注入笔情墨趣，注入丰富的技巧与动作。冲刀要表现出遒劲豪放，切刀要表现出节奏韵律；线条效果要粗细协调、方圆兼宜、俊逸浑融、自然流畅。而与此密切相关的是用刀的轻重，吃刀的深浅，行刀的疾涩，使刀如使笔，故称刀为"铁笔"。笔用中锋，而刀用刀角（某些时候亦用刀刃、刀侧、刀背）。刀角易入石、易发力、最适推冲，且冲而不滑、不飘。刀刃的切削，平稳而有韵致。刀侧的拉擦，易得古朴拙涩的风貌。刀背的敲击，能平添苍莽感。所谓"刀笔浑融，心手相应，"只有不断实践，才能体会到个中奥妙。

七、甲骨文篆刻的形式美

任何事物都有一个外观形式，甲骨文篆刻作为一门艺术，它的形式美十分重要。事实上，每一印都是在表达印人的某种审美情绪与意识，这就要求印人的审美感情，在甲骨文字风格的取向上、章法层次的构成上，有一个理性的形式定位，这是很重要的一点。故笔者提请注意如下几个方面：

1. 内容与形式有机的结合。入印文字都有一定的含义，对含义的理解尽管因人而异，但形式的配合与表现会给人一种明显而直接的感觉。例如“行气冲星”四字，有气势雄伟，豪放不羁之感。入印时应取刚健遒劲，拓展奔放一路印风，充分体现阳刚之美。如用“风和日丽”四字入印，应取温和顺畅，典雅秀丽一路印风，点画尽力以曲代直，以静取意，虚实平稳，体现优美婀娜的氛围。要尽量使内容靠近形式，形式与内容保持一致，形式为内容服务。

2. 继承与借鉴传统艺术形式。篆刻艺术有3000多年历史，传统的积淀十分丰富。各个时代有各个时代的形式美，我们应当静下心来，仔细的观察研究它们诸多构成形式美的要素及表现手法，吸取其精华，剔除其俗套，用不生搬硬套的态度，加以继承发扬。此外，我们还须向周边的姐妹艺术领域学习，如书法、国画、雕塑、园艺、工艺、装饰、戏曲等，这样才能触类旁通，推陈出新，创作出超凡脱俗的甲骨文篆刻作品来。

3. 合理应用、发挥边栏界格的作用。边栏是印章章法构成的主要因素，它对印章形式美起着至关重要的作用，运用得法，可以锦上添花，运用不好，则使印章一败涂地。甲骨文篆刻文字点画通常以纤细瘦劲面貌出现，所以印人们喜欢用朱文粗边边框，而白文印则喜欢在文字外边加一道白边边栏。其实边栏的形式很多，予拙著《印章边栏分类》有50类不同的边栏，如魏乐唐印“自得其乐”，采用封泥式边栏，与古拙多姿的印文相得益彰。杨仲子印“雪谷长寿”采用朱文田字格边栏，内容与形式都端庄平稳。此外，简经纶、秦咢生、魏乐唐、秦士蔚等印人还采用了纤细的朱文双边边栏、华丽的四灵型边栏、花纹图形边栏、古朴的瓦当边栏，还有圆形、长方形、泉布形、菱形、多口形等边栏，使印章形式异彩纷呈、瑰丽多姿。所以，应用、发挥边栏界格的作用很重要。

八、甲骨文篆刻的边款

在印章边侧镌刻的题记性的文字，称为边款。一般把凹刻阴文称为“款”，把凸刻阳文称为“识”，通称边款或款识。印章刻有边款，好比在一幅画的留白处题诗、题词、题名，是一幅完整作品的重要组成部分。它不仅增加了篆刻艺术的美感与价值，而且使篆刻艺术的内涵更丰富。甲骨文篆刻的边款，可以用楷书、隶书、篆书、行书、草书等书体刻制。当然，如果能用甲骨文字镌刻边款就更加趋于完美了。此外，还可以陪衬刻制山水、花鸟、图纹等图形。至于边款的内容、位置、形式、拓款等方法与规律，与其他篆刻的边款基本一致，在此不再赘述，这里要阐述用甲骨文字镌刻边款的几个问题：

1. 甲骨文边款的多样性。如图十六所示，王本兴刻制的“日新月异”一印的四面边款，全用甲骨文字镌刻。款文疏朗匀称，简约淡雅，且随印石边际随弯带弯，并配以图案，左边是茂林修竹，右边是映日荷花，中间是群鹅戏水，构成一幅多姿多彩的画面。秦士蔚刻制的“寂寞嫦娥舒广袖”一印的边款，系毛主席的诗词作品《蝶恋花》，其中有些文字虽然不是甲骨文字，但用甲骨文的风格与模式刻成，天衣无缝，十分和谐。行与行、字与字、点画与点画之间，顾盼呼应、纵横开阖、跌宕多姿、情趣盎然，似一幅微缩的书法作品。甲骨文篆刻配以甲骨文边款，可谓是

日新月异
王本兴印边款

寂寞嫦娥舒广袖
秦士蔚印边款

图十六

艺术上的最佳结合，不仅体现了作品的深度与层次，还体现了作者的学识与涵养，取法高、定位高、韵味高，这种做法的确值得倡导。

2. 甲骨文边款的用刀，与楷书边款的用刀大相径庭，楷书边款单刻，强调刀角的作用，以及入石抢势的果断力度。甲骨文边款的刻法与甲骨文印文的刻法大致相同，常用冲刀与切刀。指尖要掌握好吃刀深浅、掌握好推行的力度大小。可先书而后刻，亦可不书而刻，书写用笔可选用“小红毛”或者“小依纹”的小号毛笔。单刀刻过后，若个别地方线条不够完美，可在原刀的轨迹中小心补刀刻之。

3. 要多看多读一些甲骨文原拓片。甲骨文原拓片上的刀法、章法，实际上是天然的甲骨文边款，值得借鉴和发扬，不仅要多看多读，还要多揣摩仿效，这样在刻制边款时才能胸有成竹。

4. 甲骨文款识与甲骨文印文的风格要保持一致。图十六，秦士蔚印“寂寞嫦娥舒广袖”印文与边款，皆属纵逸奔放格调，由此可知，印文与边款休戚相关，在鉴赏时随着目光游移，会感受到韵味相连，风格不变，并且有一种相互补充、相互辉映的感觉，这也许是甲骨文篆刻的特色之一。

九、甲骨文篆刻的意境

意境即印章的神韵，当你看到一方甲骨文印章，情不自禁地赞叹：“刻得好，有味！”“有味”就是甲骨文篆刻一个很高的标准，也是甲骨文篆刻的一种“不可言状、只能意会”的意境。沈野《印谈》云：“不着声色，寂然渊然，不可涯矣，此印章之有禅理者也；形欲飞动，色若照耀，忽龙忽蛇，望之可掬，即之无物，此印章之有鬼神者也；尝之无味，至味出焉，听之无音，元音存焉，此印章之有诗者也。”在一方印章中寂有禅理，动有鬼神，听有诗言，可谓意境美妙，深不可测。这告诉我们，意境、神韵虽不可捉摸，但有形可以传神。一方印，就像一个人，人若无神，“其气奄奄，其手龙钟，无饱满充足之意。譬如欲睡而谈，既呕而饮，焉有精彩？若神旺者，自然十指如翼，一笔而生息全胎，断裂而光芒飞动。”（杨士修《印母》）。甲骨文篆刻的意境美，是字法、章法、刀法以及点线的质量、边栏的设置等综合的表现与升华。此外，强化意境美，还必须注重呼应、穿插、贯气、破残、趣味等方面的内涵与力度：

1. 呼应，印面上文字之间、点画之间的顾盼即为呼应。呼与应之间的距离有远、有近。它可以在上下、左右之间互相照应、提携，或隔山隔水，在对角之间遥遥相望。它也可以是线与线、点与点、圆与圆之间的平行、环绕与对比，使印章生动起来。如图十三秦咢生印“癸丑咢生七十三岁”，右面的点头线尾、字态，与左面的隔河相望，遥相呼应，如果将此印中某些文字反过来写，就失去了这种意境。

2. 穿插，系指文字与文字的偏旁、部首之间相互交错穿插，这使印章更加亲密紧凑。图七杨仲子印“学圃老人八十以后作”，“八”字左右两笔分别穿插在“老”与“后”字之中。

3. 破残：原系年代久远，风化剥蚀所致，现时大多为印人有意而为，这个“意”当然旨在某种旨趣与意境上。通过磨、擦或敲击等手法来制造这种效果，使线条或边栏形断意连，减少点画与印面的平板呆滞，增添古拙与苍莽感。如图十七，陈尧庭印“往事越千年”、图十六秦士蔚印“寂寞嫦娥舒广袖”，其边栏大幅度断缺破残。图三魏乐唐印“老子犹龙”、图五简经纶印“车马一东西”，不仅边栏破残，其印文都有不同程度的破残。

4. 趣味：趣味是很微妙的东西，它不直露但也不深藏，只要稍加观察能感受到，这是印章意境构成的重要因素，故印人们常寓趣味于方寸之中。如图十八，秦士蔚印“淮安人耳”，淮安的“隹”部，像一个顽皮的孩子，爬在“安”字的屋顶上观望嬉戏，而屋内他的母亲（甲骨文字“母”“女”初为一字），屈膝跪地，似在呼叫：“小心！”“耳”字确实像人耳，占地大，向右示应，耳之上的“人”字与“淮”之三点水部，一大一小，形态各异，似五线谱中的呼音符号，这微妙的情趣，在印面上早有端倪，一看便知，但又不易用语言表达出来。这正是意境美超凡脱俗之处。

往事越千年
陈尧庭印

图十七

5. 贯气：贯气即气势连贯，上下应合。入印文虽各具独立性，但在方寸之中，仍然如一印、一个整体，彼此之间互相关联、互相贯通，字与字、线与线呈承上启下的关系，所谓“血脉相连”就是此理。有些印章文字尽管形貌不一、体势各异、尖利奔放，尽情飘逸舒展，但它们的中心、重心不偏，轴线贯通，气势一致。如图十一简经纶印“在乎己不在乎人”，印文结体平稳内敛，不展不放，风度瘦傲娴雅，

淮安人耳
秦士蔚印

图十八

各占一方土地，互不相连。然而，利用文字的俯仰斜直，点画的承上启下，以及文字的纵向取势、交错对称的手法，达到了全印协调、一体化的旨趣与效果，尤其是印中的长竖画，起到了贯气主导作用。贯气是印章的生命，是追求意境美的关键因素之一。

十、甲骨文篆刻的反思

甲骨文篆刻艺术的兴起与发展，尤其是罗振玉、董作宾、简经纶、杨仲子等一批甲骨文篆刻先驱，在甲骨文篆刻艺术领域中，产生了重大的影响。近年来全国各地举办了很多的甲骨文书法大展，参赛作品中不乏优秀作品。然而，这与当前甲骨文研究的进度、发展速度以及所取得的辉煌成就相比，甲骨文篆刻的成果亦不能令人满意，而且不可避免地存在着一些问题。

1. 狂放粗野，缺乏营养。甲骨文字本来就锋棱毕现，斩钉截铁，面目堪为强烈。有些印人受时风影响过甚，没有静下心来，对甲骨文文字进行适当的印化处理，而是变本加厉，再下猛药，致使甲骨文印章奇形怪状，充满霸气，面目狰狞。缺乏应有的金石味与书卷气息。常言“内不足，外张扬”，关键是缺乏甲骨文文字学的学识与修养，也缺乏一定的书法功底，先天不足，自然易走“外张扬”之路。

2. 形式单一，取法不高。有的作者刻了几方甲骨文印章后，再刻下去就不知何种形式为好。其实中国的印章从战国至明清，数以万计，只要善于借鉴，变古法为我法，将取之不尽、用之不竭。取法很重要，若定位不高，不知变化，一味地把线条刻成两头尖、中间粗的橄榄状，收刀处常是鼠尾摇曳，线条纤而不挺、浑而无骨，峭而不俊、转折不灵，这主要系取法不当所致。建议多看一看原始的甲骨拓片，最好用毛笔坚持临摹，对照新近面世的予之拙著《甲骨文字帖》，从中找出感觉来。

3. 重在装饰，过于陈式。将甲骨文字图式化，真正变成了“书画同源”，以画代字，失去了甲骨文篆刻的本质与意义。有的则过于重视工艺美术，注重再创作，花哨的边栏、变形的文字，走上了装饰美的极端。

4. 体势温软，气势散乱。甲骨文印章缺乏丰满的气势，体势过于温软。整个印章没有统一的整体感，章法布白不仅缩头缩脑，而且七零八落，就像一家人虽然同坐在一起，但各自为准，各有动作，萎靡不振、昏昏欲睡、自由随便，这是一个十分散乱的场面。甲骨文篆刻不能沾染这类习气，应当追求融古涵今、脱俗率真的传统经典型与气势磅礴、血脉天成的民族亲和性，才会使作品有震憾力。

巫（癸）亥
易大厂印
图十九

5. 用字不当、假借讹误。入印文字不准确，不仅影响甲骨文篆刻艺术的整体水平，而且给甲骨文字的使用带来了混乱，给初学者造成了误导。所以在使用甲骨文字，特别是假借替代时，用字一定要谨慎。没有把握时，最好认真地查查工具书，或多向别人请教，否则，以讹传讹，就会贻笑大方。如图十九，易大厂印“癸亥”，这方甲骨文印章无论章法布局，还是刀法技巧及印面气息，都不失为一方好印。然而，遗憾的是，这个“癸”字刻错了，成了“巫”字，而“巫亥”在历法纪年中没有这个年号，若能旋转 45°，这个字变为“癸”就对了。易大厂已于 1941 年 12 月作古，自然不可能再操刀重刻了，这个教训，我们应当记取。

值得一提的是，2017 年 1 月，北京工艺美术出版社出版发行了予之拙著《甲骨文篆刻学》，15 余万字，14 章 82 节，从甲骨文篆刻的基本工具，到篆刻的刀法、刻印的要领，如何从摹印到创作，有关创作形式、创作章法、创作遇到的各种问题，如何使用边栏，章法的巧施妙布，以及如何刻制边款，如何拓款、盖印等，详尽作了分析归纳与描述。建议甲骨文篆刻爱好者参照或借鉴。

（备注：此文系在新加坡举办的甲骨文书法篆刻国际研讨会入选论文。欲知甲骨文篆刻的更多内容，请参阅王本兴编著的《甲骨文篆刻学》）

甲骨文篆刻的篆法、章法、刀法初探

甲骨文篆刻像其他篆刻一样，有篆法、章法、刀法三要素。篆法对于甲骨文篆刻来说，首先要能识读甲骨文字，掌握甲骨文字的结体特点，我们可借助字典来解决这个问题。目前比较实用的工具书是四川辞书出版社出版的《甲骨文字典》，中国社会科学院考古研究所编的《甲骨文编》，此书由中华书局出版。此二者对某些甲骨文字持模棱两可或持“疑是”意见，使读者不知取舍，故予编著的《甲骨文小字典》及《甲骨文字典》可资使用。随着不断深入的学习，日积月累，在实践与磨炼中，定能解决识读问题。甲骨文字虽有4000多个单字，但经过专家考证，一致公认的可识读的只有1400多个。对篆刻而言，这1000多个甲骨文字不够用，因此还得采取借用的手法来解决问题。

首先是借用金文，如图一，秦士蔚刻“林散之”朱文印，“林”与“之”系甲骨文字，而“散”字，据秦先生讲甲骨文字中没有。实际上甲骨文字有“散”字，可能是年代关系，当时在甲骨文中也许没有，于是秦氏借用金文之“散”，其线条、结体、风貌与甲骨文字保持一致。此外还可借用大篆、小篆、籀文等其他文字入印，如图一的“千佛岩”印，其“佛”字甲骨文无，遂借用古籀大篆之“佛”字，并进行印化处理。而“养气轩”印之“轩”字，借用甲骨文字之“宣”字，属同音字借用法。在一方甲骨文印中，借用字不能太多，至多不能过半，否则会失去甲骨文治印的意义。有趣的是在一方全部可用甲骨文字来刻的印章中，为了章法布白上的需要，将某一个甲骨文字故意借用金文来代替。如图六，系秦士蔚所刻之印“古为今用”。其“古”字系金文写法，而甲骨文中有“古”字，这显然是出于他个人的审美意趣，或为了章法布白的需要，个中道理显而易见。不过笔者还是不主张这样做，只要有甲骨文字，

林散之　　千佛岩　　养气轩

图一

就不必再去借用。尤其要强调文字的借用、替代必须符合“六书”，必须是在篆法系统内有出处的文字，不能生搬硬套，不能自行七拼八凑造出甲骨文字来。

章法即布局，即在方寸之中，对甲骨文字进行整体构图设计。甲骨文篆刻的章法可以多参照借鉴战国古玺，因为古玺的章法构图清晰，虚实对比鲜明，文字的向背、错落、方圆等印化处理与甲骨文有异曲同工之处。甲骨文字长形、纵势居多，亦有方形、扁形。这种长短、大小、宽窄不一的字形入印，必须进行改造、印化，使之适应印章的方寸之地。这种改造必须是合理的、自然灵活的，较之其他印章更要讲究疏密、虚实，更要讲究穿插、揖让与顾盼、呼应，使之成为既协调统一又有节奏、韵律的天然佳构，如图二简经纶的“游乎万物之祖”，印文取甲骨文第五期字体，白文浅刻，工秀峻丽、整饬肃穆、错落有致，俯仰向背随体生势，用刀犀利稳健，整体风貌古玺味十足，具有较高的艺术水准。

结合甲骨文字本身的审美意义，并借鉴传统的篆刻艺术形式，现提出如下几点章法布局，以供同好参考：

第一，平正端庄的布局。如图三，简经纶所刻“不行其野”一印，借鉴秦韵汉风，四字基本等分，横平竖直，斜笔是直斜，竖笔是直竖，点画整齐、有条不紊，很有规律。全印显得祥和肃穆，无大起大落，端庄雅致。

第二，大疏大密的布局。如图四，秦士蔚作“费冰”一印，印面左半部分只有二画折笔，大块留红，相比之下右边密实。再如图五简经纶的“王虎”一印，左密右疏。图六秦士蔚的“古为今用”一印，亦是疏可走马，密不透风，计白当黑，形成了强烈的反差与虚实对比。

第三，印文内聚的布局。如图七，秦士蔚的“杨声宇”之印，印文集中在中间部位，形成了“周虚中实”的效果。图八系冯康侯作“自以为乐”印，以及图一“林散之”印都是这种布局，显得空灵洒脱，聚气遒劲。

游乎万物之祖
简经纶印
图二

不行其野
简经纶印
图三

费冰
秦士蔚印
图四

王虎
简经纶印
图五

古为今用
简经纶印
图六

杨声宇
秦士蔚印
图七

自以为乐
冯康侯印
图八

田光烈
秦士蔚印
图九

第四，平险结合的布局。印章或平正，或险绝，或平险结合，完全根据文字的特点灵活运用。如图九“田光烈”印，“田”字平正，“光”“烈”两字险绝，右平左险，平险结合，淋漓尽致地表现出印章的甲骨文篆刻艺术精神。图十系秦士蔚的“游于艺”与图七“杨声宇”等印作，印文之间，印文文字各部首之间，印文点画线条之间，皆参差错落，向四处伸展，有的倾倒，有的下滑，有的昂首上扬，可谓奇险无比，但重心不变，支撑平托的力量能稳住，全印都不失为平险结合的佳作。

第五，对称的布局。印文作对称状设计，一般根据文字本身的特点灵活安排，可以左右对称，上下对称，可以对角对称，局部对称，亦可以文字与文字对称，或文字自身的点画线条对称。如图十一，系杨仲子的“二水三山”印，印面上方五笔横画平衡均等，简经纶的“在乎己不在乎人”，两个“在”与“乎”，系交叉相称。“知时亡之”一印，“时”的上部与“之”字成对角对称。对称形式的美学特征，给人平衡协调的感觉，心理上得到宁静和谐与安慰，是一种富有魅力的艺术形式。

第六，满虚满实的布局。满虚即整个印面线条柔细，字画疏而少，印章布白主虚，如图十二杨仲子的“为我”印即是。满实即整个印面文字多，笔画多，且线条粗壮，空地少，印章布白主实，

二水三山
杨仲子印

在乎己不在乎人
简经纶印

知时亡之
秦士蔚印

图十一

为我
杨仲子印

寂寞嫦娥舒广袖
秦士蔚印

图十二

游于艺
秦士蔚印
图十

贵有恒
王本兴印
图十三

南天竹影
秦士蔚印

翁山后人
简经纶印

图十四

与满虚互为相反。如秦士蔚的“寂寞嫦娥舒广袖”即是满实印章。

第七，方圆穿插的布局。一方印章中，印文字画用方笔、圆笔穿插。这类印章十分多见，如图九的“田光烈”、图五的“王虎”、图六的“古为今用”、图十二的“寂寞嫦娥舒广袖”等印作，均系方圆穿插的布局，也有设计成纯方笔或纯圆笔的印章。

秦
秦士蔚印
图十五

第八，朱白相间的布局。即在一方印章中，印文有朱文也有白文。如图十三，系余拙作“贵有恒”印即是。

车马一东西
简经纶印
图十六

甲骨文篆刻的章法布局远不止上述 8 种，笔者意在抛砖引玉，不再赘述。根据甲骨文篆刻的线条、艺术质感、表现形式等方面因素，将甲骨文印章可分成如下 4 种类型：

淮安人耳
秦士蔚印
图十七

第一，奇肆疏放型。如图十四，简经纶的“翁山后人”，秦士蔚的“南天竹影”，结体开阔，粗壮豪放，苍润奇肆。印文的线条萧散张扬且空灵。

第二，刚健浑厚型。这类印章线条比较厚重圆润，粗壮但不拥挤，伸展力度大。就像一个人，长得壮实、魁伟，刚健有力量。如图十五秦士蔚的“秦”一印。

第三，古朴委婉型。印章字画线条劲峭且纤细，婉转流丽，结体以颀长为主，参差错落。犹如美女踏春，飘曳多姿，但又不失古朴典雅的特征。如图十六，简经纶的“车马一东西”印。

第四，以趣夺目型。趣即趣味，借鉴了明清印人的丰富经验，用夸张、变形、移位的手法，画龙点睛，使其从印章中跳出来，引人注目。如图七“杨声宇”印，“杨”字右上设计了一个大圆圈，中间一黑点，这正是夸张夺目之处，亦可称为“印眼”。你先看到它，它也先看到你。又如图十七“淮安人耳”一印，“耳”字似人之耳朵状，占地大，特别醒目，前述“田光烈”印亦然：一个“田”字用了那么多方格子，像一扇窗户，深深地印在你的脑海里，令人难以忘却。

现在探讨一下甲骨文篆刻的刀法问题，刀法系篆刻艺术的又一重要因素。印章设计、构思、上石后，就要用刀镌刻表达出来，古人在甲骨上契刻，与今人在石料上镂刻，虽材料不一样，但原理大同小异，与其他篆刻艺术的刀法基本相同。甲骨篆刻无论是单刀还是双刀，常用的亦有冲刀、切刀。石质松脆，容易入刀，明朱简云："使刀如笔，不易之法也，正锋坚持，直送蓑结，转须带方，折须带圆，无棱角，无臃肿，无锯牙，无燕尾，刀法尽于此矣。"赵之谦在《苦兼室论印》中云："刀欲其行，又欲其止。须行中有止，止中有行，若力小处止，则弱面不展，恃力处行，则走而不守，皆误。"甲骨文篆刻的用刀亦体现了上述原则。篆刻不是依着字画墨线镂刻，而是重在表现笔情刀趣。冲刀要表现出豪放，切刀要表现出凝重，刻出的线条有粗细、方圆之分，而影响字画线条刚柔、巧拙、气韵等质量的，则是用刀的轻重、徐疾诸要素。用刀如用笔，故称刀为"铁笔"。运刀亦须中锋，行中有留，涩中有进，冲而不滑，缓而不滞。擅长刀法的篆刻家，他们既善于使用刀角，也善于使用刀刃与刀侧。当然使用刀角的时候居多，因为刀角最适推冲，易入石、易得力，可使线条挺拔、浑厚、老辣，富有立体感。使用刀刃切削，会使线条多一些洒脱、峻丽之美。使用刀侧拉擦，可增加线条古朴、奇肆与力度。总之，用刀的学问是心手相应，而手是靠腕与指来运作，力的大小强弱，节奏的快慢交化，以及刻刀的摆动、倾斜的角度经过实践才能逐步体会个中诀窍，只有坚持实践，长期琢磨比较，由生疏到熟练，方能创作出好作品。

（备注：此文刊载于《书法报》《现代书画家报》）

是谁“窃取”了联合国副秘书长的甲骨文书法作品

甲骨文，是3000多年前殷商时代王室占卜契刻在龟甲兽骨上的卜辞和记事的古文字，与巴比伦的楔形文字、古埃及的纸草文字、美洲的玛雅文字，共誉为世界四大自源性古文字。三种早已失传，唯有甲骨文却绵延数千年，并与当代中华文明一脉相承，成为中国汉字的鼻祖。甲骨文不仅对商代社会及古文字学研究，具有极重要的意义，对当代中国书法艺术的推陈出新，对书学演进史的慎终追远，考究源流，也有不可低估的文化价值。甲骨文书法直接或间接影响着中国书学的流变，而且还促进了当代中国书法包括篆刻艺术的创新，于篆、隶、真、草、行书之外又辟其门，推动和促进了中国当代书法艺术的发展。甲骨文书法，已逐渐被越来越多的书家关注、模仿、领拟，开发，艺术形式日趋完美，格调内容更趋丰繁，大张众彩纷呈之貌。

在这样的传统文化大背景下，2009年1月21日，在位于美国纽约的联合国总部，由中国常驻联合国代表团、联合国中国书会、江苏省甲骨文学会、江苏省对外文化交流协会、江苏省文化厅、江苏省新闻办、江苏省哲学社会科学界联合会共同主办的“联合国中国甲骨文书法展”拉开帷幕。当天，联合国副秘书长沙祖康，中国常驻联合国副代表刘振民在开幕式上致辞，各国外交官、联合国职员和媒体记者约100人出席了开幕酒会。联合国电台和电视台、中国中央电视台、新华社驻联合国分社、中国国际广播电台、凤凰卫视、美国侨报、世界日报以及外交部官网、中国常驻联合国代表团官网、新华网、中新网等100多家媒体对展览活动进行了报道。甲骨文书法真正意义上地走向了世界，每天有无数的人观展，所有的甲骨文宣传品被人们拿走，连包装盒上的甲骨文图样也被人撕下来收藏。人们无不为中国的甲骨文书法所倾倒。事情还不止于此，更有一件意想不到的事在展览大厅发生了。

江苏省甲骨文学会会长徐自学先生，代表江苏省甲骨文学会，向联合国副秘书长沙祖康先生赠送了两件甲骨文书法作品。为了纪念这个特别的时刻，沙、徐两人还在大厅中央照相留影，并握手互致谢意。在照相、握手、交谈时，工作人员把这两件书法作品顺手放在身旁的桌子上。交谈刚结束就来了三四位外国工作人员，请沙祖康先生在他们的手册上签名留念。沙祖康先生愉快地允诺了，当签完名，就这么几分钟的工夫，突然发现放在桌子上的两件甲骨文书法作品不见了！他环顾四周，并未发现有人拿了他的作品，周围的观众都说不知此事，也未发现此事。光天化日之下，如此珍贵的礼物竟然被盗了！到底是谁当了“三只手”？正当人们惊诧不已、四处找寻，有人甚至提议调出大厅的监控录像一探究竟时，沙祖康先生对众人摆摆手说：“不必去寻找了，这并不重要，这是一个特殊情况，还是算了吧，拿作品的确是一个不顾一切的甲骨文书法的热爱者。”（展览结束后，江苏省甲骨文学会给沙祖康先生重新寄去了两件甲骨文书法作品）。

赠送甲骨文书法“康乐五洲”合影

沙祖康先生（右）与徐自学先生合影

的确，是谁“窃取”了甲骨文书法作品并不重要，重要的是中国独一无二的甲骨文，以书法艺术的形式更直观地展示悠久的中国传统文化，显现出甲骨文经久不衰的生命活力，震撼世界，赢得人心，增强了中国与其他国家的文化互动，中国主动走向世界，世界自然了解中国。可见甲骨文书法的魅力，是其他文化艺术无可比拟的。

（备注：此文刊载于《书法导报》）

甲骨文书法向世界传播的底蕴和思考

“中国书法走向世界”这个提法并非鲜为人知，然而，书法要真正走出国门却又是那么举步维艰。据知情人反馈，在国外，除了爱好书法的华人群体呼应，在其他地方中国书法真的就鲜为人知了。2009 年 1 月 21 日，在位于美国纽约的联合国总部发生了一件令人意想不到的事，值得人们去关注、深思。

中国甲骨文书法展在联合国总部拉开了帷幕，联合国各级工作人员亲临展厅，100 多家网络、新闻媒体持续追踪报道，单日参观人数高达三四千人，这么大的规模与人气真可谓是史无前例！纽约的许多大学生自愿当起了展厅的志愿者，摆放在展台上的数千份宣传册很快就索取一空。联合国总部下班时，工作人员总是要先看一遍展厅的甲骨文书法，然后才离开。哥伦比亚大学提出请求：除原作外的那些甲骨文影印图片留给大学收藏。甚至有些包装图册的纸片、纸袋，只要带有甲骨文内容的，都被观众拿走了。还发生了 4 个外国人同时争抢 1 件甲骨图片的趣闻。甲骨文书法展仿佛向世界打开了一扇窗户，很多观众都表示：“这样古老的文字，能保存下来，还能演绎成今天的文字，真是不可思议！”为什么在所有的艺术门类中，甲骨文书法能抓住人的眼球、能显示出这么大的魅力呢？

一、中国书法从甲骨文说起

甲骨文是 3000 多年前殷商王室占卜，契刻在龟甲兽骨上的卜辞和记事的古文字，与巴比伦的楔形文字、古埃及的纸草文字、美洲的玛雅文字，称誉为世界四大自源性古文字。然而，甲骨文字之外的其他三大古文字，已经沉睡在博物馆里，成为没有生命力的古董，三古已作古！唯独甲骨文字源远流长、延续至今，是与当今的中国现代文字血脉相通的活文字。

1899 年，清朝国子监祭酒王懿荣患了疟疾，在抓回的中药中，无意间发现“龙骨”上有刻画的符号。经他精心研究，甲骨文这一埋没已久的古文字终于重见天日，举世震惊。世界四大古文字，三种早已失传，唯有甲骨文却绵延数千年，并与当代中华文明、中国汉字有着一脉相承的渊源关系，这种关系可谓举世无双、独一无二，任何人在带有象形性的甲骨文字面前，都会惊诧、震撼！许慎《说文解字·叙》中之“六书”为：象形、指事、会意、假借、转注、形声。甲骨文字在“六书”中都有，但相当一大部分甲骨文字属“象形”类，它贴近生活现实、贴近自然社会、贴近所见所闻，最能唤起人们对艺术的共鸣。它不分文化高低、不分种族、不分兴趣差异，最能唤起人们对智慧的亲近感，甲骨文书法底蕴最丰满，这是其他书法艺术所不具备的厚实基础。

事实证明，今天强壮、成熟的中国汉字，是世界上的“美男子”，而自立于东方之林的这个“美男子”，正是3000多年前在殷商时代的“婴儿”，所以，甲骨文是中国文字的“娃娃”时期，后来才演变出金文、小篆、隶书、楷书、草书等书体形式。故甲骨文字点画结体相对比较简单，稚气天真，几乎是属于“一根线条”的书法，它只有直和曲两种笔画，点也只是直画的短缩。甲骨文书法中线条，与金文线条相比粗了一些，与篆书线条相比，则介于篆书线条粗细之间，取了一个中间值。用西方哲学家黑格尔的事物发展三段论式的观点来看，如果细为正的话，粗即是反，中则为合。这样线条艺术发展到秦代，似乎已翻不出新的花样了。于是，从汉代起，这种发展逐渐打破原有的形式，从一根线条中产生出横、竖、撇、捺、点等各种形态的笔画，在新的形式上又开始新的发展。故中国书法应从甲骨文说起，也就是从源头说起，从书法的根本说起。甲骨文书法在联合国总部的展览盛况空前，说明观众通过甲骨文书法作品感受到中国书法的笔墨意趣和微妙韵律，感受到古人的智慧和今人的灵感。西方有位画家公开宣称他的创作，是受中国书法的启发，他说“中国书法的线条造型不靠具体物象的确定，但这种线条造型却可以激发创作者和欣赏者浮想联翩，其线条节奏的韵律超越时空，不分今昔和地域，永远使人迷恋”。

事实证明，殷商时期的甲骨文字相当成熟。我们说，甲骨文书体风格绚丽多彩，表现了多种审美范畴，或端庄方正、或雄浑拙厚、或纵横奇崛、或精工细致。之前，予另有论文将甲骨文按照线条粗细、字体长短等特征，分为八种类型。可以推测，在商代，人们就已经有意识地将汉字书刻得美观，并自觉或不自觉地将它推动、提升到一种艺术境界。诚然，甲骨文是用刀契刻在龟甲和兽骨上的文字，但甲骨上的文字痕迹表明，有许多甲骨文是先用毛笔书写成字样，然后再进行契刻，有的在完成契刻后，还要用毛笔再进行填朱或填墨。这说明甲骨文是先表现笔意，后才表现刀味的。所以确切地说，甲骨文字即是刀笔文字，它既有隽永挺拔的金石刀味，又有拙朴多姿的书卷气息。一种文字在书写应用过程中，用刀和笔同时来表现它，这在世界浩瀚的历史长河里是十分罕见的，故可以认定：在商代后期，中国就有了实际意义上的甲骨文书法艺术。

二、甲骨文书法的现状与思考

20世纪八九十年代中国出现过“书法热”，甲骨文书法也得到了重视与提升，但在整个书法体系中，它仍然处于无足轻重的地位，书家重心也大多放在行草书体之上，甲骨文书法只是附带而为。各种书法比赛甲骨文书法只占其中极小的比重，报刊的宣传报道，也只是在适遇相关节庆，或“逢事”之日，才刊载相关内容。有些学校有书法教学课，但只是侧重于正草隶篆，一般不会专设甲骨文书法教学课程。确有一些甲骨文书法群体，但大多是退休老人在参与，有些是书法业余爱好者。所见甲骨文书法作品，包括篆刻作品，大多比较单一，有些甚至可以说是千篇一律，没有多少变化与艺术品位。作品的用字也不够严谨，时有错字、别字、造字。至于在甲骨文书法的原理、美学、创作学等理论体系层面，更是无从谈起。

而甲骨文书法的队伍建设更是远远落后于时代。

据有关部门统计，中国现有各种学会、协会41万多个，仅江苏省登记在册的学会、协会等社团，就有3.4万个。各行各业都有相应的协会、联合会与研究会。例如“中国作家协会”“中国书法家协会”“中国风筝协会”等而世界四大古文字之一、具有3000多年历史的汉字鼻祖甲骨文，却至今还没有全国性的“中国甲骨文学会”。虽然甲骨文是在中国发现的，但最早成立甲骨文学会组织的是日本。日本的甲骨文社团1951年成立，位于日本东京，“安阳甲骨学会”，1986年5月成立，位于河南安阳；“江苏省甲骨文学会”，1995年12月成立，位于江苏南京。此后，又有山东省、湖南省等多个省市、地区成立了甲骨文学会。由此可知，国内、国外的甲骨文组织都审时度势，克服困难，相继成立。他们分别在一个特定的区域内蓬勃发展，显得特别生动活泼，形成了横向的、不可抵挡的社会影响力。有些省级甲骨文学会，自加“压力”，挑起了“重担”，开展了一系列有国际影响力的重大活动，在研究和普及方面发挥了作用。但广大民众的眼睛一直在关注着“中国甲骨文学会”，希望有一个更有影响力、更有号召力的全国性甲骨文组织。予曾经克服重重困难，带病在北京奔走呼吁、筹划成立“中国甲骨文学会”，经过7年的艰辛努力，最后还是成为泡影，实为憾事。

这一切给了我们一个非常重要的思考空间，予归纳为如下3点作为本文思考之小结：

其一，世界四大古文字中，三者已永久性地进了博物馆，唯甲骨文与今日通用汉字存在密切的渊源关系，还在应用书写，故甲骨文书法有无比深厚的底蕴，应得到推广与普及。

其二，在艺术门类中甲骨文书法是继承、普及中华文明的首选，也是向世界传播中华文明的首选，为发挥更大的作用与功能，强调甲骨文书法艺术教学，完善甲骨文书法体制，加强甲骨文书法队伍建设刻不容缓。

其三，甲骨文品位独具一格，风格独树一帜，历史沉淀独特而久远，线条简明拙厚、刚劲挺拔，象形性结体形象生动、自然古朴，故全世界人民都能接受、都能感受到它的艺术魅力，因而最容易传播、最容易走出国门，不仅应得到有关部门的重视，还应得到有关部门的组织与规划。

甲骨文书法艺术走向世界，是文化强国的需要，是中华民族与世界各民族亲和团结的桥梁与纽带，是彰显古老的中华文明璀璨夺目的重要举措。

（备注：此文刊载于《书法导报》）

甲骨文书法从临摹到创作的转换与开发

——甲骨文书法教学漫谈

自从有了精选版的甲骨文拓片，有了甲骨文字典，并有了甲骨文字帖、甲骨文形音义诠释的甲骨文读本等范本后，甲骨文书法像其他书体一样，就有了真正意义上的临摹，并可以从临摹入手，然后再进而步入创作阶段。清代朱履贞在《书学捷要》中简明扼要地说：“学书须求古帖墨迹，模摹研究，悉得其用笔之意，则字有师承，工夫易进。”既强调了临摹的重要性，又指明了临摹古代碑帖乃创作的基础，也是我们掌握前人碑帖结构、笔法、章法，体察古人创作奥妙的必经之路。当然临摹不是我们的目的，如何学为我用，进入创作中去才是根本。笔者认为，当前有些初学甲骨文的书法爱好者，特别是部分教师在甲骨文书法教学中，过于注重临摹，而忽略了甲骨文书法创作能力的培养与转换过程。在甲骨文书法学习中，临摹固然十分重要，它是创作的基础，临摹水平的高低直接影响到创作水平的高低。然而创作过程是一个比较复杂、多元的过程，对初学者来讲，甲骨文书法创作是一个必须要经历的重要阶段，必须要突破的难点与重点。那么如何来转换、开发这个过程呢？予以为可以从以下几方面入手。

一、从甲骨文“独字”书法开始

甲骨文书法与其他书体的书法创作有同，亦有所不同。同者，主要是指作品的款式、整体布白的形状，以及作为书法艺术作品层面上的传统模式，可以通变借鉴。不同者，主要是指甲骨文作品的内容、结体以及书写方面的特殊性。所以，从甲骨文书法本身的特点出发，更好地张扬发挥

王本兴辅导孩子们写甲骨文

个性，予极力主张，甲骨文书法可以边临摹边创作，临创结合，两者不必分割开来，并可以从单独的字创作开始。

例如按甲骨文字帖临摹“马”字，最后就书写创作“马”字的书法作品；临摹“福”，就书写创作“福”字的书法作品；临摹“凤”，就书写创作“凤”字的书法作品；临摹“艺”，就书写创作“艺”字的书法作品，这就是临摹与创作结合起来的创作方式。换言之，临摹直接为了创作，创作前先有目标地进行临摹，同时从中不断积累经验、不断提高书写水平。在此基础上再增加一些难度，可临摹两个字的，如临摹“光明”一词，就书写创作“光明”一词的书法作品；临摹“圆梦”一词，就书写创作“圆梦”一词的书法作品；临摹“吉祥”一词，就书写创作“吉祥”一词的书法作品。

如此一而再，再而三，循序渐进，再增加难度，即增加甲骨文字数，如临摹四个字的“祖国万岁”，就书写创作包含“祖国万岁”的作品；临摹“大有作为”，就书写创作包含“大有作为”的作品；临摹“厚德载物”，就书写创作包含“厚德载物”的作品。这样不断临摹，书法作品也不断创作出来，临摹与创作相辅相成。不仅如此，在此过程中，也认识了许多甲骨文字，故这个过程应是边临摹、边创作、边识字的过程，一举数得，这是甲骨文书法教学特有的模式，也是学习甲骨文书法的独到之处。这种立竿见影、前所未有的成就感，将更激励学生满怀信心地继续往前走。

二、用集字方式创作甲骨文书法作品

集字，顾名思义，即从甲骨文字帖、拓片、字典等相关工具书及资料中，寻找出要创作的作品文字，然后，有目标、有对应地进行甲骨文书写创作。这种集字，可以是少字词语、短句或名言，也可以是诗句、短文、楹联等，不拘一格，不拘形式。集字的过程，实质上是验证的过程，在学习、练习的过程中，逐渐认字、识字，这个过程可以提高甲骨文范本临摹水平，是掌握甲骨文书法固有特征和规律的过程。这个过程也是认真地临摹后，从临摹到创作的初级应用与尝试。

集字书写创作甲骨文书法，一般有两种模式。

其一，预先想好了要创作的内容，然后到甲骨文字帖、字典上去寻找甲骨文字，这种情况很普遍。但这样的方式有时候往往不能如愿以偿，因为想要创作的文字并不是每一个都能找到。若找不到相对应的甲骨文字，切不可随意造字，也就不能书写这件作品，只能放弃或更换内容。例如：“万紫千红”一词，因“紫”“红”二字无甲骨文字，所以此句只能放弃，采用“气象万千”或“江山如画”等。

其二，在临帖时就注意甲骨文字的联想字，把这些联想字巧妙地组合成作品内容，这样书写起来自然就方便多了。例如，欲创作“先天下之忧而忧”的甲骨文书法作品，但其中“忧”字无对应甲骨文字，联想到“后天下之乐而乐”句，皆有对应的甲骨文字，这时可以放弃前者，只书写后者。

三、多看甲骨文字，培养、提高审美力

甲骨文书法初学者要多看甲骨文书法作品，多看甲骨文字，换言之要加强观察的训练，因为观察力、审美力是学习一切艺术学科的基础，是社会生活中必不可少的能力。特别是在书法学习的过程中，观察力、审美力更是重要的基本功。

甲骨文字有相当一部分属象形文字，写鱼似鱼，写鸟像鸟，写虎似虎，故趣味性特强，这些形象生动、趣味横溢的文字，每个字都有一个美妙无比的故事，通过老师的讲解与阐述，一下子就会把大家的兴致提得很高，可见好奇心与趣味性非常重要。对学生学习甲骨文书法艺术而言，第一要有兴趣，第二学习的内容要容易入门，第三要有信心坚持，这是很重要的前提条件，然后由此从技法与笔墨层面上，再去逐步提高。缘此，我们应结合兴趣与好奇心，引导学生仔细观察甲骨文字，让他们展开想象的翅膀，学习更多的东西。

培养提高视觉审美力，还可以采取“走出去”的办法，即多参观社会上的甲骨文书法展览，通过对艺术作品的欣赏，来提高学生的审美力，吸取有益的养料，扩大眼界，增长知识。学校可以采取“请进来”的办法，即邀请社会上的甲骨文学者、甲骨文书家来为学生面对面地讲授，让学生们互相交流学习。定期把优秀作品汇集装裱起来，举办各种形式的甲骨文书法展览，让学生们互相观摩学习，这些都是促进、提高甲骨文书法向前发展的动力。

初学者可以发现作品中那些小的、局部的、简单的问题，例如作品中有没有错别字，结构好不好，行列是否对齐，落款是否合度等，但对于那些略微复杂、难以理解的，如笔力是否厚重，笔法是否连贯，用墨是否到位，气韵是否生动，艺术风

格是否统一等问题，就需要导师或教师加以指导，对比不同风格的作品，通过这样的观赏、学习，提高学生的观察能力，培养审美能力，并由此提升创作能力。

四、多写甲骨文字，提高创作能力

甲骨文书法其点画相对比较简单，几乎是属于“一根线条”的书法，它只有直和曲两种笔画，点也只是直画的短缩，没有楷书勾勒撇捺等那么繁复。所谓“一根线条”的书法，其变化就只能建立在它的粗细、方圆、长短、大小等微妙的变化上。此外，予以为还可以从金文、简帛、砖瓦文、小篆、隶书、草书等书体的风格与线条上参照借鉴，来丰富甲骨文书体的内涵，因而笔者推崇甲骨文书法要多元、多样发展，不必一味停留、固守在甲骨文字线条头尾尖锐的刀削斧劈感上。而多元、多样的作品，都要通过多写、多实践来达到目的。所以，加强手的训练是培养学生的模仿力、表现力，最终提高创作能力的必要途径。

用手多写，就是说人要有动手能力。我们说中小学生的模仿力极强，动手始终贯穿于书法临摹到创作的各个阶段，故在教学中培养学生的模仿力、表现力（即动手能力）是很重要的一环，可以在教学过程中多使用直观教学法，放大字帖，示范笔画，现场创作深入浅出、一点一滴非常具体地动手去做。

以下几方面可供甲骨文书法教学时参考。

1. 线条的练习。即单独书写练习直线、斜线、曲线以及点画的方法，不断改变这些线条基本单元的形貌、形体，体验线条的多元、多样性。

2. 笔法的练习。用笔技法的实践很重要，可以使用中锋、回锋、提按、顿挫、疾涩、轻重、裹锋、绞转等技巧与笔法，书写甲骨文线条，体验各种线条的质感。

3. 各个线条、各种技巧连贯起来的书写练习。如直曲笔画的连接，转折笔画的连接，单字笔画连接，以及书写时各种动作的应用与配合等。

4. 甲骨文作品的综合性应用与练习。如作品的各字、各行及整篇的书写练习。

一幅优秀的甲骨文书法作品，主要看其线条、运笔、结构、章法、款式诸方面。通过这一系列的训练从而加强学生的模仿力、表现力，最终走向专题性创作。当然“手”的训练是离不开量的积累，反复地临摹书写、实践，才能熟能生巧。

在临摹字帖的具体操作与实践中，常常可以划分为对临、背临、实临、意临等，对临、背临均属实临范畴。实临即是无我，意临则是有我。实际上，无我并不是真正完全没有自我，而是尽量重现原貌，意临则体现出强烈的自我意识。要做到忠于原貌难度很大，而要做到既体现出自我意识，又不失原碑帖要旨，更是一件难事。

所谓意临并非随意、肆意或任意，而是意与古会，精神上与古人风格的一种默契与共鸣。甲骨文书法爱好者经过多种方法临摹，对原帖文字的书写有了足够的驾驭能力后，才有可能对甲骨文书法创作不断转换、不断创新。

实际上甲骨文临摹与创作无明显的界限，也无明显的转换，两者既可并存，又能互相促进，至于开发，只能由实践来证明一切。最后我想说明的是：无论正草隶篆，无论书法的何种书体、何种门类，都有高峰可以攀登，如钟繇、王羲之、张旭、颜真卿、欧阳询、柳公权、苏轼、赵孟頫、米芾，以及《张迁碑》《曹全碑》《石门颂》《乙瑛碑》等，都是书法艺术上一座又一座高峰。千百年来，无数书法爱好者即便攀登了一生，也从未有人宣称：我已登上了峰顶，我已超越了王羲之、颜真卿！而甲骨文情况就不同了，它沉埋在地下 3000 多年，1899 年才被发现，至今才 100 多年，还没有人创造出甲骨文书法艺术的高峰，因而它海阔天空，前路光明灿烂，任人驰骋，每个人都有可能创造出属于你自己的甲骨文书法艺术高峰！

（备注：此文刊载于《书法导报》）

关于古代的枷锁

——从陈传席《应该是枷锁，而不是镣铐》一文说起

2017 年 9 月 13 日，《中国书画报》第一版“热点冷眼”栏目登载了陈传席先生撰写的《应该是枷锁，而不是镣铐》一文。作者提出徐悲鸿当年创作的《田横五百士》中，某些人物衣服的式样和颜色、骑马者的马镫，与所处时代情况不符。大型油画《文天祥就义图》中，主人公的双手被铁镣铐锁住了，作者提出结合当时社会的背景，可以推断出文天祥没有被镣铐锁住，图中部分细节不符合史实，等等。作者对此话题进行了详尽而精到的描绘与论述，显而易见，这样的分析对美术工作者乃至广大读者都大有裨益。

我们在徐州汉画像上可看到这种颈上戴枷锁的犯人，他们的双手是枷在颈前的。古代很多插图中，所画犯人都是枷锁，而非镣铐。给犯人戴枷锁，就是将木质铁扣的两块大板，套在犯人颈上，将他的双手枷在前面，然后用一种特制的钉子固定，再加上锁。《水浒传》中也描述了，套在武松颈上的是木枷锁，而非镣铐。到了清代林则徐被流放新疆时，同样是用枷锁，而非镣铐。铁镣铐是西方监牢刑具。读了全文似乎让人感觉到，在有铁制的镣铐之前，古代犯人戴的都是套在头颈上的木枷。其实不尽如此，除木枷外，还有多种多样的枷锁。我们笼统地概括为“古代”，特别是秦汉前与后刑具的差别更大，故笔者对古代的枷锁在时间层面上、构形层面上作一些补充与阐述，美术及影视工作者在以后的创作中可以将此作为参考。

远古时代，确切地说是在春秋战国、西周、殷商时代，锁住双脚的器械叫“桎”，就是我们通常说的脚镣，锁住手的叫“梏”，就是我们通常说的手铐，从桎梏文字上就可分辨出这种东西是木制的器具，都是从“木”字部，“至”“告”字皆为声符。早在西周时，周公撰著的《周礼·秋官·掌囚》文云：“中罪桎梏”。汉代经学大师郑玄先生注曰：“在手曰梏，在足曰桎。”记述公元前 722 年至公元前 464 年的记事编年体史书《左传》有文云：“执而梏之”。由此可知，脚镣之“桎”、手铐之“梏”在秦汉之前就有，只不过脚镣称“桎”，手铐称“梏”而已，“桎梏”也就成了两者的通称。而“枷”是专指加在颈项上的木制刑具，通常颈、手并锁。枷

幸（甲骨文）

执（甲骨文）

絷（甲骨文）

桎（甲骨文）

殷周时期
拘执示意图

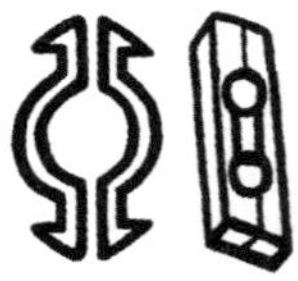
殷周时期
桎梏示意图

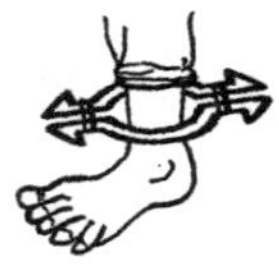
殷周时期
戴桎示意图

殷周时期
戴梏示意图

戴木枷示意图

殷墟出土戴梏
俑（背面）

锁是两个概念，枷加上锁，才真正地把刑具固定死，锁是将枷固定死的器件。《北史》有文谓："狱无枷锁，唯用绳缚。"意谓在无枷锁的情况下，绳索也是拘捕人的刑具。

实际上秦汉之后才有枷，秦汉之前的殷商、西周时期，刑具枷还不曾有之。通常只是用梏锁手，用桎锁脚，用绳索缚颈项。殷商真实的刑具桎、梏谁也没有见过，但在河南殷墟出土了一件陶囚俑，由附图可知，此陶囚俑两手腕加有梏，从手梏视示意图可知它与甲骨文字"幸"完全一致吻合，即具有拘执之意的甲骨文字"幸"取象于此构形。所以"幸"字在殷商卜辞中本义系拘执之意。使用梏时，将人之两腕枷入中间圆孔内，再将绳索缚其两端，故甲骨文字"幸"可通假"梏"字。

甲骨文字"执"，更具象形性：左边从"幸"，表示刑具手梏，右边从"丮"（表示人），且作侧跪之状，两手被梏锁住。执即捉拿或逮捕意思。《说文》："执，捕罪人也。从丮从幸，幸亦声。"如果拘执罪人时，除手梏外，颈项上再绑缚绳索系，那么也可谓"絷"。甲骨文字"絷"就是这样，很明显其中间"丮"者表示人，左边"幸"者表示人的双手铐于梏中，右边"糸"者表示颈项上的绳索。

现在我们再来看桎，见附图，甲骨文"桎"字，上从"止"，表示人的脚趾之意，下从"幸"，表示刑具之意。二形会意，表示脚被锁住。《说文》云："桎，足械也，从木至声。"铐脚之桎者当然大都系木制的，但也有铜铁一类金属制作的。故秦之前殷周时期有锁脚之桎、有锁手之梏、有系颈项用的绳索，则无颈、手并锁的枷。这从殷周甲骨文字的构形、从出土的陶囚得到了证实。我们了解、熟悉了这些不同时代的刑具，那么无论是在绘画还是雕塑中，就不容易出现误用时代特征器物的情况了。

（备注：此文刊载于《中国书画报》）

支持正“版”

——为江苏省版权局纠错“版”树正“版”

丙申年初夏的一天，我从北京南站坐高铁到南京南站，再乘坐地铁 1 号线去南京市区。此时，地铁车厢里座无虚席，但不算拥挤。当我抬头望到车厢对面清新悦目的广告画“支持正版”“只为下一幅更美妙的画”时（参见附图），精神为之一振：这样的画面、这样的用词其本身就充满了动人的内涵。予正式出版著作 50 余部，被盗版的有 6 部，我曾在《中国书画报》2014 年 7 月 23 日第 57 期、《书法报》2006 年 3 月 1 日第 9 期刊文，历数盗版之害、陈述护版之难、呼吁正版之愿，并带着数本盗版书前往江苏省版权局，向分管处理侵权盗版的处长咨询过有关事宜。10 年过去了，而今邂逅这样美妙的画面，怎能不“有”动于衷，百感交集？

顺着一个大大的、用小篆书写的“版”字再仔细往下看，原来此广告宣传画落款是江苏省版权局。江苏省版权局的权威性、影响力自然是可想而知。然而，当我看到这个大大的“版”字时，心忽然收紧了：这竟然是一个错别字！而且写得那么大，是我一生中见到的书写得最大的、制作最精美的错别字。

“版”有多义，原指筑墙用的夹板。《诗经·大雅·绵》：“缩版以载”，即引申为版筑的土墙。《左传·僖公三十年》：“朝济而夕设版焉。”亦用作所筑墙的量词。有称木简、名册或户籍者为版，《周礼·夏官·司马》：“掌群臣之版。”言为手版，即朝笏。《后汉书·党锢列传》：“投版弃官而去。”引申为授官。又引申为印刷用的底版，如木版、石版、铜版、铅版、珂锣版。另引申为印刷一次之称，新闻纸一面也称一版。古时铸钱的模具亦为版。而版的组合词较多，如版心、版本、版式、版权、版次、版画、版图、版税、版面、版块、版筑、版型、版籍等，大都与书版有关。而其中“版权”一说，即指对某一著作物的出版权，而这正属于新闻出版局的管辖范围。

就“版”字而言，左右构型，《说文》云：“版，判也。从片反声。”可知片为义符，反为声符，属形声字。“片”像半木，可用作偏旁部首；“反”从“厂”从“又”，

“厂”者代表山阜或石块，又者则代表手。《说文》：“又，手也，象形。三指者，手之列多，略不过三也。”又之义也就可想而知了。而江苏省版权局制作的大幅广告画中之“版”字，其“反”从“厂”但不是从“又”，而是从了“夂”，把“又”写作“夂”，这既失声也失义，“版”字也就成了错别字。

“反”为何义？追本溯源，最早的甲骨文之“反”字，从“又”，表示人之手；从“厂”（读 hǎn），表示山崖，两形会意，可会意为以手翻转或推转山石之意，或以手攀爬山崖之谓，属会意字。本义是指翻转，可引申为相反、返回、倒转、违背、反对、类推、矫正、归还等义。“反”于此不作本义，仅为标声。而“夂”字，《说文》解为“以后灸之，象人两胫后有距也，《周礼》曰，‘夂诸墙以观其桡’。凡夂之属皆从夂。”属指事字，泛指时间长远、永久、长久之义。故由此可知，“又”是“又”，“夂”是“夂”，“又”不能作“夂”，“又”不能通假“夂”。“厂”“又”构成“反”，可与“片”互为左右，构成“版”字，而“厂”“夂”不构成文字，亦不能成为“版”字。

问题是“又”与“夂”形态、结体太近似了，特别是用篆书书写时，其下画（或中间长画）仅仅是出头与不出头的微小差别。参见所附图例，其中“又”者无论何种书体，中间长画上方皆出头，皆见《说文》所谓“三指者”之略形。而“夂”者则不同了，无论何种书体，中间长画上方皆不出头，皆不见《说文》所谓“三指者”

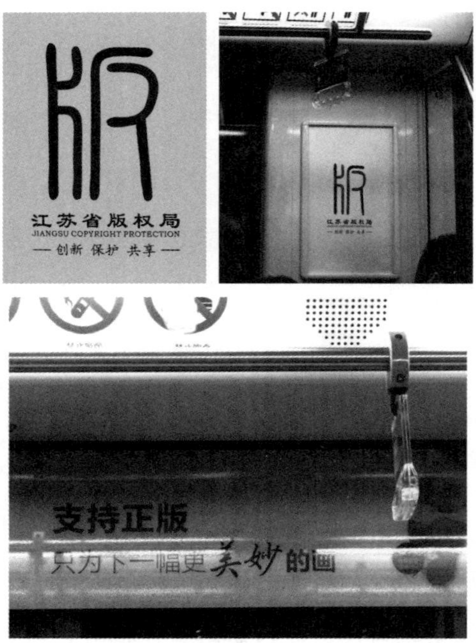

南京地铁 1 号线上的“版”（王本兴摄）

之略形。“版”字与“反”字在众多书体中，也无一写成“夂”的体例。

予以为南京地铁1号线车厢内的错字“版”，并非故意为之，而是系制作人员过分追求文字的艺术性，忽略了文字书写的正确性，再加上审核人员没有进行充分的查证，没有把握好让正“版”走向社会的最后关口，才致如此。就广告宣传画本身而论，观者完全可以感受到正版的真正导向，以及人民群众强烈渴望打击盗版的急切性，完全相信“创新、保护、共享”“只为下一幅更美妙的画”是江苏省版权局的真正意图与出发点，因而在下也乐意为江苏省版权局纠错“版”，树正“版”作一点小小的贡献。

“夂”字版“盗”了“又”字版，我们说凡是盗版的东西，表面上看几乎一样，看不出什么差异，有些甚至比正“版”还要美观大方与漂亮诱人，但只要你仔细观察，正版与盗版之间的差别肯定会暴露无遗。

（备注：此文刊载于《繁荣》）

断桥

——《甲骨文字辨异》后记

有一组断桥的实境照片："广东佛山九江大桥坍塌堕入江中""哈尔滨阳明滩大桥断塌""河南三门峡义昌大桥断桥""湖南株洲市红旗路高架桥断塌""吉林锦江大桥突然断塌""辽宁盘锦市境内田庄台大桥突然断塌""辽宁省营口市熊岳大桥被洪水冲塌""四川崇州市怀远镇老定江桥断塌"……这是多么惨烈、凶险、与不幸！"断桥"意味着什么？路途、信息、联系、前程、双方的血脉皆被切断！在这里，我要告诉你的是：我在研究甲骨文的人生之路上也遇到了"断桥"。

难道研究甲骨文的途中也有"断桥"？是的，一个是建筑路桥意义上的概念，一个是文学艺术意义上的概念，两者看似风马牛不相及，但他们都有断桥的同样内涵、同样意义。建筑路桥意义上的断桥，人们立马就会想到杭州西湖上的那座圆形拱桥，是那么美丽、那么动人，因从孤山来的白堤到此突然中断，故名为断桥，这只是一个善意的借用，编造了一个美丽的故事，实际上那儿的桥并没有断。甲骨文，它随着殷商王朝的灭亡而被埋入地下，使人们3000多年看不到、摸不着，像断了的桥，两头看不到、摸不着。无独有偶，我在从事甲骨文与甲骨文书法艺术研究的过程中，也意想不到地遇到了同样的"断桥"。

20世纪90年代，我调入江苏省文联工作，当时的领导给了我一句话"文联是联系艺术家、联系人民群众、联系文化艺术团体的桥梁。""桥梁"这个词对一名在文联工作的人来说，是多么确切、多么热切、多么真切！于是我牢牢记住了这句话，许下了一个心愿：不当"家"、不当"官"、也不当"长"，只想当"桥"。

不久，江苏省甲骨文学会成立了，这是中国第二个省级甲骨文学术团体，我作为一名从事书法、篆刻艺术的专职工作者，自然十分喜爱甲骨文书法艺术，因而业余加入了这个学会。承蒙学会的厚爱与器重，在以后的几年里，我被推荐先后担任了学会的理事、副秘书长、副会长等职，希望能多起一点"桥梁"作用。众所周知，甲骨文是中华民族的瑰宝，作为中国汉字的鼻祖，他又是中国当代文化艺术的源头，尤其是在当今太平盛世，无数的学子、民众热爱甲骨文化，他们正需要借助一座宽广的“桥梁”到达更加辉煌、更加灿烂的彼岸。

斗转星移，时代变迁，文联的领导几度更换，我总以为无论情况有多大变化，人事有多大的变换，对“桥梁”的认识与信念应是不变的。“王本兴同志，江苏率先成立了甲骨文学会，这正是文化强省的证明与标志，你是文联的一员，要更好地起到桥梁作用，互通有无，让江苏的甲骨文书法、篆刻艺术面向全国，引领潮流。”如果我能听到这样的声音，我会感动、我会激动、我会心悦诚服领导的智慧与关怀。然而，恰恰相反，领导让其他人转告我“你想在文联书法家协会工作，必须要打书面报告退出江苏省甲骨文学会。”这使我万分震惊，震惊之余又是大惑不解：领导为什么要我这样做呢？热爱、研究甲骨文书法篆刻艺术和正常的上班工作，难道有不可调和的矛盾吗？

常言说“胳膊扭不过大腿”，为了保住“饭碗”，理解的要执行，不理解的也得照办。别无选择，无奈之下，只得写了一份退会报告。写这样的报告还真有些意想不到的难度：既不能直言其中委曲，又要写出充分的退会理由，而且还要表示完全出于自愿，这份报告还要经过江苏省甲骨文学会签名盖章才生效。当江苏省甲骨文学会会长、秘书长读完这份退会报告后，全都哭笑不得，他们是第一次碰到这样的怪事！然而，为了我的工作、为了我的“饭碗”，他们最后还是同意签名，盖了公章，但希望我不要离开甲骨文学会，不妨做一名“地下”甲骨文学会会员。

“难道我做错了什么？”我在梦中不止一次地追问自己，但还是百思不得其解。终于有一位“高人”为我指点迷津，捅破了这个谜团：“王本兴同志，你太书生气了！不想想，甲骨文学会的会长是谁？你单位的头头是谁？他们之间的关系怎样？是朋友还是对头？”这一点拨，令我茅塞顿开、大彻大悟，原来如此！但我还是不敢相信，这种人怎能会当上文联领导呢？不过，我当时仍然抱着一线希望，希望事情并非如此。

然而，当我拿着甲骨文学会徐自学会长签过名、甲骨文学会盖过公章的退会报告，亲手交给单位领导时，他竟然喜形于色，显露出十分满意的神情，很愉快地接受了报告，连续说了几声“好，好！”我头脑里的那一线希望荡然无存，当他双手接过退会报告的那一刻，我只感觉到，那是我蒙受欺骗、蒙受愚弄、蒙受侮辱的一刻，他的微笑、目光，他的动作，令我一生难以忘记！与此同时，我清楚地意识到，在夹缝里生存的我，从此工作生命断了，艺术生命断了，虽然没有丢了“饭碗”，但“路”断了，“桥”断了，我遇到了真实的断桥！

尊敬的读者，以后的事你也许能推测到，我无论怎样努力工作，总会因为意想不到的事情受到指责。因为一开始就不在他的那条“线”上，稍有不满意，我就得忍受意想不到的打击，就得在夹缝中忍受一切，直到今天我退休了，我有一级美术师的职称，却只能享受二级美术师的工资待遇。说实话，我是一个吃了亏不知道要嚷嚷的人，一生牢记着母亲的告诫“惹不起，躲得起”，“躲”就是避开“锋头”，于是我请了病假敬而远之。再说，人生苦短，哪里有精力和时间去计较、改变那些根本无法改变的东西呢？还不如把精力全部放到艺术创作上更有价值！

有一点必须重申：我并不想在这里发泄什么，只是想通过亲身经历，告诉读者，我从事艺术创作、甲骨文研究，一路上并不那么顺利，除了要克服学术研究与艺术创新上的艰难险阻，还要应对意料不到的社会压力与人生曲折，我要比同辈同道付出多得多的艰难和辛劳。怎么办？“桥”断了，路还得走。

不过回头一想，事情真有点蹊跷：王懿荣为官清廉，1899年发现甲骨文，第二年就投井自杀；刘鹗接过了研究甲骨的重任，出版了《铁云藏龟》，然而，在此之后，刘鹗却惨遭噩运，以莫须有的罪名被袁世凯秘密拘捕，流放新疆，不久便客死异乡；王国维在甲骨文研究上出版许多专著，成果累累，正将甲骨文的研究推向高峰之时，万万没想到的是也延续了甲骨文大师们的悲惨命运，走上了投湖自杀的不归之路。难道甲骨文所夹带的杀伐之神鬼、阴气还没有消散？我才与甲骨文有所沟通联系，却立即遭到打击报复，走上了一条孤寂而必须默默承受风险的“断桥”之路！

……也许，凡是身临其境的人都会有这样的心理与意念，然我却从这时振作起来，不信邪，亦不怕邪，重新定位在甲骨文这个目标上，有了目标，定会有希望。人生遇到“断桥”并不可怕，也用不着去悲伤。有失必有得，从那以后，我从夹缝里走了出来，由被动变为主动，“两耳不闻窗外事”，关起门来，与甲骨文同在，每年完成40万字的理论创作，至今已出版了50多部专著，其中甲骨文专著就有20多部，另有两部甲骨文专著已经付印即将出版。我始终沉浸在甲骨文学术研究与艺术创作的乐趣之中，50万字的《甲骨文读本》、《甲骨文字典》、《甲骨文字帖》及20万字的《甲骨文书法学》、15万字的《甲骨文篆刻学》皆填补空白，将永远留痕在历史上。

我为甲骨文叫好！“断桥”了三千多年，终于在1899年被衔接了起来。多少甲骨文爱好者可以方便、快捷、顺利地来到彼岸，选择新的起点，继续深入甲骨文的研究之路，令我万分欣慰。然而，时间在流逝，我个人的“断桥”也许这辈子再也无法衔接了，但那也无妨，历史会公允地记录，喜欢读我著作的朋友会明白。数年前，辽宁美术出版社出版了我的《甲骨文字辨异》一书，我把此“断桥”一文作为拙著后记，相信全国有此书的读者都能看到。

现今，修订出版《甲骨文字辨异》在即，不得不承认，甲骨文的有些问题我们还不能一下子认识清楚，所以要认真地去辨异。对我来说，“桥”断了，但“衔接”没有停止，这是我一生要做的事，《甲骨文字辨异》的出版是我认识“断桥”的开始和继续，我将一直沿着“造桥铺路”、与人为善的这条道路走下去。

想当“桥”多好！

王本兴丙申仲夏识于南京凤凰西街59号四喜堂

仓颉所造 28 字与甲骨文有关吗？

我已出版 60 多部专著了，在出版过程中，我和全国各地很多出版社工作人员一直保持联系。有一次我去北京，在位于北京柳荫街的陕西省商洛市人民政府驻北京联络处歇脚，想不到联络处周赞军主任热情好客，真诚朴实，没有一点架子。他喜欢传统文化与书画艺术，喜欢收藏民间旧物，打算将来退休后在家乡建立一个小小的民俗博物馆，我为他题写了馆名，并题写了几件与之相关的书法作品。礼尚往来，他赠送给我商洛古贤仓颉所造 28 字的刻石拓片，这使我大吃一惊，早先粗略知道一些仓颉其人其事，实不知他在商洛有此名迹，有了仓颉造字拓片，我自然视若珍宝，仔细观察赏读，若有所思，若有所获，我思考的问题是：仓颉所造 28 字与甲骨文有关吗？

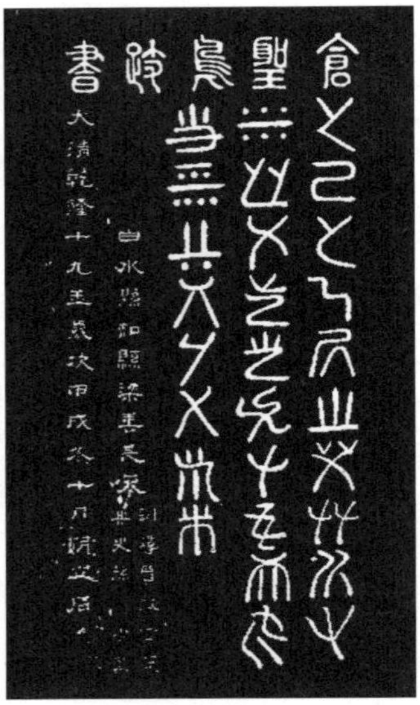

仓颉所造 28 字拓片之一

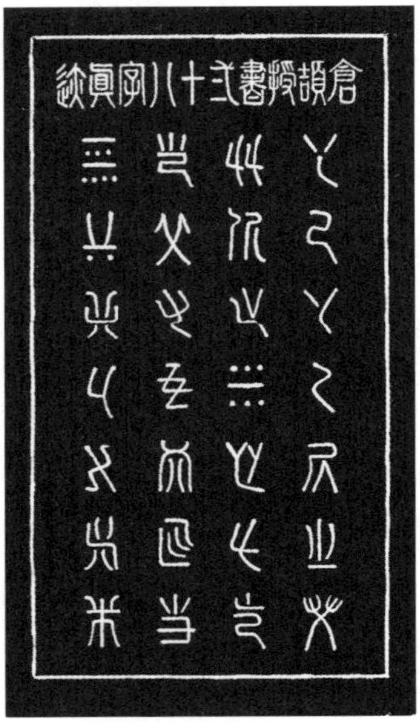

仓颉所造 28 字拓片之二

相传，仓颉为黄帝之史官，面长四目，天生睿智，今洛水之滨，阳虚山、元扈山、黑潭子镇均有仓颉造字遗址。这些地方均属商洛地区，商南、洛南、鹿城、上洛、鹤城等又均为商洛别称，距洛南县城西北 22 公里，有座元扈山，山势巍峨秀丽。仓颉造字发生在五帝时代，距今已有 4000 余年。相传一日，仓颉随黄帝南巡，登临阳虚山，来到元扈山下洛水之滨，见洛水深处有一灵龟背负天书，丹甲青文。于是仓颉仰观天象，俯察龟文，取象兽蹄鸟迹、山川，指掌而造 28 字，书成之后，就把它们刻在元扈山的悬崖峭壁上。后不幸原字被火烧毁，已无从辨认。清代道光年间，洛南知县王森文从民间征得拓印真本，摹勒于石，建碑竖于阳虚山下黑潭街，其碑高 1.6 米，宽 0.65 米，正面题“龟凤呈瑞”，下大书“仓颉授书处”，背面额题“阳虚鸟迹”，下书 28 字，碑文流传至今。洛南人民为了纪念文字始祖仓颉，在清光绪五年（1879 年）于县城东南隅修建了仓圣祠。祠内有正殿、享殿和前殿，一院四进，雕梁画栋，五脊六兽、庄严肃穆。正殿奉祀“仓圣之神位”朱底金字神牌。院内有自黑潭街移回的“仓颉授书处”原碑，并于祠左侧建有碑楼，右侧配设“敬惜字纸，功德无量”的醮炉，两旁对称耸立，蔚为壮观。如今的仓圣祠仍保持原貌，成为游客朝拜仓圣的绝好去处。

仓颉造 28 字 刻石一

元扈山，今名双连山，地傍洛水南岸，北和阳虚山相对，山势巍峨秀丽。《黄帝录》载：“黄帝坐于元扈之阁，与大司马容光，左右辅周昌、史官仓颉等百二十人临之，凤衔图至帝前，黄玉为匣，署曰：‘黄帝诏司命集帝行录’”。元扈山石壁上，原刻仓颉手书兽蹄鸟迹 28 字，传说秦国丞相李斯，只认得 8 字，即“上帝垂命，皇辟迭王”，其余 20 字不识。洛南县城西北有一个近千人口的村子，过去曾是一个重要集镇叫黑潭子镇。如今在周围仍有一定名声，这个村子就是仓颉造字后洗笔的地方，有黑潭遗址。据《洛南县志》记载：“仓颉造书于此，前有黑潭，亦因造书得名，如王右军之墨池也。”实际上，仓颉生处及墓葬地传载尤多，有河南开封、商丘、虞城、南乐、阳武、洛宁、新郑、鲁山及山东寿光、东阿，陕西西安、商洛、白水，山西临汾等，其中南乐仓颉庙、白水仓颉庙，规模宏大，古树参天，高殿厚墙，格局完整，历史悠久，故商洛地区的仓颉遗迹似乎可信一些。

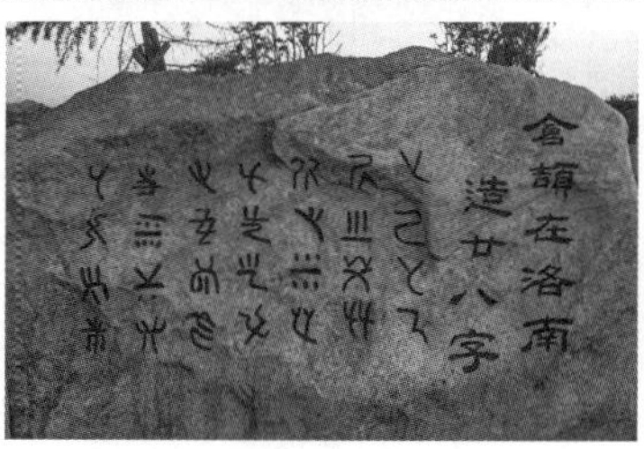

仓颉造 28 字 刻石二

据《淳化阁古法帖》五卷释文所注 28 字是：“戊

己甲乙居首共友所止列世式气光明左互从家受赤水尊戈干爷芾”。又据《陕西金石志》第 27 字释为“斧”。下面就此 28 字据诸多史学家的解释，其识读、释义札记如下，并与拙著《甲骨文读本》之甲骨文字逐一比较、对照，看看有何区别与不同：

1. 戊：会意字，天地之中，四方交汇点，第五，引申为天地总和。甲骨文有“戊”字，像长柄斧戊武器形，引申为天干第五。形义与之不同。

2. 己：象形字，绳头，本义为丝的头绪，借作已。甲骨文有“已”字，像编箭杆上丝绳之形，借作已。形义与之基本相近类同。

3. 甲：象形，战士的护身甲衣，引申为草木种子裂开硬壳，发出芽头。甲骨文有“甲”字，像士兵护甲之迹，借作天干第一。与之义同形不同。

4. 乙：象形，战士用以绑甲的藤条，当时战争的必备品之一，引申为次一等、第二位，弯曲（冤屈）。甲骨文有“乙”字，像河道水流之形，借作天干第二。与之形近。

仓颉文字与甲骨文字对照表

5. 居：象形，山崖下避风雨的草棚，引申为住处、房子。甲骨文有“居”字，会意妇人产后休居意。此结体与古篆书同，与甲骨文形近。

6. 首：象形，头发头皮，引申为部落首领。甲骨文有“首”字，像人首侧视形。形义与之不同。

7. 共：像祭坛木架与祭盘祭品，本义向神灵敬献，引申为公用。甲骨文有“共”字，像双手捧器物供奉之形。

形义与之不同。

8. 友：会意字，两人右向，喻并肩抗敌之意。甲骨文有“友”字，左向，像两手并列，共同做事为友。形义与之类近。

9. 所：如“居”字变形，即在草棚上带一标志，指首领住所。甲骨文无“所”字，金文有“所”。形与之不同。

10. 止：象形，脚趾头，广意指脚，引申为停止休息。甲骨文有“止”字，像脚之轮廓，喻停止。形与之不同。

11. 列：象形，划地为界，互不侵犯，“列”通“裂”。甲骨文有“列”字，像残骨形。形义与之不同。

12. 世：象形，老枝上生新枝，产生新一代人，古一代约30年。甲骨文有“世”字，上像竹木之形，从“止”，形声指事字，像叶世代更迭。形义与之不同。

13. 式：象形，舞蹈的模样。引申为法度规矩。甲骨文无“式”字。

14. 气：象形，下部是自己的“己”，上部是云气蒸腾的样子，本义为云、气、雾。甲骨文有“气”字，像云气上升蒸腾。形与之不同。

15. 光：象形，下部是自己的“己”，上部是太阳光照耀的光线，本义为阳光。甲骨文有光字，像头顶火光，火在人上，喻有光明之意。形义与之不同。

16. 明：象形，两只鸡在一起，拂晓一只雄鸡引吭鸣叫，引申为有光线，天亮了。甲骨文有“明”字，像日月之形，左从日者亦像窗，皆表示光明。形义与之不同。

17. 左：会意，一只手的形象，本义为从旁帮助。引申为助手、帮手。甲骨文有“左”字，像左手形。形与之类近。

18. 互：象形，两条蛇缠绕在一起，本义为交配，引申结合、相互，交替。甲骨文无。

19. 从：象形，上为头领，下为妻儿之形，本义为随从，依顺。甲骨文有“从”字，像二人相向而从。形义与之不同。

20. 家：会意字，本义指室内有人，引申为有夫妇的房子。甲骨文有“家”字，像猪居于栅屋，有猪即为家。形义与之不同。

21. 受：象形，下为飞鸟，上是一个箭头。本义为击中，引申为受到、承受。甲骨文有“受”字，中间从舟或从盘，接受器物之意，形义与之不同。

22. 赤：会意字，一堆纵横交错的乱柴（燃烧）。本义为大火，引申为火的颜色（红）。甲骨文有“赤”字，像人在火上，映红人面之意。形义与之不同。

23. 水：象形，中间是水脉，两旁是流波。本义为流水，引申为平等、标准。甲骨文有“水”字，像河道水流之形，形与之不同。

24. 尊：象形，“尊”通“樽”，即酒器、酒杯。引申为敬重、臣服。甲骨文有“尊”字，像双手捧酒器，敬酒以示尊。形与之不同。

25. 戈：象形，带分叉的长柄兵器，泛指兵器。甲骨文有“戈”字，像戟一类的长柄武器。形与之大致相近。

26. 干：象形，像弓箭一类的猎具，后用于防御之器。本义为盾牌。甲骨文有“干”字，像叉子一类猎具，形与之不同。

27. 爷：下像一坐凳，本义为长者、先辈、神灵。斧，斫木，兵器也，此字结体与甲骨文“考”（通“老”）字形近，应释为“老”。甲骨文有“斧”字，像手持斧形。但无“爷”字。甲骨文“老”字，像长发妇人，柱杖形，属象形字。形与之不同。

28. 芾：象形，本义为大树．引申为绿色的原野、绿色的叶子。甲骨文无，金文有“芾”字，但无“斧”字。甲骨文“老”字，像头发妇人，柱杖形，属象形字。形与之类近。

经过上述比较对照，可知仓颉所造28字，与甲骨文字个别字有类近，亦偶属巧合，大都形义不同，故仓颉28文字还不能说是成熟的文字，就如同出土距今四五千年的陶器上的陶文一样，是一种刻画符号。有些史料对仓颉过于神化，不一定可信，但种种迹象表明，仓颉确有其人，并可以肯定，虽不一定靠个人的能力能造出文字来，但他对文字的归纳、整理、发展是作出过杰出贡献的人。随着1899年甲骨文的发现，破除了历史上无数的猜测与神话，一致公认甲骨文字是汉字最早的成系统的音形义齐备的文字。

在发现甲骨文之前的数千年里，仓颉的出现是一个奇迹，仓颉造字的故事，表明黄帝时代是远古先民从蒙昧走向文明的开端。

（备注：此文刊载于《书法导报》）

人活着应多做些具体的事

世上有三类人：其一，少年时读书，成年后结婚生子，老年时带孙、种花养草，从生到死是一条起伏不大的波浪线，这类人占绝大多数，他们是构成社会的主要元素。其二，做了惊天动地大事的人，他们做了超乎寻常、推动人类社会发展的事情，他们永远被历史、被社会铭记，他们虽然去世了，但还活在人们心里，这类人属少数。其三，做了极端伤天害理、极端违背人性之事的人，罪大恶极，是史无前例的败类、反面教材，亦永远被历史、被社会记取，这类人亦属少数。

做默默无闻的普通人、做名垂青史的名人、或做遗臭万年的坏人，起决定作用的是两个因素：现实社会性与主观能动性，就看你把脚往哪条路上走。这个问题太深奥了，不是本文想研究探讨的话题。在研究甲骨文的道路上我有一个深切的体会，那就是：人活着应多做些具体的事。

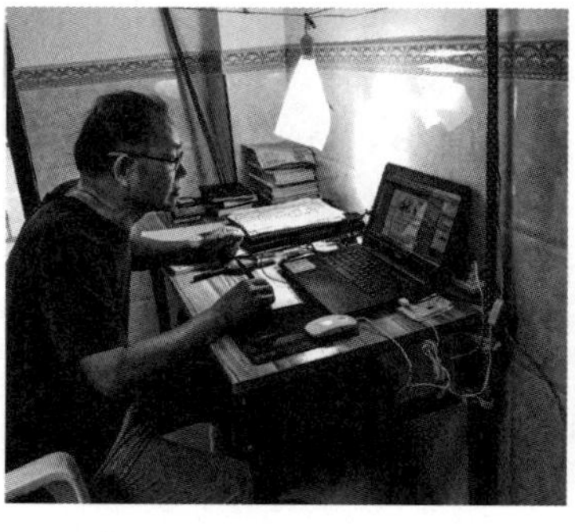

王本兴在奋力工作

唐朝诗人杜荀鹤有诗句：“举世尽从愁里老，谁人肯向死前闲。”此意谓：人们大都在忧愁中老去，可是有谁肯在有生之年去闲一会儿、去浪费一点生命与时间呢？这话讲得太好了，多么深入浅出，多么动人心魄，他道出了人生哲理，也是本文的宗旨。其实我亦早就感悟到这一点，只是没有凝结成诗，而是把它归结成一句话，那就是：人活着应多做些具体的事。

之前，我写过一散文“有钱人要做些有益的事”，主要是说从古至今，有不计其数的有钱人，“人一走茶就凉”，没有人会记住何代、何年、何时、何人是有钱的人。但倘若他用钱做了具体有益的事就不同了，社会与历史都会记得这些事，由这些事再缅怀追溯到其人。陈嘉庚成就了集美这座城，堪为有钱人的楷模，还做了无数有益于中华民族的具体事，让后人永远怀念。中国书画家美术教育家吕凤子拿出有限的钱创办正则艺术专科学校……他们与此文“人活着应做些具体的事”宗旨相同，一件事两个方面而已。

那么，什么叫“具体”？这么简单的问题，谁都心知肚明，但若应用到人生中去，就不那么简单了。中国历代有408个皇帝，人们记住了谁？很多人说秦始皇与隋炀帝，因为他们分别主持修建了万里长城与京杭大运河，做了具体事儿。王羲之创作“兰亭序”，颜真卿创作“祭侄稿”，蔡伦发明了造纸术，吴承恩笔下诞生了一个孙悟空，王懿荣发现认识了甲骨文……具体的事无论大小，只要是有意义的，人们都会记住。我最瞧不起的就是：开一个会，具体的事一件都没有，吹吹说说就完了，等于白开了；一个领导在任期几年内，具体事一件没做，等于白干了；一个人，一生吃吃喝喝，具体正经事一件没做，等于白活了！人们常常感叹：哎，我的一生碌碌无为，就是哀叹自己一生没有做具体的正经事。南唐后主李煜，政治上是失败的亡国之君，却留下了《虞美人》《浪淘沙》《乌夜啼》等不朽的篇章，被称为“千古词帝”，不就是因为他做了文学创作这件具体的事情吗？

数年前我接受了开膛剖肚的大手术，医生切除了我胃部的肿瘤，我深感生命的短暂与脆弱，写好了遗嘱，作好了最后准备，唯一遗憾的是自己手上有七八个重大课题未能著述完成。书友赵先生安慰我：“本兴，乐观些，别有负担，放下心来，像没有发生过任何事一样走下去。出院后，我带你上50多层楼的顶层，往下看，那汽车就像一个甲壳虫一样大，那人就像一只蚂蚁，这个世界丢了一个甲壳虫、死了一只蚂蚁，有谁知道？无所谓！伟大的、平凡的、成功的、失败的，无论谁，都是走这样的程序。”无疑，赵先生的话是真理，讲得极对。人一天除了吃睡，就是为了挣钱、为了生存而工作，此外，就是看电视、打牌、娱乐，游戏于人间，这样日复一日，年复一年，从花开到花落，从少年到中年、老年直至消亡，正是这类人占绝大多数，正是这类人构成了社会主要元素。

可是，我是个有想法的人，我想从这条“直线”上走出来，在人生旅途的某一处闪一下光、掀一下浪、留一下痕迹！我太注重“具体”了，我多想做一件有意义、有价值、能留给后人一点什么的“具体”事儿啊！我一直牢记着“举世尽从愁里老，谁人肯向死前闲”警世恒言，竭力主张人活着时应多做一两件具体的事，不企求多，哪怕一件也满足了，不管是哪方面的事，只要是别人没有做过的，对后人有益的都可以。“有志者事竟成”，有志者必然会对此作出选择，我毅然选择了“甲骨文”！

20世纪80年代，我借了10万元，在南京长乐路口开办“奔欣艺术装潢公司”，一年内产值达170万，生意极为红火。我却出人意料地急流勇退，把一个正在壮大、正在挣钱的企业，把一条走向发财、富裕的路子，拱手相让，交给了副手，“关门”大吉，自己“洗手”不干了，这样做家人不理解，朋友弄不懂。我对他们说了一句话：“人活着需要钱，所以我开办装潢公司，我不是为钱活着，所以我‘金盆洗手’不干了。”实际上，不就是为了去做心中更有价值的“具体”事吗！有些选择很艰难、很痛苦，但一定要选择，一定要睿智对待，才能走向“具体”的目标。

后来我在江苏省文联书法家协会工作，这是“好饭碗”，但不是“好具体”，越是在路口越是要眼明心亮，我又做了一个别人从未有过的选择，私下给自己订立了“三不三要”规定，“三不”是：

一、不利用职务之便出售任何书法篆刻作品；

二、不利用职务之便报送自己的书法篆刻作品参展、参赛，或编印进画册；

三、不利用职务之便在电视媒体、报刊上宣扬炒作自己的书法篆刻作品。

“三要”是：

一、要真心实意地为全省书协会员服务，做他们的“孺子牛”；

二、要真心实意地为全省德高望重的老会员歌功立传，做他们的“小学生”；

三、要真心实意地为全省每一次书法活动做好一切后勤工作，并为全省要求入会的书法篆刻爱好者服务，做他们的“一座桥”。

说到做到，回顾那时期的我，事事、处处都在“三不三要”的范畴内。不管别人怎样，我一定要这样踏踏实实做人、具体做事，一天除了吃睡及必要的活动，不打牌、不玩微信、不看电视、不娱乐、不看无关紧要的书、不收学生、不炒作自己的书法与艺术作品，甚至书画展开幕式的邀请及一般性的所谓“艺术大展”都拒绝参加，把有限的精力（几乎是所有的精力）倾注在最具体的事情上，以致到今日为止，终于正式出版有关甲骨文、书法、篆刻的专题著述60多部，天若假年，我将努力达到70多部的目标。欧阳修都感叹过：“著述须老后，积勤宜少时”！这话仿佛是对我说的，假定我这70部著作中，有一两部能达到“经典”而传世的层面，那么我也算得上这一生做了一两件“具体”的事儿了。

意想不到的是，在我书法、篆刻60多部著作中，甲骨文专著有20多部。甲骨文专著中，《甲骨文字典》《金文字典》《甲骨文读本》《甲骨文字帖》《甲骨文书法学》《甲骨文篆刻学》等是填补空白的力作，一版再版，畅销国内外，长期保持红火，连美国、加拿大、日本等国都有人打电话，或来函向我咨询甲骨文的事儿，这巨大的影响让我实实在在感觉到做“具体事”的魅力与意义。

对自己要有正确的判断，不要看高自己，也无需妄自菲薄，做一个平凡的人，做一些平凡的事。人总是不成熟的，不想一步一个台阶、一步步走下去，图一步登天，常说战胜命运之类的话，现实却很难改变，希望不必为太多事情而操心，但人就是操心的命。在人生的旅途中，走走停停，有争斗有驿站，有欢娱有悲楚。人的一生又是短暂的，只是有的人格外珍惜，有的人并不懂得，只是紧紧地抱住了钱财不放，想一辈子享着、守着，看着、带着，在那个拐点上，压根儿想不到去做“具体的事”，当然，这并没有错，正因为这没有对和错，才构成了社会的主要元素，我心里特别清楚这一点。

有的人可以靠近一个大人物借以成名，虽然是捷径，但不是大多数人的方式，有的人靠实实在在的努力在普通民众中树立影响，那是靠自己的实力与人品。还有些人抓住了偶然的机遇，成了名人，并以名发了大财，特别趾高气扬，不可一世。但很多时候不敢面对自己，不愿承认现实中的自己。人也只是一个匆匆过客，“过客”一词非常贴切，前面已说及，人带不走任何东西，只是暂时拥有，能留下些什么呢？太多的事实证明，过客的虚名是暂时的，一时的，不会闪光，不会太长久，只有超乎寻常的具体而有意义的事，才被历史记取，才被经典传承，才不至于回望人生禾田时，除了满目荒草而颗粒无收。

“客路青山下，行舟绿水前”，路上“过客”，也许人人就是一次路过。做不了自己的主人，大都就只能是“客”的角色。知道自己不能做什么最重要，看起来遗憾，实际上是幸运，做真实的自己，有真实的思想最重要，然后才有基础思考，如何去做好“具体的事”。

理解了这些，所以我发出了“人活着应做些具体的事”的感叹，虽然是一个很简单的问题，但你倘若能以此去观察世界、衡量别人、要求自己，那么可以断定，你一定会很理智、很聪慧，定会很有收获与成就。

亲爱的朋友，亲爱的读者，不哗众取宠，不图虚荣，不谋私利，从现在开始，只要去做，永不嫌迟。从现在开始，着手去做一些具体的事，多做一些具体的事，永不嫌迟，并不是为了青史留名，而是为了填补空白，助力他人学习成长。所以我经常和关心我的朋友说："我在和时间赛跑"。

“我这一辈子只玩了一块石头”

我的朋友季磊25岁从学校毕业，参加工作，被安排在宜兴市一个企业的宣传部门工作。起初他在单位打打杂，做些帮办辅助工作，后来领导得知他擅长书画篆刻，而且还喜欢写写甲骨文，知道他肚子里有点“货”，便交托给他一项任务：在单位院子中间的花坛内，摆一块有点品位的石碑，石碑上要刻政治领袖或享誉全球的名人名言。

季磊自然很高兴，和自己的爱好吻合，能发挥一技之长，何乐而不为呢？为了便于开展工作，他的人事关系也就随之转至办公室，由办公室主任直接领导。制作一块几十吨重的大石碑，需要投入一笔资金，作为一个企业单位，这已是一个不小的工程项目，所以从上至下都很重视。于是他每天上班就是做一些听取领导意见、征求群众建议、设计花坛背景、初定石碑大小等基础性的准备工作，打算第二年把花坛内的树木、花草种植起来，这样整个大院就有了生机。可是，不久大家发现种植的某些花和树没有活下来，而且有人提出某些植物“不吉利”，不宜种植在门口。第三年才最后决定种植的品种与数量。

树木、花草问题解决了，石碑的大小、形状、材质等可是一个大问题，画了很多次模拟图，始终没有定下来。不久办公室主任工作调整，换了新主任，和领导多次协商，才定下石碑形制。从外出采办到真正运输回来，又经历了一年多时间。

王本兴在宜兴美术馆听取道友讲述“一块石头”的故事

此时季磊已经结婚成家，他依然没有放弃这项工作，无论如何，他都要把这项工作完成、办好。既然有了一块巨大石碑，接下来就要赶快决定内容，有了内容才能上石凿刻。此时单位的一把手又更换了，来了一位新书记，他认为刻制政治领袖的语录，把握不住时局的风云变幻，容易碰触到“红线”，还是刻名言名诗为好，可以先将石碑安置摆放到位，给花坛一个完整的气势和形象。季磊非常慎重、严谨，用半年多时间搜集、整理了有主题性、有意向性的名言名诗。领导很忙碌，开会、学习、外出，一年后才最终把内容定下来，正要开始准备上石凿刻时，单位领导又换了，来了一位新书记。

季磊有了一点社会经验，在不知新书记是什么“胃口”的情况下，不能急于刻凿，等领导稳定下来，点头同意后再施工也不迟。果然不出所料，新书记认为名言名诗过于老套，不如选一个适合时势、鼓舞人心的口号为宜，文字不能太多，醒目就好。这样翻来覆去一折腾，季磊已近知命之年。又过了一年，领导才有空来考虑此事，决定刻“万马奔腾”一词。让人们一进门就能感受到奋发进取的精神与气魄。当然，这四个大字应请省城著名书法家书写。

于是，季磊打听名家住处，了解润笔费“潜规则”，不断往来于宜兴与省城南京之间。当听说名家题写每字至少要税后一万元时，领导又犹豫了好几个月。没法讨价还价，最后还是写了四个字，不过书家变通了一下，另外加写了一个书法条幅作补偿，给书记私人收藏。费了一番功夫总算顺利解决。季磊最初以为三年内能办妥此事，拖一拖大不了五年总能解决问题了吧，谁知天有不测风云，二十多年过去了，石碑竟然还是光溜溜的石碑。他希望这一次“万马奔腾”能马到成功！幸亏石碑已矗立在花坛中间，虽然上面没有刻字，但一进大门，能给人一个整体感，初见此景象者还以为故意不刻字，保持原汁原味的自然风貌呢！

季磊把施工刻凿人员落实安排好后，就督促施工，文字面积较大，为了保障字口与线条的苍劲古朴，放弃用电动设备刻凿的方法，坚持手工操作。几天后终于刻完了第一字“万”。天公不赐美，接连下了几天雨，而凿字艺人因家里有事，工程被迫停了下来。季磊正在焦虑之时，突然接到办公室通知：工程停下来，过一段时间再说。原来，单位领导又要大变动。

新来的领导安稳下来后，才关注到此石，觉得石碑上刻“万马奔腾”四字不适合，马一直在奔腾，没有休息时间，不是显得太累太紧张了吗？寓意似乎不合适，再说万马奔腾也没指明方向与目标，最后通过奔腾与努力要达到一种什么样的景象与状况呢？他很民主，叫大家讨论一下，如何更好。因为石碑上已经刻好一字，再改动就会破坏石碑美观，最后，有人提出刻“万象更新”，这样第一字可以不动，内容就换上了新气象，单位的前途与气象与全国的气象连成一片，还表达了“一年更比一年好”的寓意，而且适合太平盛世、蒸蒸日上的形势。这个建议很好，领导拍板决定后，季磊必须去找那位书法家重写下面三个大字，谁知今非昔比，书家润笔费行情看涨，每字要三万元。不过领导很慷慨，只要事情办好，花钱无所谓。又经过这么一反一复地折腾，石碑终于完成了，这一年，刚好是季磊退休的年份。

石碑刻成了，自此它一直矗立在花坛中间。人无前后眼，说什么也没有想到，他的名字、他的大好年华都与“石”较上了劲！单位退休的职工很多，带带孩子、养养花草、打打麻将或跳跳广场舞，是他们退休后的日课，当有人问：“这辈子快到尽头了，你做了些什么？”他们居然都面面相觑、语塞喉门、无言以对。以往的日子，天天上班、月月拿薪，还做了什么呢？当然，谁也讲不出什么，即便讲出一些，亦看不见、摸不着。而季磊却不是这样，那花坛中巨大的石碑，看得见、摸得着。他不仅自己多次深情地抚摸这块石碑，曾经带着儿子抚摸过这块石碑，不久，他又带着小孙子来抚摸这块石碑，他深有感触地对别人说、亦对我说：“我这一辈子只玩了一块石头”，末了，又说：“只是耽误了学习甲骨文”。那神情，不知是惋惜还是自豪。我想，应当是自豪，这毕竟是看得见摸得着的成果。我回复他：“不，你没有放弃学习甲骨文，正是‘甲骨精神’一直在支持着你。”

最后，笔者慎重申明：此乃真人真事，为了某方面的考虑，故没有用真名实姓，恭请读者海涵。

《牛继光甲骨文艺术》序

49 岁的书法家牛继光突发心脏病，于 2009 年 3 月 6 日在山东淄博去世。噩耗传来，我非常震惊与痛心。然而，失去丈夫、失去慈父的妻子、女儿，擦干眼泪，重新振作起来，没有让牛继光的书法事业戛然中断，她们克服了人们难以想象、难以预料的重重困难，成功地举办了“牛继光书法展”，出版了《牛继光甲骨文艺术》一书，使牛继光生前酷爱的书法艺术，闪烁出异常灿烂夺目的光芒，这是艺术界、书法界可歌可泣的一个奇迹。

牛继光 1978 年参军入伍，1994 年转业后在山东省淄博市地方税务局工作，他出生于书圣王羲之的故乡山东临沂。儒家先贤对他的影响极深，他从小就喜爱书法艺术。从临摹二王、颜柳、米蔡的书法作品入手，从学校到军队再到地方，未曾搁下书写之笔，每日挤出时间临摹研习。20 世纪 90 年代后专攻篆书，凡殷商周甲，三代吉金，不离案几。尤其是对甲骨文艺术，更是潜心有加，每晚坚持钻研到十一二点，有时甚至过了午夜还在临摹甲骨拓片。我与牛继光素昧平生，只是因缘翰墨，才鸿雁往来，相互切磋。河南安阳、山东烟台分别举办华夏情甲骨文书法艺术大展时，才得以相识。虽为初次见面，但因共同的爱好，一见如故，根本没有任何“距离”。牛继光为人正直、谦虚豁达、勤奋好学，既有军人气质，又有文人胸怀。我非常赞赏、支持他用罗振玉的甲骨文书法笔意，来创作书写甲骨文书法作品。因而他的作品定位高、起点高，特别端庄大方、韵味悠远、典雅隽永。并且他接受了我提出的建议“要增加卜辞原拓的古拙，融入金文大篆的浑朴感，与罗振玉的格调拉开距离，把作品写得愈加刚健挺拔、遒劲峻逸”。甲骨文书法很讲

《牛继光甲骨文书法作品集》

2007 年 11 月 6 日至 9 日，“甲骨学暨书法艺术国际研讨会”在山东烟台举办

究放与收、散与敛、松与紧、舒与展、动与静、大与小、粗与细、轻与重的对比平衡关系，从中折射出音乐般的韵律与节奏，牛继光正是这样努力去做了。他善于以纵取势，简婉率真，令作品字字珠玑，凝练肃穆，充满着金石气与书卷气。不仅如此，他还喜欢收藏，对陶瓷、奇石、根雕有所涉猎，多方位、多角度地从中借鉴与吸收，提升自己的艺术水准。可谓“印外求印、书外求书”。经过不懈的努力与积累，他的书法遂有了自己的语言和风貌，有了自己的格调与特色。众所周知，千篇一律、毫无变化的书法作品是不会打动任何人的，牛继光深知此理，故他一直在艺术审美的道路上不断探求，不断进取。在《牛继光书法作品集》中，无论是条幅、横披、斗方还是语句隽永的楹联书法作品，其行款、结体都十分严谨，总体风格和谐统一，既保留了传统的特色，又融入了新意，能看到他创新的痕迹，以及他理性的、智慧的光芒。我把甲骨文字根据结体、线条的特点曾分成八类，牛继光的甲骨文书法具有小篆的遒劲、玉箸的圆转、金文的浑朴，属八类书体中挺拔修长一类风格，与董作宾断代分期的第一期、第五期中严整工稳一路卜辞气息相通（见图）。他在书写创作时心气平静，起笔藏锋、中锋运行，提按有度，使线条含而不露，五色参差，停匀精到，他的作品让人眼前一亮。现在仅就牛继光留下的作品而论，我们已经看到了他书法艺术蕴含古典的、民族的、传统的风韵与美感，足以证明他已经是一位才华横溢的书法家了。

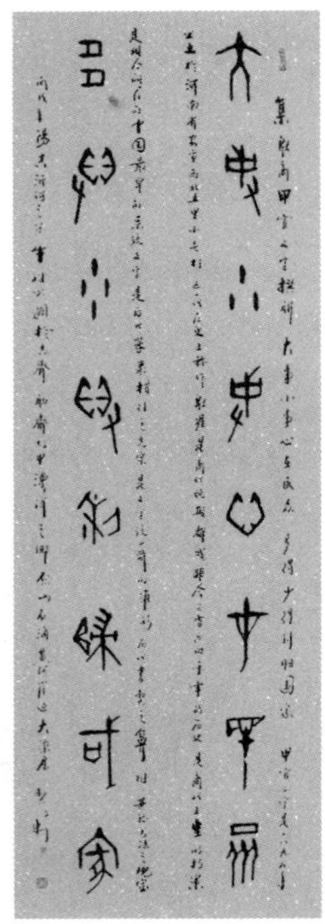

大事小事心在民众
多得少得利归国家
牛继光甲骨文书法

在牛继光去世前两个月，他还来电欣约，拟到南京我的书法工作室做客，我表示出极大的欢迎与期待。孰料天不假年，他默默地离开了我们、离开了多彩的书法艺术世界。日前，其妻女电乞余笔，因为之序，然非徒序其书，亦兼序数年相识切磋之谊，庶可告慰于牛继光匆匆离去之天上之灵云。

王本兴己丑初夏识于南京凤凰西街59号二类轩

“一只茶杯的故事”
——《牛继光甲骨文艺术》序后记

2006年5月，河南安阳举办“第一届华夏情甲骨文书法篆刻大展”，我接到了组委会邀请函，邀请我出席开幕式及研讨会。临行前，山东淄博有一位名叫牛继光的甲骨文书法家打电话给我，说自己购买了多部我的甲骨文著作，这些著作引领他进入了甲骨文书法艺术世界，如果我出席安阳的大展开幕式，他也想事先请好假，安排好工作，前往安阳，借此机会与我见面结识，当面求教云云。说实话，类似这样的电话我接到过好几次，所以也没有放在心上。谁知没过几天，我收到了一张他寄来的六寸照片，让我看一看，先有个印象，见面时就不会陌生了，他考虑得挺周全。

就这样，我们在安阳第一次见面，三天会期，他一直跟随着我，逛书店时，我只要说这本书不错，他就即刻买下，我只要说这块甲骨片仿刻得不错，他就即刻买下。谈及甲骨文方面的问题，他就即刻记下。他中等个儿，四方脸，憨厚豪爽，成熟干练，谦虚好学。他还带来了自己创作的几件甲骨文书法作品，写得拙朴凝重，气韵生动，很有笔力，我当即指导他在用笔起收，结体布白，落款审美的技巧把握诸方要注意的问题。临别时双方印象极深，相见恨晚，自此鸿雁往复，电话来去，从未断过联系。

王本兴在山东烟台王懿荣纪念馆留影

2007年11月6日至9日，“甲骨学暨书法艺术国际研讨会”在山东烟台举办。之前，牛继光又像前一次那样电话询问我，是否去烟台参会？山东烟台是王懿荣的故乡，我自然要与会瞻仰。他得知后又如期前往，我们在烟台一起开会，一起讨论，一起参观王懿荣故居。会议第二天，即

2007年11月7日，我忽接到江苏省甲骨文学会徐自学会长的电话，惊悉中国历史学家、文物鉴定家，曾任中国历史博物馆研究员、国家文物鉴定委员会副主任的史树青先生，因心脏衰竭抢救无效，于7日凌晨1点左右在北京逝世。并要我赶往北京，送献花圈，代表江苏省甲骨文学会参加11月15日在北京八宝山革命公墓举行的告别、追悼仪式。这无疑是一个令人十分沉痛的消息！我决定会议结束后赴京。

11月9日当我准备购票之际，牛继光突然告知："车票已买好了。"我大吃一惊："我不返回南京，而是到北京，这车票没用！""到南京还是到北京，淄博是必经之路。买的是今晚到淄博的票，14号你可直达北京，一点不误事。你也要放松一下，这个机会我不放过，老师你也别错过。"

恭敬不如从命，接下来的几天，我在淄博看战国车马坑，看齐晏大墓，看聊斋旧居，看古玩古董。安排得井井有条、丰富多彩。原来他是军人出身，现为淄博市地方税务局一名中层领导，百忙之中这么用心接待我，可见深情厚谊，诚心诚意。

14日上午，他送我到火车站，在月台上等车的时候，他左手拖包、右手提包、肩上挂包，满满当当的没有空余之处。又聊了一会儿，他突然一拍脑袋："啊呀！差点忘了。"我以为真的忘了什么大事，谁知他从小汽车后备厢里，拿出一个包装精致的大礼盒要给我带走，我一口回绝："不能带，不能带，我没法拿呀！"他认真而慎重地说；"王老师，这是两个杯子，一定要带上，它是用纳米技术制成的高科技新产品，能改变水分子，对身体有益。"这几句简洁、稳重而且贴切温暖的话，让我不得不接受。我知道淄博是古齐国的都城，是驰名世界的瓷都之一，杯子是这里的特色之物。可杯子是易碎品，怎么拿呢？他说："外面的包装盒不要了，把杯子拿出来，放在拖包的衣服中间。"

这两个杯子真的好，青花瓷式样，简洁明快，其中一只男用杯是车马坑图案，另一只女用杯是仕女蹴球图案，古朴典雅，一直能保持茶味醇正，自此我天天品茗饮茶，不可一日无此君，煞是喜欢。光阴荏苒，又一年快过去了，2009年的春节快到了，牛继光打电话来，预祝春节快乐，新年安康，并很高兴地说："王老师，过了年，三四月间，春暖花开时，我想到南京来拜访你，好吗？""那当然好！我双手欢迎。来时提前告诉我，我好准备一下。"于是我在我的工作日程上，记下了这个期待，有了这个安排，也有了这个等待。

2009年3月5日是学雷锋纪念日，我外出参加了一天活动，晚上累了，就泡了杯大红袍，品了两下，不敢多喝，怕晚上解手频繁。我把茶杯放在桌子上就睡下了。第二天也就是3月6日早上，我发现地板上有一滩水，奇怪了，地板上无缘无故的哪儿来的水呢？开头还以为是自来水管漏水，但不可能啊，因为检查自来水管是正常的，正当疑惑不解，莫名其妙之时，忽然发现桌子上杯子里的茶水没有了，可是杯子是好好的，没有移动过，也没有被打翻过，没有什么异常现象呀！我随手抓住茶杯把手，往上一提，意想不到的事发生了：整个茶杯底盘竟齐齐斩斩地脱落在桌子上，我只提起了茶杯上半部的杯身，这杯子断裂成了两截！难道是杯子的质量不好？似乎不太可能，难道是冷热反差太大而炸裂了？“冻八九”的日子里没有发生断裂，春暖三月又怎么会呢？这真是我遇到的一件疑惑不解、莫名其妙的怪事！

好在还有一只仕女蹴球图案的女用杯，我像往常一样看书、创作、品茗，这件事也就随着时间的推延，慢慢地淡化了。然而，这样的“淡化”不过是暂时的，惊心动魄的事已经发生了！

10天过后，即3月17日下午，我带着手机、笔记本等物件，到南京图书馆四楼古籍部去看书查资料，忽然接到显示为山东的一个陌生来电，因为在图书馆，不能大声应答，只是压低了声音问：“喂，你是那位？”“请问你是王本兴老师吗？”我回复“是的。”是位女士的声音，对方的话音也不高：“我是牛继光的夫人，叫张孝云，牛继光在10天前突然离世了……”我的心猛然一骤，以为听错了，情不自禁地大声说：“你说的什么话？到底是怎么一回事？！”对方的声音哽咽了，实际上她说得很清楚：牛继光因心肌梗塞突然去世，她和女儿忍着悲痛与打击，办完了丧事。不能让牛继光钟爱的甲骨文事业就此中断，为了实现他的遗愿，母女俩共同努力，积极准备，一定要为他出版甲骨文书法作品集，为他举办甲骨文书法展览，想请我为展览题写展标，为作品集题写书名和序言。……我一口应承，答应数天后就可以通过挂号邮件寄出。

放下手机，听到这个令人难以置信的消息，我的心也乱了分寸，震惊得我不知所措，痛惜的泪水自然而然滴落下来！牛继光才49岁，人值壮年，家庭、工作、事业一切正是担当的时候，可说走就走了。

我已无心思在图书馆继续看书，好似失魂落魄，一路上也不知道自己是如何回到家的，坐在桌子旁，默默无言地端起茶杯喝茶解忧，忽然我的心猛然一惊：10天前，杯子断为两截的事在我面前重现，那不是3月6日吗！难道冥冥之中，牛继光没有忘记，还亏欠了我一个承诺！山东汉子的诚朴与豪爽、守信与坦诚绝不会有始无终，绝不会有办不到的时候！但他已身不由己，万般无奈之下，通过茶杯这个载体，亲自给远方的朋友，作一个回应与交代！想到这里，泪水顿时模糊了我的双眼……呜呼，安息吧，亲爱的朋友！

我是个唯物主义者，不信迷信，但这件事确实是有旁证、有物证的亲身经历，是在我身边发生的。这也许是一种巧合、一个很传奇的巧合，在之后的几年里，我多次把这个传奇故事讲给亲朋好友听、讲给书道同仁听，他们无不感叹："王老师，你别痛惜了，实际上他已预示你来过了，已告知过你来过了，牛继光真是一个好人！"这我信，确实，交友交心，时间不在长短，我与牛继光只交往了 3 个年头，我确信这是缘分，无法替代的缘分！时光易逝，10 年过去了，牛继光妻女每年春节前，都打电话或发短信给我拜年祝福，确实，牛继光他一直活在我的心里。

离撰写《牛继光甲骨文艺术》序已 10 周年了，在牛继光逝世 10 周年之际，谨写下此"一只茶杯的故事"，以志纪念。

2019 年 12 月于金陵

与杨鲁安聊甲骨文的电话记录

2005年3月后的一天晚上，著名甲骨文学者、书法家杨鲁安先生，从内蒙古呼和浩特市打电话给我，我们谈论甲骨文的话题了谈了将近一个小时。从内蒙古拨电话到南京属长途电话，那个年代的电话通信费用完全不像现在，杨鲁安先生在所不惜，他与我从未见过面，但杨鲁安先生并不介意。他只是看到了我出版的几本甲骨文著作，又看到了我在报刊上发表的甲骨文文章，才想通电话畅谈。电话前几分钟相互介绍了近期创作情况，后来切入了书法与甲骨文的话题，由“聊”转入了“议”，再由“议”转入了“评”，内容一下子丰富起来，我不得不随手抓起笔记录了下来，于是，就有了这个“电话记录”。

杨鲁安先生首先强调，甲骨文亟待普及与提高，有些人以为甲骨文就是“甲古文”，有一家专业书画报在报道一次甲骨文书法展览活动时，竟然把甲骨文写成了“甲古文”；《中国书画报》“书法百年”栏目刊文，把罗振玉的甲骨文书法当作金文书法来赏评；《扬子晚报》在报道殷墟出土的20片甲骨在上海拍卖盛况时，把甲骨片的图片上下颠倒了，因而甲骨文的普及工作十分紧迫。

通过书法的形式来普及甲骨文知识，是个好方法。甲骨文书法用毛笔书写出来，雅俗共赏，喜闻乐见，效果好。普及和提高是个系统工程，教育、新闻、出版等单位、部门都要重视和支持。从事甲骨文书法研究与创作的人必须要静下来，要耐得住寂寞，要下得苦功夫，才能学有所得，深入进去。当今书法界有些人东拼西凑，在根本不知其字义、字形的情况下，生搬硬套，写出了许多别字、错字，还到处去发表张扬。

王本兴与杨鲁安先生在一起（2006.10.28）

杨鲁安（1928—2009）

我们应该向老一辈甲骨文学者学习。最令人难忘的是天津的甲骨文大师王襄，他对甲骨文作出了特殊的贡献。杨鲁安非常感慨地回忆自己年轻时，曾跟随王襄先生学习甲骨文，几乎是天天晚上在王襄的指导下，亲手墨拓甲骨文拓片。那是一项十分细致、精微而又艰难的工作，不仅需要百分之百的耐心与毅力，而且需要百分之百的技巧与功夫。它不像扑拓印章边款，兽骨龟甲有所凹凸起伏，而文字特别细小，刀痕特别浅显，一般的宣纸根本无法将其拓下来，那是一种形似连史纸，但比连史纸更白更薄的纸，蒙在甲骨片上，对墨的要求也非常高，要磨得浓淡恰到好处，才能蘸墨扑打。一块龟甲要拓十二三次，墨色才匀称并且显示出光亮来，中途任何一次扑拓都不能出差错，否则将前功尽弃，一个晚上最多只能拓四五片，经过一个多月的努力共拓了1000多片。如叫现在的年轻人去做，恐怕难以静下心来。确实，对此我十分钦佩与赞赏，当今还有谁会此绝活呢！我由衷地感慨地说："这真是一件很不容易的、也是了不起的事！足以令你自豪一辈子的事。"也因为这个，杨鲁安先生从年轻时就学会了拓、学会了甲骨文，认识了这些契刻的刀痕线条。

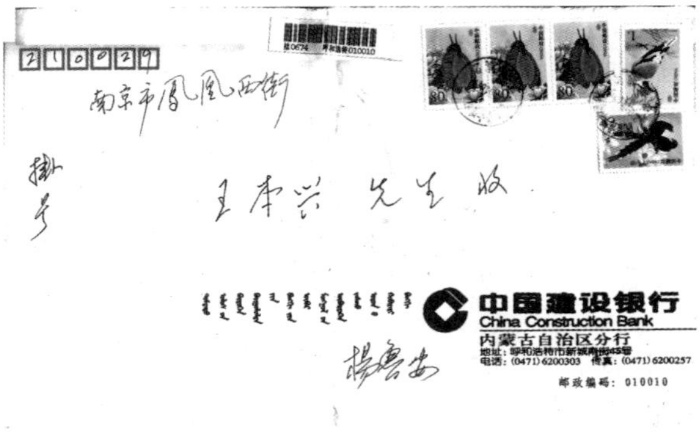

杨鲁安致王本兴的信的信封

有一点我俩看法一致：书写甲骨文书法，千万不能一味追求两头尖中间粗的"柳叶"效果，那样太俗气了。实际上真正的甲骨文契刻线条，两头并不那么尖锐，它们的点画线条是十分刚健拙涩，变化相当丰富，质量是很高的。在谈到我的新书《22家甲骨文书法赏评》时，杨先生认为，近现代真正的甲骨文书法家只有十二三家，其中有一些只是研究甲骨文的学者，他们也偶尔临摹或写写甲骨卜辞，但须知研究和摹写甲骨文是两件事。当然，甲骨文书法作品包括了临摹的作品与创作的作品。就字论字，从赏评中吸取一些别人的经验与教训，是十分有益的，因而，《22家甲骨文书法赏评》作品丰富、内容丰满，求实精神跃然纸上。

当前我们看到的一些甲骨文书法作品，用字规范的作品不会超过一半。除书写不规范，对甲骨文字造字本意不了解，随意变形，随心所欲地借字替代外，有的人还自造甲骨文字，把过去释错的卜文也写到书法作品中去，这是令人不能容忍的。既然是甲骨文书法，就应当用甲骨文书写，尽量少用或不用甲骨文以外的其他篆文，更不宜借用，通假字要有根据与出处，杜绝自造甲骨文字。鉴于这个情况，今后甲骨文书法提倡写短句、短文，不宜写长句、长文、长诗，那样容易产生很多“假借”的甲骨文字，“假借”的如果被人“再假借”，以讹传讹，不免会造成混乱。

当我告知杨老，我的新书《甲骨文拓片精选》今年五月份后将在全国新华书店公开发行。杨老听说后十分高兴，由衷地赞赏此举是“功德无量”（与之前史树青先生的话不谋而合）。电话里杨老的声音特别宏亮，虽然早在20世纪90年代初，我就读过杨老的大作，早闻其名，但至今未见其人，真的不知道杨老的实际年龄，我冒昧地问了一句，他爽朗地笑复：“1928年生的，78啦！昨天刚从北京回内蒙古，后天又要去沧州，身体没病。”我吃惊地说：“听你讲话的声音，哪儿像近80岁的人！健康是福，请多保重。”杨老声言“保重”有三条：一是心静无压力；二是不贪“身外物”（甲骨与瓦当除外）；三是不食烟酒。言犹未了，但只得就此刹住。

我的记录只是“提纲挈领”，主要的精神是这样，不免有点乱，但这些观点与我的观点高度一致，故我很赞同。当然这些记录无法让杨老本人过目校对，若杨老见之，有不到之处，谨请海涵。

文后续记：

一个月后，2005年4月8日杨鲁安先生忽然又寄来一封挂号信，字正句切，肺腑之言，难以忘怀。遗憾的是我疲于公私事务，又忙于创作，未能回信，但还算幸运，第二年即2006年10月28日，杨鲁安先生到南京出席殷墟甲骨YH127坑南京室内发掘70周年国际学术研讨会时，终于与之一见为快，畅叙夙怀，合影留念。人生难料，谁知两年后，2009年4月30日杨鲁安先生在内蒙古呼和浩特去世。而这封信也就成了唯一的纪念。

从甲骨文的演变正确区分篆书“幸”与“年”字

长期以来，篆文“幸”与“年”一直混淆在一起，可谓“理不清，道不明”。

不妨先查阅一下目前比较权威的篆刻字典：《中国篆刻字典》《玺印文综》《汉印分韵合编》等（见图一），不难发现“幸”字条例中有“年”字，而“年”字条例中有“幸”字。此字典中的“幸”字成了彼字典中的“年”字，此字典中的“年”字成了彼字典中的“幸”字，我中有你你中有我，混同在一起，确实不好取舍和识读。虽然这些字典上“幸”“年”皆系分列，但有些“年”字实际上就是“幸”字。如《中国篆刻字典》中的“幸”多数成了《汉印分韵合编》的“年”字。《中国篆刻字典》中的“年”多数成了《汉印分韵合编》的“幸”字。

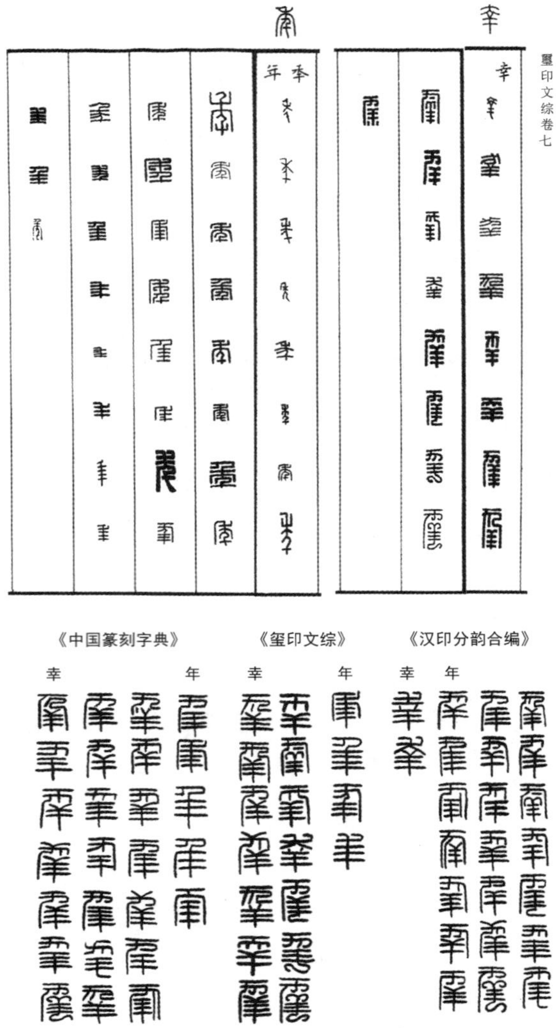

图一　主要篆刻字典的“幸”“年”字例

人们篆刻制印所使用的工具书尚且如此，那么历来篆刻印谱上带有“幸”“年”的印章注释文字，也必然各行其是，“幸”“年”不分了。如图二所示，系古代汉印带有“幸”“年”字的印例，印下的注文皆是原印谱所释，如果按照篆刻字典来辨识，那么图例中的“大年”“延年”“燕年”，亦可释为“大幸”“延幸”“燕幸”。而“日幸”“长幸”“大幸”等汉印，同样亦可释为“日年”“长年”“大年”。

我们顺着这些篆书结体可以往前追溯，看看甲骨文、金文是怎么写的，然后再来看这些篆书的结体。

甲骨文的“幸”与“年”，字形结体区别较大，很容易区分，它们的字义出处亦各有所源，各不相同。金文的“幸”与“年”，由甲骨文演变而来，字形结体区别亦较大，亦很容易区别，没有这些似是而非的烦恼。由图三可知，甲骨文“幸”字像刑具手梏之形，使用时将人之两腕枷入中间圆腹部分，用绳索缚其两端，即为甲骨文“幸”字之原始取象，并引申为执之意。甲骨文“年”字，从禾从人，会年谷丰熟，像人负禾之形。

《说文》谓：“年，谷熟也，从禾，千声。”从“千”显然乃后人之讹。有一些字确系将错就错，长期以来“季”一直作为“年”的异体字，沿用至今。现代汉字“幸”有幸运、幸亏、庆幸、希冀等义。“年”是历法计量时间单位，有每年、岁数、年成等义。“幸”与“年”两字字形上有明显的区别，毫无通用之处，其意

图二　带有“幸”“年”的汉印

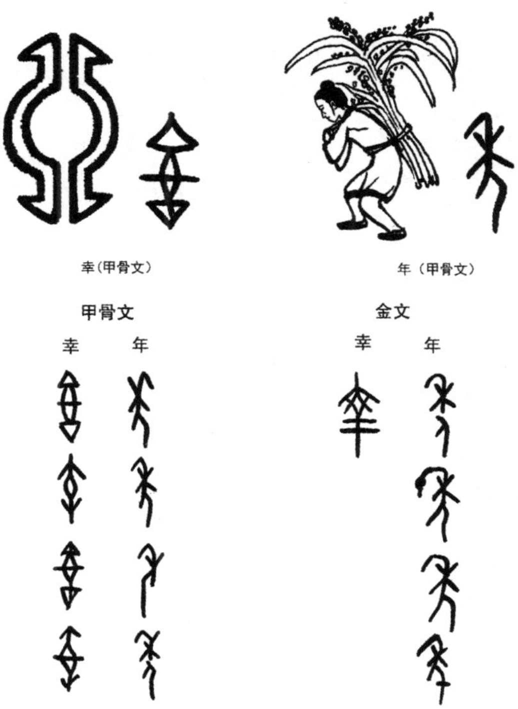

图三　甲骨文金文“幸”“年”

义上的差别亦比较大，是不能混同通用的。

有些篆刻家在制印时遇到“幸”与“年”字，也许注意到了这个问题，因而取字典中比较明显的字，这样不会有争议，也不会出差错，这方法当然无可非议，笔者亦赞成这样做。然而，我们总是要正确地认识篆书，正确地研究汉印汉篆，这是绕不过的坎，那么，我们如何来区别这些容易混淆，或者说已经混淆的篆文呢？

从甲骨文“幸”与“年”之字源字义出发，窃以为《玺印文综》所列“幸”与“年”的字例较为可靠可用，其“年”字符合传统的篆书及隶书的字形结体；而“幸”字，根据《说文》从“大”从“羊”（有的像从羊的结体），即应属“幸”字。

值此说明的是，“幸”字上方的部首有些繁杂，左伸右展，难以辨识，那么可以重点看下方的部首，下方是从“羊”字部，或从“羊”字部，那么此字应视为“幸”，反之则非。

（备注：此文刊载于《中国书画报》《书法导报》）

《甲骨文小字典》为什么在安阳城里成了盗版“重灾区”

安阳小屯殷墟博物苑路古玩市场书架上摆放着盗版的《甲骨文小字典》

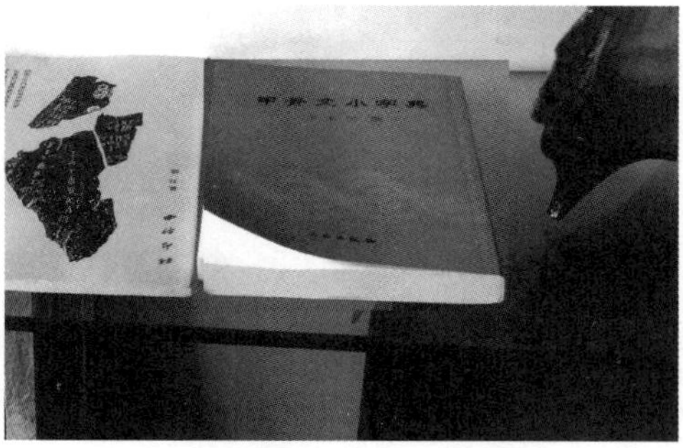

安阳小屯殷墟博物苑路古玩市场书架上摆放着盗版的《甲骨文小字典》

殷墟王陵遗址购物中心书柜内摆放着盗版的《甲骨文小字典》

2016 年 7 月 6 日至 9 日，海峡两岸汉字文化之根研讨会在甲骨文发祥地安阳召开，我应邀参加了此会。当与会代表参观殷墟博物馆、殷墟王陵遗址、殷墟博物馆两侧古玩市场，及新华书店时，我竟然在书铺上看到了大批《甲骨文小字典》的盗版书（见图）。我真纳闷：像殷墟王陵、殷墟博物馆这样的正规单位怎么会经销盗版书呢？

带着这个问题，我去安阳市图书城转了一圈，不转不要紧，一转吓一跳：书城里大部分《甲骨文小字典》是盗版的。盗版书质量低劣，印刷深浅不一，内容颠三倒四，错漏无数。我询问书商：书从何渠道进货？有人不愿意透露，但大都说了，原来并非书铺主动去进货，而是定期有一年轻人，背着一大口袋，上门送货，每本 5 元，书铺零售 8 元至 10 元不等，一个月最多可销售 500 本，这与正版书每本 28 元的差距是如此巨大，利益所致，这是一个典型的、触目惊心的侵权盗版案例！

“反对侵权盗版”“打击侵权盗版”“支

持正版”这些只是口号与宣传语，大部分人不知道如何去“反对”如何去“打击”，也不知道用什么方法与措施去“支持正版”，特别是那些“爬格子”的作者。各级文化部门成立了打假、维权办事机构，还组织专场打假演讲，但是，当你拿着盗版书去找他们时，总是给你一个无可奈何的答复，让你无可奈何离去。

至今我正式出版著作 50 余部，被盗版的有 6 部，我曾在《中国书画报》2014 年 7 月 23 日第 57 期、《书法报》2006 年 3 月 1 日第 9 期刊文，历数盗版之害、陈述护版之难、呼吁正版之愿。当然这只是借助报刊的平台呼吁一下，显然显得有点苍白无力，实际上也解决不了根子上的问题、起不了多大作用。就拿安阳市书铺大量盗版书来说，正版 28 元，盗版只要 5 元，书商是个体的，博物馆的书铺也承包给个人，他们都“混口饭”吃吃，“债多不愁，虱多不痒”，安阳城里到处都有盗版书，也就更无可奈何了。

社会上有些人物欲横流，崇尚“金钱第一”，我无法解决这些问题，只能用相机与秃笔记下这一段所见所闻。

（备注：此文刊载于《书法导报》）

甲骨文之前的“文字”

众所周知，我国在甲骨文之前没有具备文字三要素形、音、义且有规律、有系统的文字。换言之，在甲骨文之前还没有成熟的文字，所以在“文字”上加了引号。但“冰冻三尺，非一日之寒”，成熟的甲骨文之前，必然有一个起源的问题，遗憾的是由于材料证据不足，关于汉字的起源，至今还没有一个共同的认识，只是有一些传说和推测，只是看到一些陶器刻文、岩石刻画、砖瓦刻符等图案，确切地说，它们是一种刻画符号或器物饰纹，可视作人类社会早期文字的萌芽与孕育现象。

不少书友同仁在一起闲聊、谈论书艺时，常问我：甲骨文之前有文字吗？陶文能算作汉字吗？文字是仓颉造的吗？等等，对甲骨文之前有无文字问题，可谓都很疑惑与纠结，因而本文想侧重讨论一下甲骨文之前的“文字”问题。

汉字的产生从古至今大概有五种说法。

其一，汉字结绳说。结绳可以看成是一种记事符号（见图一），可以用来表示某种意义，也可以用来记录某些已经发生的事情。如古人所说“事大大结其绳，事小小结其绳”。不过，这种记录，严格来讲只能帮助人们记忆，结绳不是文字。文字是语言的书写符号，结绳则不是。结绳和汉字在本质上是两回事。何况，汉字之前可以用结绳记事，有了汉字之后也可以用结绳记事，有没有汉字和用不用结绳没有必然关系。如果从古汉字中某些汉字的构形来看，创造某些汉字的写法时，可能参考过记数结绳的形状。如甲骨文“十”“廿”“卅”“千”等字腰间带圆点的写法，就近乎结绳痕迹。但创造某些汉字时参考过结绳形状，不等于汉字起源于结绳，就好比古汉字“牛”“羊”“鱼”“马”“犬”等的创造，曾参考过这些动物的外形，但不能说汉字起源于动物，所以，结

图一　结绳记事

绳可以看成是一种记事符号。

其二，仓颉造字说。仓颉也作苍颉。传说中仓颉生有“双瞳四目”。相传是黄帝的史官，仓颉创造汉字的传说，在战国时期已经广泛流传（见图二）。《淮南子·本经训》中记载：“昔者仓颉作书，而天雨粟，鬼夜哭。”

传说其一：仓颉到南方巡狩，以“羊马蹄印”为源灵感，他日思夜想，到处观察，看尽了天上星宿的分布情况、地上山川脉络的样子、鸟兽虫鱼的痕迹、草木器具的形状，描摹绘写，造出种种不同的符号，并且定下了每个符号所代表的意义。他按自己的心意用符号凑成几段，仓颉把这种符号叫作“字”。

仓吉所造 28 字，宋代《大观帖》释：“戊己甲乙，居首共友，所止列世，式气光名，左互爻家，受赤水尊，戈矛斧芾”

图二

传说其二：《陕西金石志》等史料则记载，仓颉随轩辕黄帝南巡于洛南之西北45里黑潭，登阳虚之山，临于元扈洛汭之水，遇灵龟负书，丹甲青文，遂穷天地之变，仰观奎星圆曲宇宙之势，俯察龟纹鸟虫之迹，指掌而创28字，曾镌刻于元扈山阴，从此石破天惊，字引人类，终止结绳，天降谷雨，鬼哭龙藏。28字其释文曰：“戊己甲乙、居首共友、所至列世、式气光明、左互从家、受赤水尊、戈干斧芾。”洛南，深藏于莽莽秦岭东南部的一个山区县，因处于黄河一级支流洛河之南而得名，古时候，亦称华阳，谓华山之阳也。仓颉在洛南县城以西的眉底黑潭，所造28字石刻于元扈山阴，结束结绳记事历史，演化成我们今天使用的汉字。

类似这样的传说都很美丽，但从社会发展一般规律与逻辑的角度而言，汉字在最初绝不会局限于某一个地方、某一个时间，被某一个人创造出来，然后传到四面八方，让所有人使用，这是不可能做到的事。正常的情况应该是，由于记录和传达语言的需要，各个群体的人们分别创造、使用各种书写符号，这种书写符号在创造之初，虽然没有一个完整的体系，但也绝不会是只有一两个或少数人使用，各个群体之间的人们在更大的范围之内长期进行交往的过程中，汉字在相互交融中逐步调整、逐步完善、逐步系统化。这期间，很可能有少数人进行研究，传说中的仓颉，很可能就是这一类进行研究的少数人，所以被人们纪念，被人们传诵，故仓颉造字只能看成是一种传说。

其三，汉字八卦说。最早把八卦说成是汉字的可能是宋代的郑樵（见《六书略•论便从》）。郑樵所见到的八卦是《周易》中的八种基本图形，由表示阴的符号“--”和表示阳的符号“—”相互组合而组成，一共有八个，所以称之为八卦。在这些符号中，“—”这个符号可以看成是数字一，“☰”这个符号可以看成是数字三。其他的符号和汉字似乎没有什么联系。其实，“—”的符号，在八卦里本是阳的标志，和数字毫无关系；而“☰”的符号，在八卦里表示的是阳的组合，被称之为乾卦，和数字亦毫无关系。由此可以肯定地说，我们所看到的八卦，不是汉字所取材的八卦。

八卦图案应用较为广泛，从印有八卦图案的文物出土地点来看，东至山东平阴，西至陕西扶风、岐山一带，这些八卦图案有的刻在陶器上，有的刻在甲骨上，有的刻在箭镞上，有的铸在铜器上，使用的范围相当广，在人们的生活中占有一定的地位。

八卦到底都有些什么用处，现在还不完全明白，只知道有的可以用作族徽，有的可以用作邑名，有的作为一种特殊意义的符号。《易・系辞下》记载伏羲创造八卦（见图三）。因有书契产生于八卦之说，于是后世就有了文字起源于八卦的传说。

但在上古时期，不管汉字和八卦有多么密切的关系，八卦是在数字的基础上形成的，事实证明，因汉字而有八卦，并非汉字起源于八卦。

图三　伏羲创八卦

其四，汉字书契说。古代在出现纸以前，用以记录文字的材料有陶器、龟甲、兽骨、铜器、竹简、木片、岩石，等等，最主要的方法就是书写和契刻，简言之就是书契。图四为契刻及契刻刀具示意图。书契实际上是一种手段与方法，所以古人用书契来刻出符号，许慎《说文解字・叙》中提到“初造书契”，“书契”意指汉字，但这是引申用法，并不是说书契本身就是汉字。汉字是汉语的符号，书契只是书写契刻汉字的手段或指记录汉字的简牍、文籍，两者不是一回事，汉字是因记录、传达而产生，并非源于书契。

图四　初造书契

其五，汉字刻画说。从现存最早的成系统的

汉字甲骨文字来看，它是一种契刻成的文字记录符号，由此往前推测，完全可以认为，汉字形体由图画符号发展而来。汉字一开始不可能是成系统地被创造出来，只能是首先创造一些必需的，如表示数目的“一”“二”“三”“四”，表示动植物的“草”“木”“牛”“羊”，表示自然现象的“雨”“水”“山”“丘”，表示人体的“耳”“目”“头”“手”，等等。这些字，只能由图画式的契刻符号来表示。汉字既然是因人们需要记录、传达信息而被创造，开始时就不可能只创造一个，何况人们组成的各个群体，分散居住在各地，这些群体在各自创造汉字时不可能彼此完全相同，只能说汉字起源于刻画符号（见图五）。

约形成于公元前 5600 年—前 4900 年，在河南新郑发现的裴李岗文化刻画符号

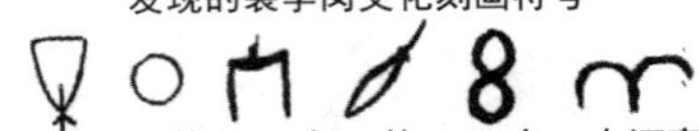

约形成于公元前 5000 年—前 4000 年，在河南渑池仰韶遗址发现的刻画符号

约形成于公元前 4500 年，在山东宁阳发现的大汶口文化刻画符号

图五　汉字刻画

文字能打破时间、打破空间的限制，通过表达语言，起到传达思想的作用，故“结绳”不能变成文字，它亦不是文字的起源。“仓颉造字说”“八卦说”“书契说”都不能说是文字的起源，文字的起源应追溯到陶器的出现，追溯到陶器的刻画图纹。

现在所看到的殷商甲骨文，是商代晚期武丁至帝辛时代（公元前 13 至前 11 世纪）的文字。这些文字，无论是形符系统、声符系统或是甲骨文字表示的意义系统，都有着相对来说比较成熟的结构原则和组合规律。也就是说，商代使用的汉字已经相当完善，由此出发，可以推断出，在此之前很长一段时期里，人们已经在使用着初具规模的汉字。遗憾的是，考古发掘给我们提供的只是一些零星的材料，没有足够的、有力的证据和资料。早在新石器时代，陕西半坡、临潼姜寨、青海柳湾、河南偃师二里头遗址中，发现大量陶器上刻有多种不同的符号（见图六）。这些符号尽管仍然属于简单的线性刻画，带有某种标记性质，但它已经是具有某种意义的刻画符号。我们知道，在原始的陶器上常常会出现一些自然而然的天然纹理，制陶工匠们或许受到这自然纹理的启示，加工刻画与修饰后，使之成为人工的图画花纹。甚至在陶器上独立创作，刻画描绘出更多理想的图案。图六是在半坡文化遗址出土的彩陶上的刻画图案，足以说明了这一点。

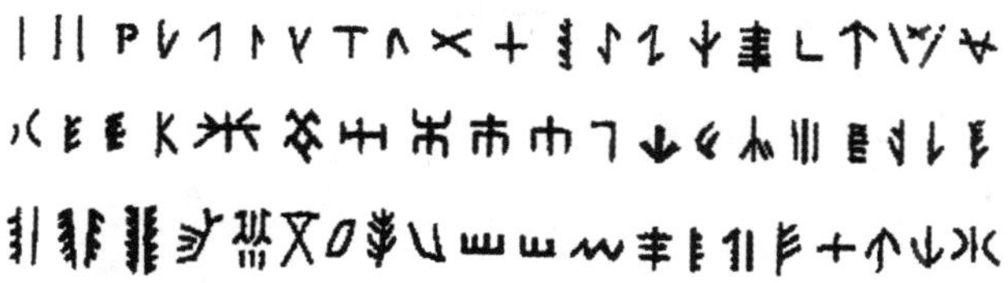

约形成于公元前 4800 年—前 4200 年，在陕西西安半坡遗址发现的仰韶文化刻画符号

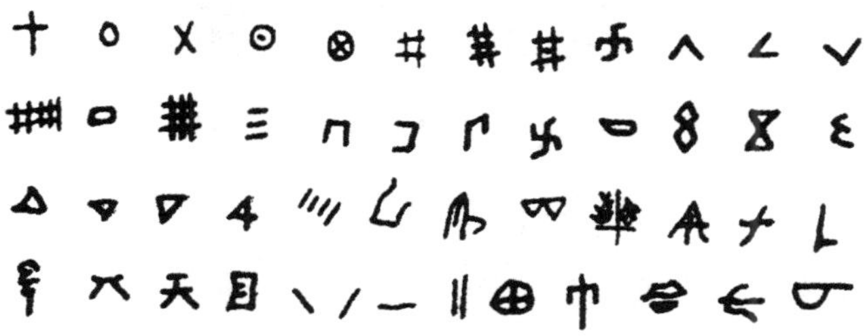

约形成于公元前 2600 年—前 1400 年，在青海海东柳湾墓地发现的陶文

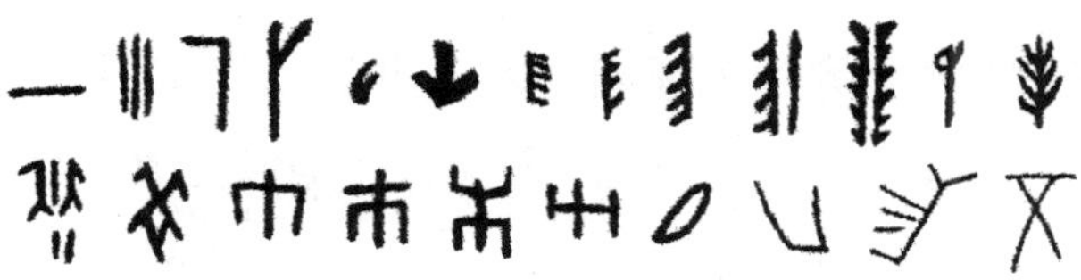

约形成于公元前 4600 年—前 3690 年，在陕西临潼姜寨遗址发现的刻画符号

约形成于公元前 1750 年—前 1550 年，在河南偃师二里头遗址发现的刻画符号

约形成于公元前 4800 年—前 4200 年，在陕西西安仰韶遗址发现的彩陶上的花纹

图六

裴李岗文化约出现在公元前 5600 年—前 4900 年，在河南新郑裴李岗地区出土的一片原始甲骨上，就有一个清晰可识的“目”字（见图七），这个“目”字与后来从殷墟出土的甲骨文“目”字几乎如出一辙，没有什么两样。当然随着社会的发展，这些远古刻陶文也在悄然进步，也在向文字靠拢。良渚文化约出现在公元前 3300 年—前 2400 年，在良渚遗址出土的文物上，可以看到一些刻画符号（如图七），这些刻画符号有的已趋于规整，比较接近古汉字的风格。另有形成于公元前 2500 年—前 2000 年，在山东邹平丁公遗址发现的陶文刻画，以及在江苏高邮龙虬庄遗址发现的陶文，技法娴熟，笔画流畅，笔致纤细，字字独立成形，排列有序，与一般的符号图纹拉开了距离，已比较接近殷墟出土的成熟型甲骨文字。

再看图八，约形成于公元前 2500 年—前 1900 年，在山西襄汾陶寺遗址发现的彩绘朱书陶文，可释为“文”字，工匠们又用像毛笔一样的工具刻画一个圆圈，接近于甲骨文的“丁”字。形成于公元前 2200 年—前 2020 年左右，在河南登封王城岗遗址发现的陶文，左右两边呈双手拱捧之状，与殷虚甲骨文“共”字接近。约形成于商代中晚期，在江西宜春吴城遗址发现的陶文，则明显与众不同，比较接近古汉字的风格，这些形体是汉字发明与文明社会到来的一个重要信号。所以一旦陶片上的刻画符号与语言结合在一起，它就成了文字的萌芽，成了文字的雏形，并很快会成为系统的文字。而那些绘制陶器图案、刻画陶器符号的、富有创造性的无名陶工，有可能就是真正的造字“仓颉”。陶文的出现绝不是一个偶然的、孤立的现象，它说明中国文字的创造者，是在陶器上书写这些古老文字的普通的陶工，他们才是真正值得纪念的人！

文字的孕育、萌生并不是单一地在陶器之上创造，还有一些是在骨器、玉器、石器、摩崖等器物上的刻画符号，这些符号与陶文相辅相成。

至此我们有理由说文字起源于远古刻画的图案，但刻画的图案却并不等于文字。它还要经过一个推进、发展的阶段，在这个推进、发展的阶段中，还要经过系统的整理与加工，特别是要赋予文字意义，进一步完善形态，才能成为形、音、义俱全的记录语言的符号，才能叫作文字。所以这个整理、加工过程，要经过长时期选择、淘汰，去芜存精，约定俗成，最后使它成为通行社会的传达思想的工具，而不再只是个人记录事情的符号。而汉字的这个整理、加工工作，到了甲骨文时代，

约形成于公元前 5600 年—前 4900 年，在河南新郑发现的裴李岗文化刻画符号

约形成于公元前 2500 年—前 1900 年，在山西襄汾陶寺遗址发现的彩绘朱文陶文

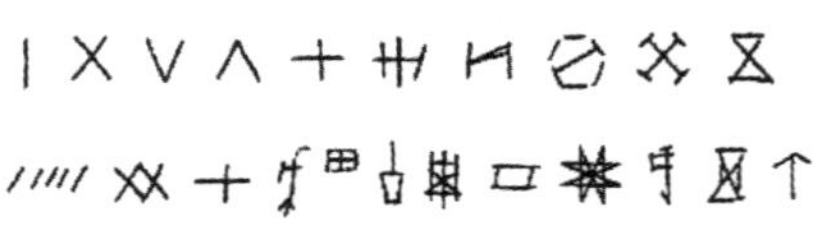

约形成于公元前 3300 年—前 2400 年，在浙江杭州良渚遗址发现的刻画符号

约形成于公元前 2200 年—前 2020 年，在河南登封王城岗遗址发现的刻画符号

约形成于公元前 5000 年—前 3000 年，在江苏高邮龙虬庄遗址发现的陶文

约形成于公元前 2500 年—前 2000 年，在山东邹平丁公遗址发现的陶文

图七

约形成于商代中晚期，在江西宜春吴城遗址发现的陶文

图八

约形成于公元前 4500 年，在山东宁阳大汶口文化遗址中发现的刻画符号

约形成于公元前 2600 年 -1400 年，在青海海东柳湾墓地发现的陶文

图九

才算基本完成。

那么甲骨文之前这个“推进、加工”过程又是怎样的一种状况呢？

约形成于公元前 4500 年，在山东宁阳大汶口文化遗址出土的陶器上有几个陶文，参见图九，它们线条清晰、结体分明，近似甲骨文字。上面一圆圈、下面一“火”字，构成“炅”字，由火光与烈日表示炎热、明亮的意思。下面加了一个更大的“火”字，依然是“炅”，义不变。就像甲骨文“渔”字，写三个“鱼”、四个“鱼”数量不等，都作“渔”字一样，属会意字。另一个字像石锛、斧头一样，属工具器物一类象形字“戉”（即“钺”），是由劳动工具演变成象形文字。约形成于公元前 2600 年—前 1400 年，在青海海东柳湾墓地发现的陶文，显而易见是有意而作。柳湾位于黄河上游，1974 年至 1979 年期间，在这里发掘出马家窑文化层墓葬，在出土文物上发现各种陶文刻画符号 130 多种，它比甲骨文字要古老得多，由图九可知，柳湾文字有很多字与甲骨文字已基本一致，如“七”“日”“井”“丹”“丁”“入”“三”“口”“玄”“五”“彤”“田”“册”“乂”“一”“合”“巾”“囟”等字，与甲骨文字没有多少差别。当然还没有足够的证据说柳湾文字中的某些字就是甲骨文字，字形虽相同，但不能把字的性质等同起来。可以充分肯定，这些刻画符号已经具备了某些文字意义，正在向文字领域发展推进，与单纯的刻画符号拉开了一定的距离。

古人由刻画符号向文字推进，是一个长期摸索、长期演变的过程，如鸣叫声、敲打声、呼喊声，它有音有义，但无形；树木、山石、器物有形有义，但无音；字母、音标等有音有形，但无义。它们不具备文字形、音、义三要素，故皆不能算作文字。

上文提及，中国汉字构造特点是要具备形、音、义三要素，这中间主要是“由义及音”，它的最终目的是通过形象传达思想，通过表义的作用来完成传达思想的目的，而音的作用只是表达语言的手段与方法，所以表音即使发挥不大理想，问题不算太大。如果表义作用表达不好，那就成了大问题。例如“江湖”一词，北京、山东、河南、上海、福建、香港等地居民的读音都不一样，这没有关系，但他们所表达“江湖”的意义是一致的，这就是表音与表义的差别。

图十

文字初起，与生产发展、农事开拓、狩猎活动、祈求风雨、占卜未知、时运祝愿、收获分配、货物交易等有关，人们对物品名称、数量记数、事态变化、场景记录等，“结绳”记忆法已不能满足需求，于是，文字才由此开始萌芽发生。农事、畜牧、动物、植物、天象、工具、器官等象形字，占绝大部分，且几乎都是由这些事物的图案组成的（见图十），如“马”“虎”“足”“耳”等字即是。古人在造字时，特别是造那些动词性的字时，就不得不把这些图案符号加进去（见图十）。如“声”字，繁体作“聲”，左上方是有绳索悬一石磬的形状，右侧是一只手拿着一个敲打石磬的小槌，中间有“口”有“耳”，表示口中呼唱声与石磬奏乐声直达耳际，可会意为用槌敲击悬磬的奏乐声。

另有一个“看”字，上从“爪”，像一覆手之形，下从“目”，表示眼睛，整个图形表示手在目上，即把手放在眼睛上方，可以集中视线，遮住光亮，看得更远。直至今天这个动作还很常见。今天的“看”字，结体亦未作多大改变，依然是“手”字部首下一个“目”字，只是“手”字下方的竖钩，稍向左撇出，主要是让出一点空地，可以写下面的“目”字。

还有许多字，在今天看来，似乎和生产劳动不大相关，但在当时，却是生产劳动的产物。见图十，譬如年岁的“年”字，上从“禾”，下从“人”，表示像人背负着成熟的谷物，会意丰收之年，庄稼一般一年一熟，庄稼丰收了，一年也就过去了。古代劳动人民，只把一年一度的麦收叫作“年”，和今年春节过的“年”是不同的。再如“艺”字，像双手捧禾苗栽种之形，这就是栽种树艺的“艺”字，在原始的农业生产劳动中，把树苗移栽种植，是一种巧妙的本领，亦是古代农业生产技术的一大进步，后人便把这种巧妙的移植本领叫艺术，“艺”字便由此而来。

“舞”字，像一个正面人形，两手握着兽尾或鸟翎、禾木之类的道具，翩然起舞，所以“舞”字是两手曳物，张臂而舞，又像是一张欢乐、庆贺、热烈奔放的剧照。这是充满诗情画意的一个文字，正好说明，“舞”字来源于劳动，来源于劳动后的欢乐景象。

古代文字初起时，一字多形，笔画不一，正反互书，见图十，如“雨”字，可以横画下写两行三个点画，也可以横画下三个点画加两个点画；可以不写横画，直接把三个、两个、一个点画排列成三行即成；还可以上写“雨”字头，下加两个、三个、四个、六个不等的点画。再如“齿”字，其外框可写成人口的“口”，上边不封顶；也可写成方框“口”，上边封顶。“口”字内代表牙齿的笔画可写成两个、三个或四个竖点，也可写成两个、四个、五个小方框。

还有“春”字，可以写成从“草”从“屯”从“日”的“萅”，亦可写成从“屯”从“日”的“旾”，还可写成从“木”从“日”从“屯”。由此可知，古代文字的笔画可增可减，结构可大可小，形体可详可略，变化很大，先人造字为什么不造一字一形，结体统一的文字呢？这说明文字的产生不是某一个人，不是一朝一夕，心血来潮，兴之所至，而是经过数百年、数千年的使用、整理、改进、发展逐步形成，文字的出现是劳动人民智慧的结晶，是生产发展的产物，是历史发展的结果。

文字的孕育、萌芽，由陶器刻画符号推进、演变、整理、加工、发展到具备三要素阶段，也就到了甲骨文时代。

（备注：此文刊载于《书法导报》）

深情于斋　淡泊在心

——随遇而安，斋名会自然诞生记

一、前言

无论是居室还是书房，给自己舞文弄墨、看书学习的地方题个室名，那是很自然的事。书斋的名称又称为“斋名”“书斋名”或“斋室名”，我国古今文人学者，多喜欢给自己的住所题以书斋名。南京的石学鸿、王一羽等书家曾把斋名写得很大，悬挂在家门口，以便来访的友人可以熟门熟路。

予起初心目中很空虚，不知道如何题斋名才合适，后来渐渐明白，室名题取的方法形形色色，形式极多，常见的可归纳为十多种。

其一，从典故题取。梁启超的室名叫“饮冰室”。据梁启超在《自由书·序言》中说，“庄生曰：‘我朝受命而夕饮冰，我其内热欤？’遂以名吾室。”梁启超用庄生之典。柳亚子在淞沪战争期间，避居上海法租界，当时，环境十分险恶，行动极不自由，其书斋题名为“活埋庵”，借引王船山“七尺从无乞活埋”之意。谈月色由晏殊诗“梨花院落溶溶月”句，取斋室名“梨花院落”与“旧时月色楼”。皆语出有典。

其二，从籍贯题取。明代文学家归有光的室名“项脊轩”，归有光的远祖归道隆住在太仓归庄的项脊泾，“项脊轩”即由“项脊泾”而来。黄宾虹出生地为浙江金华，祖籍在安徽歙县潭渡村，村中有一滨虹亭，故其居室名为“滨虹草堂”。

其三，从托物题取。救国会“七君子”之一的沈钧儒，酷爱石头，收藏的石头琳琅满目，橱架累累，图书与石头兼收并蓄。因此题斋名为“与石居”。篆刻大家赵叔孺家中藏有东汉、蜀汉时期的二弩机，故取室名为“二弩精舍”。陈师曾得一安阳出土志石，题室名为“安阳石室”，后又得一唐碑，题斋名为“唐石簃”。

其四，从寓意题取。篆刻家黄少牧为近代篆刻大师黄士陵先生长子。所居曰“问梅花馆”，取“为恤民艰看菜色，欲知宦况问梅花”之意。篆刻家张樾丞，在北京西琉璃厂自设图章墨盒店，后获汉代铜鼓，遂取其谐音为“同古堂”，寓鉴古赏古之意。音乐家、篆刻家杨仲子所居为“海燕搂”，寓意像海燕一样，漂洋过海，与风浪搏击，无悔人生，有志事业。

其五，从论学题取。明末文学家张溥，嗜学勤奋，所读书必手抄录，然后朗读一遍，即烧掉，又抄录，又烧掉，这样反复7次，文章就烂熟于心，就将他的书斋取名为“七录斋”。

其六，从明志题取。南宋诗人陆游晚年把自己的书斋称作“老学庵”。取自春秋时盲人乐师师旷“老而学，如秉烛夜行”之意，充分表达了陆游“活到老，学到老”的志向。

其七，从幽默题取。鲁迅题室名为“且介亭”。“且介”分别为“租”“界”两个字的半边。鲁迅居住在上海大陆新村，位于列强越界筑路地区，可以说是半个租界，正是“且”“介”二字的意义来由，很是幽默和诙谐。篆刻家寿石工平素不喜欢吃鱼，题室名为“不食鱼斋”，亦很幽默且妙趣横生。

其八，从自勉题取。著名作家姚雪垠，有感于人生有涯，学海无涯，便名书斋为“无止境斋”，自勉自励，永远进取。清代文学家舒位，大兴（今属北京市）人。乾隆举人，屡试不第，贫困潦倒，游食四方，以馆幕为生，博学，善书画，尤工诗、乐府，书各体皆工。舒位的诗作很有成就，可他非常谦逊，把自己的知识和创作成就比作大海中的一瓶水，所以命名自己的书斋为“瓶水斋”。

其九，从怪诞题取。中国篆刻家、书法家邓散木，家住上海，号粪翁，居室取名为“厕简楼”，还篆刻印章两枚，一枚印文是“遗臭万年”，另一枚印文为“逐臭之夫”。邓散木开办个人书法篆刻展览用草纸印制请帖，可谓怪诞之极。

其十，从风雅题取。慈禧居取名“大雅斋”。陈子奋室名“宿月草堂”。秦咢生居室名“莲花室”。

常言道“知其然，又知其所以然”才有主动权，予知道了题斋名的原委，相信随遇而安，水到渠成，斋名会自然诞生。

二、不堪回首“听雨室”

当然，斋室名的题取不止于以上这些，凡不能忘怀的、生活中值得纪念、回忆的很多方方面面，皆可取材。

我有数个斋名，也有数个字号，皆非刻意而为，也没有过多思量过，只是随遇而安，自以为合适或值得留念就取上了，遂留下了这些个。予最早的斋名叫“听雨室”这名字似乎很雅致亦很有内涵，犹如“秋夜听雨”“煮茶听雨”“桐荫听雨”，其意境可想而知。宋人蒋捷词《虞美人·听雨》云：“少年听雨歌楼上。红烛昏罗帐。壮年听雨客舟中。江阔云低、断雁叫西风。而今听雨僧庐下。鬓已星星也。悲欢离合总无情。一任阶前、点滴到天明。”从“听雨”这一独特视角出发，通过时空的跳跃，依次推出了三幅“听雨”的画面，将一生的悲欢离合、喜怒哀乐融汇其中，读来令人感慨。而我的“听雨室”丝毫没有这些优雅。

早在读小学时我就喜欢绘画，亦喜欢书法篆刻。读中学时，发现美术老师有个动听的书斋名，他说，大凡文人墨客都有，将自己看书学习的书房或居室题个斋名，以抒其怀，或励其志，乃学艺者的高洁与风雅。其时，我家居离无锡城很远的农村，父母以种田为生，住房十分破旧，仅能避风雨而已。爷爷辈兄弟多，房屋在分家时打了很多隔断，因而没有后门可进出，只有一间很小的房间，床下就是泥巴地，非常狭小、简陋、潮湿，既要起居，又要在那儿看书学习，躺在床上，从破漏的瓦缝里能看到蓝天，生活艰难穷困，贫苦不堪。在这样的环境里当然无意于、也不在乎有无斋名，但为了纪念这段少年时期的生活，苦中作乐，添几许痕迹与色彩，多年之后，还是给题了一个很响亮的室名：“听雨室”。

那时日，凡逢雨天，屋子里到处要用盆接漏，雨水滴落到大大小小的盆里，距离较高，水滴七零八落的，声音像奏乐一样。有时候盆里的水满了，半夜还要起来换盆，几乎要听一夜的叮咚声。“听雨室”真的名副其实，与真实的场景一模一样，也因为如此简陋寒酸，所以不敢称“听雨轩”，也不敢称“听雨阁”。取“室”就已觉得够奢侈的了。农村雇农家的苦孩子，年少时没有人指导，没有画画的书看，也不会创作艺术作品，只是照小人书（连环画）依样画瓢，随意模仿勾描、随意上些水彩颜色之类，故“听雨室”自己随便喊喊而已，并未正式在作品上使用。1966 年 4 月 11 日，我写生画了一棵红花草，这也是

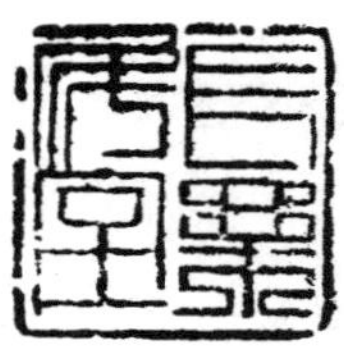

长乐斗室

听雨室

长乐斗室

光华书屋

我人生第一次的写生画，落款时还画了一个印章，这当然不太美观。美术老师要求我以后要盖上正式的印章。自此就多了一枚欲念，要刻一姓名印，也要刻一枚斋室印："听雨室"。

后来会动刀刻印时，终于补刻了一方"听雨室"。那是一块普通青田石，不太规则，索性弄成圆形模式，上下刻有五六个圆点，代表了大小雨点，上下呼应，也代表了当时破漏的居室。光阴荏苒，转眼 50 多年过去了，只要看到"听雨室"印，那段艰难困苦的生活，历历在目，也不堪回首。

三、从"一得居"到"三自斋"

我早年在南京大学求学，学生时代居无定所，自然无室无名，直到结婚育儿后，单位分给了一个单室居，自此，起居、活动、学习都在此单室居内。单室居位于南京长乐路上，靠近南京繁华的夫子庙，虽然小了一些，但毕竟很稳定、方便、安静，系属于自己的小天地，可以坐下来静心学习书法、篆刻艺术，遂取"长乐斗室"为斋室名。并刻了一方"长乐斗室"的印，在此期间创作的书画作品上即有此印。

这么小小的一个单居室，短期居住过渡一下是可以的，随着孩子长大，就无法安身学习了。于是由夫妻双方单位之间协调，将小套住房换成大一点的房子居住。那是 20 世纪 80 年代末的事，后来搬到了南京光华门，居住在一楼的中套内。中套虽有二个卧室，但还少一间看书学习的地方，幸好一楼门外有个大院子，于是就自己动手，在院子里搭了一间 20 平方米的简易的平房，不日便书画满屋、篆香盈室，令我喜不自禁。当下改取室名为"光华书屋"，并赋七绝一首记之：

一得居

三自斋

三自斋

两类轩

书棚建在外墙根，喜得书斋寄墨魂。

风伯频来呵冷砚，雨师夜漏易生痕。

书屋墙壁为单砖，屋顶为石棉瓦，谓之简而易。然虽夏日暴晒，暑热难当，而冰冬雪寒，奇冷难熬，但终究可以克服，毕竟书屋安静，空间一统，任凭鹰击长空，鲸游艺海，无忧亦可无虑。收获点点滴滴的书法篆刻成果，不亦乐乎！故又改题斋名为"一得居"，以示自己没有拜名家大宿为师，完全靠刻苦努力，自学书画印，一点一滴去体悟获得，有一得二，日积月累，才能聚沙成塔。为与北京墨汁“一得阁”有别，遂取一“居”字。

“一得居”在我的艺术生涯中，真的起了不小的作用。不仅在这里学书画、学篆刻，而且可以自己将作品装裱起来。书画装裱是一门专业技术活儿，过门关节很多，然只要想学、敢学，没有过不了的火焰山，数年后大致都学会了京裱、苏裱、浙裱。并描绘、记录、设计了数百种装裱款式。于是由“光华书屋”改题“一得居”后，又成为“三自斋”。

四、“两类轩”成就了我勇攀篆刻艺术高峰

一直沿用着“一得居”“三自斋”的室名，从数字概念论，似乎缺了“二”。但我从不强求与刻意，生活的自然也是艺术的自然，顺其自然，随遇而安更有意义。遗憾的是居室墙外自搭的所谓书房好景不长，20世纪90年代因拓宽马路，院子被撤，书屋被拆。后工作亦变动，被调往江苏省文学艺术界联合会（简称“省文联”）工作，住房亦随之搬迁到南京凤凰西街，100多平方米的大套除两卧两卫一厅外，还有一个大的书房，这一下真的是心满意足。

虽然到了省文联书协工作，但自此也就更严格地“管住”自己：不凑热闹、不赶场子、不参与比赛、不参与展览、不卖个人作品，不利用平台假公济私，全心全意做好为艺术家服务的事，少会客、少“雅集”，集中一切业余精力与时间，坐拥书斋，遨游艺苑，几乎每晚不过12点不睡觉。阅读典籍，积累资料，研究课题，整个书房全是书、画、印、纸。那时期，虽然已出版了近20部个人专著。但一直未有令自己满意的“突破”。功夫不负有心人，终于有了转机，一次治印过程中，在处理印章边栏时，对边栏若有所思，思而有获，获而有得，得而有悟。这一思一悟的“消化”之间，竟然耗费了我半生的时间与精力！我的书斋名“两类轩”也自然而然地诞生了。

古往今来，在浩瀚的篆刻领域里，可以浏览到数以万计的印章。方寸之艺，已有3000多年的历史，该说的、该写的、该刻的、该论的皆应有尽有，且印人们各刻各的印，面貌不同、风格不同、印风不同，印章的边栏亦各不相同。当然，有的大同小异，也有的似同非同。我抓住这一点，以边栏的视觉形式为主要特征和依据，将古往今来的印章边栏进行归纳分成50类。印章是有印文和边栏组成的，边栏既

是印的界线，又是印文的“围墙”，它是印文的外延与补充，然而专门对边栏这一分支进行研究的人，古今尚属罕见。《印章边栏分类》每类均有简明扼要的文字说明，论述了设计、刻制印章边栏要注意、掌握的基本原则与方法，论述了各种边栏的艺术特色，并附有示意图。2000 多方印例，让人看到了边栏与印文的内在关系，图文并茂，分类翔实，填补了篆刻领域的空白。1995 年《印章边栏分类》由河南美术出版社出版，2002 年由天津人民美术出版社出版，2006 年修订再版，2017 年又再次修订出版。出版后很快售罄，并引起了强烈的反响。有人建议：再编著其姊妹篇《印章章法分类》。我直摇头：“不成，不成！边栏是印之外框，范围小，单一，归纳分类比较容易。章法即布局，文字、线条、结体稍微变化一下，整个风格就变了，千人千面。即便是一手刻制两方相同内容的印章，也不可能完全相同，印章进行章法分类不大可能。”

话虽如此，事后我却一直在冥思苦想。两年之后，也是在一次制印时，触动契机，茅塞顿开，忽然找到了一个切入点，那就是以“虚”与“实”为印章章法分类的总纲。纲举才能目张，在此前提下，可分“上实下虚”“上虚下实”“左实右虚”“左虚右实”“周实中虚”“周虚中实”“对角虚实”等等，共计 50 类。于是《印章章法分类》又正式出版了。这是篆刻领域里独树一帜的创新与突破。《中国书画报》《书法报》《书法导报》《现代书画家报》《书法艺术》《美术报》等专业报刊先后进行了连载。并以“里程碑式的著作”“两个分类填补篆刻领域的空白”“发凡起例魅力无穷”等为题，对两个分类加以点赞和评述，在 3 年内两次再版。2017 年，天津人民美术出版社又以合集的形式再次推向社会，本书不仅受到国内外印界的关注和重视，亦受到广大读者的喜爱，社会反响强烈。其后很快从国内传入日本、韩国、新加坡、加拿大等地篆刻界。在多年的实践中冥思苦想、不断总结，对印章边栏与印章章法两大课题倾心研究，撰文 20 万余字，汇集古今印例近 5000 枚，可谓将印章边栏与印章章法课题研究推到了一个新的高度，拓展了印章理论研究的领域。为了纪念，我将我的书斋取名为“两类轩”，无意间在一与三之间排序了二，这书斋名真的是水到渠成，自然而然地形成与诞生的。

五、我喜欢“四喜堂”

我为何喜欢“四喜堂”？

说来有因，我的父亲不足一岁就成了孤儿，靠着他的奶奶长大，由于奶奶另有

4个儿子，根本没有精力与能力来抚养我的父亲，因而我的父亲是听天由命般生活，他从未上过学，不识一字，他勤劳、能吃苦，善良得被人欺压、凌侮都不知回击、不知反抗。我亦长期在艰难贫穷的苦水里泡大，于是学会了父辈的善良与勤劳，不仅没有任何私欲与胆量去损人利己、伤害别人，只是处处与人为善、事事为他人着想。因此，平生最喜欢关心别人、最喜欢理解别人、最喜欢尊重别人、最喜欢帮助别人，“四喜堂”便由此而来。

此外，还包含着另外一层意思，那就是我特别钦佩、喜爱甲骨“四堂”，他们是：罗振玉（1866—1940）系雪堂、王国维（1877—1927）系观堂、董作宾（1895—1963）系彦堂、郭沫若（1892—1978）系鼎堂。

“把基础打好，写好甲骨文书法”。这是我早先的宗旨与宏愿，只有把甲骨文书法搞上去了，才能有基础去推广与普及甲骨文知识。一般人都以为甲骨文书法并不复杂，只要记住了甲骨文结体，就能用刀刻般的线条把甲骨文字书写出来。我不认同这一点，做任何事都要知其然，亦知其所以然，不断总结，不断提高。在董作宾历史纵向性的五期分类学说基础上，我独创了历史横向性甲骨文书体八型说，并从《甲骨文合集》等巨著中，选取了甲骨拓片10000多片，最后精选了1400多件，按“八型”说分门别类，出版了全国第一部《甲骨拓片精选》，掌握了书写甲骨文各种书体的技巧，把甲骨文书法艺术推进到一个全新的层面。在南京大学110周年校庆期间，我回母校成功举办了“甲骨文书法篆刻展”。继而，我对甲骨文的研究更加深入，我读遍了几乎所有的甲骨文字典，发现这些甲骨文工具书不太实用，有的只适合专业研究者用，有的只适合查阅资料用。我经过归纳整理、考证取舍、去伪存真，确定了1400多个甲骨文字，编著成实用、方便、齐全的《甲骨文字典》，畅销全国。至今已是一印再印，供不应求，还编著了《金文字典》，在全国公开出版发行。当然，我并不满足于此，继续孜孜不倦，向更深层次探求与发展，不久，《甲骨文经典拓片100例》《甲骨文书法学》《甲骨文篆刻学》《甲

四喜堂

四喜堂

王本兴自题书斋名“四喜堂”

四喜堂

1966 年王本兴的第一幅写生画

骨文字帖》《甲骨趣闻》《三十三家甲骨文书法诠释》《甲骨文字辨异》等填补国内空白的十多部著作又相继出版面世，每部著作都是几十万字，我总是用带病的身子在“爬格子”，动辄就到了更深夜静，付出了多少心血唯我自知。

甲骨文是中华文化瑰宝，也是世界特有的艺术瑰宝，闻名天下的世界四大古文字除甲骨文外，玛雅文、纸草文、楔形文都成了断代文物，进了博物馆，唯有甲骨文与现代汉字有着不可分割的渊源关系，一脉相承，延用至今。在无锡市钱桥中心小学，我给孩子们讲授甲骨文知识，辅导他们书写甲骨文书法作品，学校成立了全国公办小学第一个少儿甲骨文书法培训班。在十多年前我就致力于甲骨文字的“申遗”与成立“中国甲骨文学会”的工作（中国至今未有这样的组织），付出了大量的个人时间与精力，在北京与南京之间奔波，我任何时候都不放弃，任何艰苦、困难也阻挡不了甲骨文前进的脚步，这就是“喜欢”的潜力，喜欢是一种发自内心的爱好，有了这样的爱好，才能当作一生的追求与事业，才能去为之付出与奋斗。

这是我喜欢“四喜堂”这个书斋名的原委。

六、“五美苑”：我的书法审美观

中国书法是中华民族特有的传统艺术瑰宝，它之所以能够代代相传，经久不衰，是因为观赏精彩的书法作品如饮醇醪，让人陶醉其中，能给人以美的享受，能够使人产生感情上的共鸣，并修养身心，提高人的审美意识。欣赏书法是一个审美活动，是通过眼睛的观察，传达到身心感知，并由此引发思考、理解、联想的过程。作者的作品、读者的审美两者既相互作用又互相独立，从而使整个欣赏过程显示出层次和连续性，人们常说书法创作是寄情于书，而欣赏书法作品是移情于书，就是把自己的感情投注到作为审美对象的作品里。当然，这种移情应当建立在富有创造性，具有一定的审美素养，具备一定的文化内涵基础上，这样才能真正与作品交流情感。

我们说，无论是谁的书法作品，一旦公开展示，作品就客观地存在着艺术价值，包括古代的作品、近现代作品。对今天的书法创作者来说，写完作品，盖上印章，悬挂于室，作者是作品的第一个评赏者，首先会想到写得怎么样、写得好不好。无论是古人的书作，还是今人的书作；是别人的书作，还是自己的书作；是收藏的书作，还是赠人的书作；是书官的书作，还是布衣的书作，都有一个衡量准则。我的艺术标准归结为“五美”：即作品要有传统法度美、章法款式美、用笔墨色美、结体线条美、神采意境美。此“五美”缺一不可。我知道室名常使用的字有“斋”“阁”“馆”“楼”“轩”“园”“庄”“苑”“堂”“居”“室”“屋”“舍”“家”“宅”“庭”“所”“巢”“院”“窝”“簃”“寮”“亭”“榭”“村”“圃”“舫”“库”“庵”等，予则取其中一“苑”字，组合成我的书斋名“五美苑”。

明月初心

五美苑

这可谓是我的审美观，也是我的艺术追求。

（备注：此文刊载于《中国书画报》）

论甲骨文字“中”“国”“梦”三字

一、“中”

从图一可以看到，甲骨文“中”字，像直立的旗杆上，有一面旗帜迎风飘扬，中竖表示旗杆，上下各有两条或四条不等的飘带，叫旗游。中间的方“口”部表示中间的意思。原指氏族社会的徽帜，建竖在中央位置，古时每逢大事，徽旗飘扬起来，四面八方的民众望而趋赴，聚集于中央处。以帜为中，以集民庶，以勒军旅，乃正中之标揭。古时没有电话、没有手机，没有先进的通信工具，以帜为中是个不错的通联信号。后运用到战场营地，若有三军，建旗于中，旗帜中央处则表示中军、中枢或大本营。因而甲骨文“中”字属象形文字，本义当指徽帜，而其所立之地恒为中央，遂又引申为中央之义，更引申为一切之中。

甲骨文“中”字的写法很多，不少于四五十种。我们可以依据其不同的结体形态，把它分成四大类：

其一，口在竖中，并带一至六条旗游的写法，如：“ ”；

图一 中

其二，竖而无口，有四至九条旗游的写法，如：“ ”；

其三，口在竖中，左右竖画不出头、不带旗游的写法，如：“中”。

其四，口在竖中，左右竖画出头、不带旗游的写法，如：“中”。

也有把三、四合一，与上二分成三大类。在上述这些写法中，带旗游的“中”字，其旗游在左还是在右；旗游数量是多是少；旗游形态是直是曲；中间口字部是平头还是出头、是圆形还是菱形、是大还是小、是上还是下等诸多变化，则与字义无别。罗振玉《殷墟书契考释》云：“游或在左或在右，游盖因风而左右偃也。”由此可知，“中”字的旗游因为风吹动的原因，可以都书写在右边，也可以都书写在左边，但不能将旗游既偃于左、又偃于右。即便是最乱的风，也不可能把旗游吹得左右同时飘扬。

《考工记》对“中”之旗游论述尤为详尽：“龙旂九斿，以象大火也；鸟旟七斿，以象鹑火也；熊旗六斿，以象伐也；龟蛇四斿，以象营室也。”龙旂、熊旗、龟旐，殆有蜕化而来，本皆“中”也。其七斿之鸟旟，则其后起者耳。然中虽有九斿六斿四斿之异，当以四斿者为最古。”上文提及四“游”者为古文正体等观点，对我们认识旗游大有补益。

此外，还另有“中为测天之仪”“测日为中”一说，有卜文云：“丙子，其立中？亡风？八月。”（胡厚宣《甲骨续存》）。“壬申卜贞，我立中。”（董作宾《殷墟文字乙编》）。上述“立中”或“中立”，当为立表以测日影之事。殷人视之神圣常由殷王亲自掌握，如“王立中”或“我立中”皆为殷王自称。立中测日与气象有关，须天晴日出，故卜问“立中”而贞问“有风”，盖因风而旗游飘动。杆表不正或阴雨则日影不彰，而日中之时即为中正，如温少峰、袁庭栋撰文云：“象以旌旗测口（即日）之形。其作中者，象以直立木柱（即表）测口（即日）之形。姜亮夫先生谓：‘中者，日当午则旌影正，故作中，上游为旌，下游则旌之投影也，故中有中正、平直、不阿之又。’”（《三楚所传古史与齐鲁三晋异同辨》《历史学》1979 年第 4 期）。为什么古人要以旌旗之日影表示“日中”呢？《周礼》云：“司常掌九旗之物名，各有属……诸侯建旂，孤卿建旃，大夫、士建物，师都建旗，州里建旟，县鄙建旐。道车载旞，斿车载旌。皆画其象焉，官府各象其事，州里各象其名，家各象其号。”由此可知，从统治阶层到州县衙门，直至庶民百家，处处有旗帜飘扬。一日间之时刻最易审知者，当是旗游之桅所投日影，而日影分齐最明，无所游移者，莫如日中所投，故以“中”字为一日之中。综合上述，旌旗说、测日风说，可各备一格。毋庸因旌旗而废测日，因测日而否定旌旗。

三类“中”的写法都可作“中”字，但有人认为它们之间有区别，不能混淆。罗振玉对无游之“中”判云：“此伯仲之仲，古伯仲但作白中，然与中正之中，非一字，后人加人以示别。许书别之人部首，非初形矣。”（《殷墟书契考释》）。认同此说者还不在少数，唐兰先生则与之相左，力主三者同为一字。上文提及四“游”

者为古文正体，而无“游”者作伯仲之仲。再看“中宗且乙”“中商”“中俎”等卜辞实例，它们皆为无“游”之中，然其“中”字并不当“仲”用。因为商代以“中”为人称者，实取大小之义，故中宗是承大宗而言，中俎承大俎而言。卜辞还常见“中子”，皆以为人名，或误释为“仲巳”，实中子乃对大子、小子而言，其本义为大小之“中”，字体与“中”无别。应当承认卜辞“中”“仲”的用法某些地方是有区别的，卜辞也有用“中”为“仲”之例外，可是也应当承认在甲骨文中已经出现了分化，且卜辞有从人从中作“仲”字者，故我们后来者去认识与应用时，“中”“仲”不能混同。

以“中”作声符兼义符的字有：“仲、忠、盅、衷”。以“中”作声符的字有：“冲、忡、肿、种、钟、舯”等。与“中”组合的词有：“中国、中央、中旬、中心、中原、中午、中秋、中国画、中华鲟、中山舰、中小学、中山陵、中南海、中下游、中央空调、古今中外、中流砥柱”等。凡从“中”取义的字皆与中央等意有关。甲骨文“中”字的写法很多，书写时先写口字部，或先写中竖，再写旗游等其他笔画，注意用笔要顿挫抑扬，起讫要含蓄浑朴，旗游要灵动自然。

二、国

从图二可以看到，甲骨文“国”字，从口，“口”表示城池或国土，从“戈”，“戈”表示用武器守卫国土与城池。后来在口字部下端加一，表示范围界线，表意更明。古代邦国是一座城池及周边地域。亦作“或”字，后加土作“域”，为国之地域之义。周围再加口（外围）为“國”字，今简化规范写作“国”为通用正体字，属会意字，其本义是指邦国。可引申为有土地、有人民、有主权的政体、都城，在一国内最出色的，代表属于本国的事物、姓等。

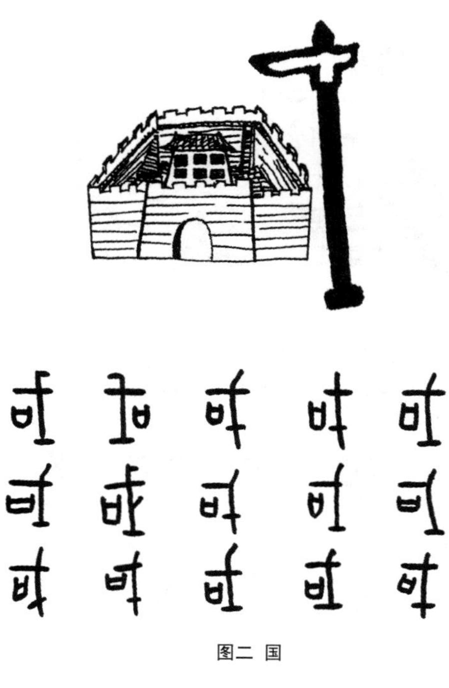

图二 国

王襄论“国”字云：“古国字省口，宗周钟国作或，亦省口，或字重文”（《簠室殷契类纂》）。孙海波论“国”字云：“卜辞作或，并从戈口，盖口象都邑之形，从戈以守国之义也。知口象城形者，国古皆训城”（《考古》第 3 期）。《考工记》云：“‘国中，九经九纬’。注：国中，城郭中也。‘惠此中国’。注：中国，京师也。由是言之，则国即城也。卜辞从口，象城郭之形，从戈有戍守之义。”甲骨文“国”字学者论述较为一致，少有争议。从 3000 多年前甲骨文“国”字上，就体现出核心部分是“以戈戍国”，即以武器保卫国土的中心理念。

2021 年 11 月习近平总书记参观“复兴之路”展览时指出“实现中华民族伟大复兴，就是中华民族近代以来最伟大的梦想”。中国梦凝聚了几代中国人的共同夙愿，体现了中国人民的整体利益，带给中国人深刻的启迪和极大的激励。国家不富强，就会被人欺侮；民族不复兴，就无颜担当龙的传人。

凡从“国”取义的字皆与都城、地域等有关。以国作声符的字有：“掴、啯、帼、漍、腘、蝈”等。与“国”的组合词有：“国际、国家、国防、国庆、国旗、国画、国际歌、国务院、国民经济、国泰民安”等。甲骨文“国”字可正反互书，字义不变。书写时先写“戈”字部、再写“口”字部。注意用笔的轻重缓急，“口”字部不要写得过小，与“戈”字部距离不要靠得太近。结体布白要疏密有致，格局大气。

三、梦

见图三，甲骨文“梦”字，从床，其“爿”字表示床之侧形，床本横式，书写时会占地过宽，故一般都以竖写方式为正。又从“人”，像是一人卧睡床上，手托脑袋，做梦之形。宋代前后将上部简化为“林”字，下从夕，写作“梦”。今以“梦”作简化规范为正体字。

图三 梦

初时“梦”字不识，有把“爿”字部当为“病”字部，有释为疾的。李孝定先生谓：“象卧而手舞足蹈梦魇之状。”（《甲骨文字集释》卷上）。

丁山释为梦字，公认而无多争议。《周礼》有文趣云：“太卜掌三梦之法，一曰致梦，二曰觭梦，三曰咸陟。占梦掌其岁时，观天地之会，辨阴阳之气，以日月星占六梦之吉凶。一曰正梦；二曰恶梦；三曰思梦；四曰寤梦；五曰喜梦；六曰惧梦。”

甲骨文“梦”字属会意字，本义指做梦，可引申为虚幻、梦想等义，凡从梦取义的字皆与睡眠、昏昧、无知等义有关。与梦组合的词有：“梦想、梦话、梦乡、梦幻泡影、梦寐以求、梦笔生花、如梦方醒”等。“庄周梦蝶”是庄周做梦变成蝴蝶呢，还是蝴蝶做梦变成庄周？比喻梦中乐趣或人生变化无常。著名成语还有“南柯一梦”“黄粱美梦”。北宋沈括撰《梦溪笔谈》是一部记录自然科学、社会历史现象的经典著作。

书写时先写代表人之目的笔画，再写代表人身的其他笔画，然后再写“爿”字部及其他笔画，注意左右两部首的对应与配合要顾盼呼应，生动协调，笔画线条要有粗细、拙涩、轻重等变化，使之力透纸背、方圆结合、如书似刻。

本文从甲骨文字的角度，对“中”“国”“梦”的出处、释义、应用作了全面的阐述与介绍，知根知底，知情知义，有助于我们理解和把握古人的智慧和理念，以戈成国，富民强国，做有担当、有使命的龙的传人。

（备注：此文刊载于《书法导报》）

甲骨文书法作品的鉴赏评判

根据甲骨文书法书写、布白、用墨的要求来衡量书法作品的内涵与底蕴，从而来判定作品的高低与优劣。鉴，从理性的角度。赏，从感性的角度。毫无疑问这也是一种艺术的修养过程。由于鉴赏者的审美、修养、兴趣上的差别，有可能出现仁者见仁、智者见智的差异，但应当看到，作为中国书法各类书体审美的和谐性、统一性，传统的审美特性是共同的，总有一个合适的角度对各种书风、流派的作品作出较为客观的优劣评判，建立在这个基础上的鉴赏与评判，不是信口开河，不是感情用事，而是有规律、有标准可循，有了传统共性的评判标准，也就有了共识与共同语言，下面提出对书法作品鉴赏评判的“五讲四美”。“五讲”即一讲传统、二讲法度、三讲用墨、四讲文字、五讲内容；“四美”即一线条美、二结体美、三意境美、四款式美。

一、讲传统

学甲骨文书法的人，没有人会说自己是反传统的，也没有人会说自己的作品与传统背道而驰，毫无任何关系。在评价别人的作品时，很多人批评作品写得不够传统，或者称赞作品具有深厚的传统功力，常常勉励初学书法者要继承传统，传统成了书法艺术中一个无比厚重的亮点。那么何谓书法意义上的传统呢？一般笼统地认为凡历史上存在的东西，凡古代经典的书法作品都可以称为传统。有的则认为今天还在学习的、从古代传下来的书法即是传统。这些观点固然没有错，但还不够全面。书法作为艺术，经过3000多年的历史演变与发展，博大精深，源远流长，每一个历史时代都一脉相承，无数书家以时代审美深化了书法的创作与实践，继承并发扬优秀的传统书法艺术。因此，我们说传统是贯穿并流动于过去、现在乃至未来的历史过程，它在不断地产生、流变与发展。所谓继承发扬传统，就是在过去或古代的基础上，创造和重建不曾有过的新东西，要做到这一步，对一个书家来说有两件事必须把握好：其一，要认识并读懂中国甲骨文字从产生到演变为各种书体的轨迹，临摹各种书体的经典碑帖，让自己的艺术生命走到传统中去。其二，博采众长，融入个性，在传统的基础上力求创新，力求从甲骨文传统源头中走出来，书写出精品之作。

我们面对甲骨文书法作品，品评甲骨文作品时，就得从作品是否立足于甲骨文传统的源头说起。书法是一门综合性艺术，从一件书家的作品中，我们常常可以看出创作者的文化素养，他对书法各方面的艺术敏感性和审美特点，甚至对历史的态度等，而且书法作品还能在一定程度上反映出一个人的个性。一个成熟的书家或一件好的书作，首先具备继承传统的一面，这构成了书法艺术的审美基础和审美立场。近 20 多年来，书坛确实热闹过，光派别就有古典派、新古典派、学院派、现代派、工艺派、少字派、印象派等，也有一些人急功近利，认为传统太深厚了，没有耐心和时间去接纳它，于是玩弄笔墨，运用平面设计、工艺设计、再生设计等手段，所书作品矫揉造作、故弄玄虚、狂放粗犷，以尚野、尚丑、尚奇、尚怪、尚乱为准则，行笔支离破碎，结字东倒西歪，布白杂乱无章，写得叫人看不懂。正因为传统的内涵不足，所以才采取外形张狂的方式，简称“内不足、外张扬”。

对甲骨文书法作品的审美不妨再细化一下：传统书法作品应具备 4 个美学层面，即技、艺、法、道。所谓“技”指书写之技巧，系文字的规范性、合理性和实用性；所谓“艺”指书写之艺术，系文字的美观性，包括装饰性和抽象性；所谓“法”指书写之法理，系文字的文化性、观念性和社会性；所谓“道”指书写之道义，系文字的人格性、哲学性和精神性。技为艺之基础，以美观装饰为提升；法以艺为基础，以文化内涵再次提升；道以法为基础，以哲学人格三度提升。前两者系书法的形式层面，后两者系书法的精神层面。

甲骨文书法是建立在甲骨文字的基础之上的，在鉴赏评判甲骨文书法时，自然首先要掂量作者对甲骨文字传统的认知程度，然后再看一下作者对其他传统书体的把握度，纵观作者创作的甲骨文书法作品，有没有突出传统，从形式到精神、从书法表象到作品内涵，传统的元素与魅力有没有始终贯串整个书法作品之中。所以，一件好的甲骨文书法作品，首先要看它是否讲究传统的功力与底蕴，是否出自传统并符合传统的模式。

二、讲法度

书法有法，评赏一件甲骨文书法作品有无法度至关重要。所谓“法度”即侧重于规矩和法则，有法就是让艺术有了约束力，说明它是在一定的规矩与法度内创作的作品。缺少约束力，就会使作品不完备、不规矩。当然，在古代也有“不规范”“没有法”的时候，像简帛书体、砖瓦文字就是冲破了原有的约束与法度，扩大了探索空间，更生动地表现了另一种书体的直率和自然，据此，我们需要辩证地看待法度。书法艺术已有深厚的历史积淀，它所具备的法度是经过历史与前人总结并验证过的普遍规律，书家进入书法创作就是进入了一个传统与法度的王国，可以通过“无法”的方式来补充已有的法度，来完备已有的法度，达到一个新的健全的法度的境界。这样的循环往复，才能使书法作品产生较高的品位，犹如作曲家若不按照节拍、音律、声调等法度来谱曲，那么就无法产生可以畅吟高歌的曲调来。亦犹如诗人作诗，若不按照韵脚、平仄、对仗等法度（格律）来创作，那么诗人就无法创作出脍炙人口的绝句、律句。甲骨文书法也有各种书体，各种书体有共同的法度，也有各不相同的法度。书法的基本法度包括的范围很广，人们常说的书法的“基本功”就是书法的主要法度之一，它是创作书法的基本法则、学习书法的基本途径、临习碑帖的基本方法。此外，还包括作品的书体、文字的方圆、用笔规律、结体准则、行间距离、书写技巧、运笔速度、布白的虚实、形式的变化，以及点画线条的“屋漏痕、折钗股、锥划沙”等。故窃以为，历代书家所累积起来的法度，都应当在甲骨文书法中有所体现。凡不讲法度，或取法低下之作，大都存在工艺性、制作性、陈式化的毛病，只求形态上的龙飞凤舞，整幅作品看上去气势澎湃，其实质则飘荡失稳、浮滑无力。他们总以为几根线条的变化，可以任意为之，应是轻而易举的事，实际上这是一个错误的认识，对传统的法度不能因为创作、创新而偏废。凡是取法有法的作品，必定是气势大、体势强、韵味足。

我们应当明白东西方的审美宗旨是不同的，西方的审美宗旨是天人相胜，理想科学，塑造影响，用焦点透视之法。东方的审美宗旨是天人合一，悟性哲学，线条影响，用散点透视之法。西方的艺术审美与创作旨在生活的实用，然后走向宗教的实用，最后再走向生活的实用。中国的书法传统与创作则从生活的实用，走向文人的雅玩，最后再走向人格的修养与塑造。西方的传统艺术重在务实，强调“内在功夫”，特别关注工具、材料的变革应用，而中国的传统书法则重在务虚，强调“字外功夫”与精神因素。当然，艺术不是谁战胜谁，也不是谁复制谁，而是倡行东西互补，交流融合。甲骨文书法作为艺术而言，更具民族性、诗史性、文学性、经典性。最能反映、体现甲骨文书法特色的就是其书法特有的法度。甲骨文是刀刻文字，我们把数千年来公认的法度，与甲骨文贯通起来，所以一个书家必须要保持持续发展的态度，在传统法度的框架下，书写创作具有时代风貌又有个性的作品。

三、讲用墨

甲骨文书法作品的墨色也是作品成功与否的标准之一。前面已介绍了用墨之道，这里再阐述一下墨色的欣赏与评议。

甲骨文书法作品必须要讲究用墨，用墨亦可谓墨色，“字法本于笔，成于墨”，作品中的墨应为“墨分五色”。用墨技巧高超，可使书法作品呈现出微妙、奇幻、有节律的变化。作品的神采、气韵、力度等无不与用墨有关，如作品中用了干墨，水和墨都较少，易呈飞白干枯效果，可表现出枯不浮涩、虚静远奥的美感；如作品中能妙用淡墨，水多墨少，浓度较低，最佳为浓后之淡，易生奇丽娴雅、清逸淡定之美感；作品中若用了浓墨，墨多水少，如笪重光常用浓墨破水而书，计白当黑，浓而不板，反差强烈，字迹清晰明亮，出现凝练浑厚的美感；如作品能巧用湿墨，墨中含有一定的水墨，笔实丰腴，湿而不滤，有肉有骨，层层湿韵，新奇而典雅。此外，渴笔的运用特别重要，不用渴笔就得不到涩味，见不到涩味就不会产生高古的品格，在枯渴之中，再写出润味来愈显品位，渴笔的效果能达到“似干裂的秋风，又似润含的春雨”。书家在书写作品时，一般在开头先蘸墨，所谓墨从起笔，写到墨少了，再蘸以墨水，整篇作品也就有了丰富的韵律，甚至可以在一幅书法作品中计算出蘸墨的次数。有的作品从起笔第一字到写完最后一笔，全是一样的黑墨，每写一个字就蘸一次墨，甚至写一个字要蘸数次墨，整幅作品不分任何颜色，这样的作品可以说没有“墨法”，至少是书写者不懂得用墨。黄宾虹先生云：“古人墨法妙于用水，水墨神化，仍在笔力”。《书筏》有文云：“磨墨欲熟，破水用之则活”。所谓“水墨”，即水生于墨，墨生于水。“用墨难于用笔”此语极见哲理。陈绎曾《翰林要诀》言：“水太渍则肉散，太燥则肉枯；墨太浓则肉滞，太淡则肉薄。”由此可知，墨汁从瓶中倒出，不能就此蘸用，根据需要可以加以研磨，可以加水调活，水墨比例有人以为是“墨四水三”，有的则以为“墨三水一”，根据实际需要以适宜为主，这样墨中有水，水能生墨，墨活于水。自从“一得阁”“中华”等瓶装墨汁出现后，对于手工磨墨似乎淡薄了，不过有少数书家还坚持自己磨墨作书。佳砚好黑，指动婉转，时重时轻，时疾时慢，时柔时坚，时反时顺，时缓时急，由清入浓，由浅入深，由薄入厚，收心养神，炼筋养气，消除烦躁，引发笔兴，此等砚情墨趣是常用瓶装墨汁者无法体验得到的。此外，研磨出来的墨液质量高，滋润而活泼，清丽亮堂，色阶分明，层次丰富，有透明感，更有助于行笔发挥，这才能称为真正的“活墨”。在北京一年一度的文房四宝展销会上，予见到一种电动磨墨机，非常新奇又有意思，居然与手工磨墨有异曲同工之妙，这似乎也是在传统基础上的一种创新。稍加思考，这和在传统基础上的书法创新问题，失去什么、得到什么，是会有一点启示的。但无论如何不能用“死墨”，不能用质量低劣的“臭墨”，或者墨液时间过长，液浊游粘，灰暗无光，风雅全无，既糟蹋纸张、作品，又浪费时间。古人曾说过用墨要黑，并分成两派，一派为浓墨，旨在意远；一派为淡墨，旨在韵神。并称此两派为“浓墨宰相，淡墨探花”。现在很多初学者不讲究墨法，不理解墨法，不应用墨法，以为把字写得浓墨光亮和圆润即好。实际上用墨难于用笔，前面已经说到的“韵味”，首先是出于用墨，例如须墨沉者，指紧笔稳，力发毫端，不飘不滑，雄浑厚重，画若铁石；须墨活者，指尖笔灵，随心游畅，生动活泼，舒展自然，作品含蓄超逸。

韵味的生成除用笔技法和墨色的变化外，还与宣纸的浸润性能密切相关，与所书作品的书体、文字的大小、毛笔的健柔等因素也有一定的关系，故墨韵并不是孤立的，它是物我相互之间神秘的组合。有时候在评赏作品时，手指着作品的某个部位“这儿墨韵丰富”，似乎是对用墨的实指，但确切地说，用墨之妙更是审美的一种感受，它包括书体的某种风格、某种情调、某种境界，在墨的作用下才产生这种效果，犹如空中之音、水中之影、镜中之像那样美妙，似见可摸，但又不能触及。实践证明，任何一件甲骨文书法作品都必须讲究用墨。

四、讲文字

甲骨文字是甲骨文书法的表现对象和基础，如果没有甲骨文字，甲骨文书法则无从谈起。真可谓“皮之不存，毛将焉附？”所以甲骨文书法依附于甲骨文文字，起源于甲骨文文字。甲骨文字之所以成为甲骨文书法之源，是因为甲骨文书法艺术借甲骨文文字的线条、结体来表情达意，可以说甲骨文书法是以线条为造型手段，而线条的组合必须是以甲骨文字形体为基础，这样才能创造出优美的文字形象来。我们说文字内容其本身所要表达的，与书法艺术所呈现的审美情趣，可以说是两回事，也可以说是一回事，他们相互之间有一定的互补关系。书法是一种书写法则，并运用这些法则进行艺术创作，甲骨文字有长形结构、方形结构，每个字就是一个造型单位，每一笔画都占一定空间，古人在应用与契刻书写时，千篇一律，不一定会注入多少艺术创造，实用性占的比例较大。今天我们再次把它当作艺术来创作书写，其笔画的肥瘦、向背、偃仰、伸缩、揖让，均可自由运用发挥。就字形而言，可令其伸长、缩短和压扁，构成上下相望、大小相连、左右相近、前呼后拥，四隅环中，以其笔画在文字造型中的空间位置差异而自成面目，以适应书法艺术造型所需要的样子。这个过程人们用富有弹性的毛笔，按照文字线条的方向、结体、书写顺序，并通过一定的笔法，把自己的审美个性倾注到笔头，形成各种不同风格的甲骨文书法作品。由此可知，甲骨文字是独自构成有血有肉、有筋有骨的基本生命元素，是甲骨文艺术所表现的形态，它通过笔意使每个甲骨文字都适应于作品所表达的意境和气韵。因此，可以说甲骨文是人类文明的成果，是源头活水，它能广泛参与到社会文化建设和人民文化艺术生活的各个方面，使甲骨文书法在社会发展中永远保持着旺盛的生命力。

鲁迅先生说过“意美以感心，一也； 音美以感耳，二也； 形美以感目，三也。”（《汉文学史纲要》）鲁迅对我国汉字之美的 3 点概括，实际上是体现了汉字的意境、音律和形式之美。从文字演变的角度看，中国的文字发展大体可分为 4 个阶段，即甲骨文和金文，大篆和小篆，隶书和草书，楷书和行书，这是一个由形象到抽象的演变过程，也可以说是文字发展内在的需要。文字体现语言的可塑性、灵活性，记录了语言的真实意义。所谓望文生义和望形联想是文字内容和书法艺术的两个方面，甲骨文字引领了文字发展的这种内在要求。在表情达意方面，它的线条变成了一种有规律的线条，又经过艺术创作的锤炼，使得其更富有表现力，更富有内在魅力，亦更富有意境、音律和形式之美。

在一件甲骨文书法作品面前，文字往往是一位向导，给观赏者提供欣赏的途径和元素，人们会从阅读甲骨文字开始，边读边深入，若文字不认识，文字内容不明了，就直接影响到欣赏书法作品。文字内容的品位和书法艺术的品位匹配与否、和谐与否，也直接影响到作品的艺术水准。因而，在甲骨文书法作品中注上释文，是很有必要的，有了释文就可以两相对照，加以阅读。读懂了，人们才会因文生情，会对文字所表达的思想意境和书法艺术所表现的美感折服倾倒，甲骨文书法艺术的形式美也绝对离不开文字内容所表达的意境。既然甲骨文字在书法作品中，有如此重要的位置和作用，那么在鉴赏作品时，首先要看作品的用字是否正确，若出现了错别字这件书法作品也就有了“硬伤”，它不仅影响书法作品的美感，亦影响书法作品的内涵与品位。文字作为书法书写元素，一要追求文字的形式美，二要保障文字书写的正确性。下面再谈一下文字不能当作绘画来书写的问题。有些甲骨文作品将文字美术化，写甲骨文书法就像绘画。有些作品通篇无一字，只有满纸混乱无序的线条，这样的无字天书没有人能看得懂，这些违背传统、违背法度、违背书写原则的作品，已经远离了书法的范畴。李岚清先生1996年1月6日参观“镇江书法精品展”后指出：“现在很多书法家把书和画结合起来了，不像书法了，脱离了汉字。我们中国的汉字，如甲骨文、大篆、小篆、隶书等，都有很强的美感。我们的汉字是一个伟大的发明，现在我们的书法艺术就是要弘扬汉字的美，不要把汉字变得谁都不认识了，不要把书法艺术变成抽象派的艺术了。”这席话概括了书坛的一些现状和弊病，提出了书法要弘扬中国文字美这一艺术功能的重要意义。因此，在这里笔者反对，至少不提倡把甲骨文字当作画画一样来书写。

五、讲内容

甲骨文书法艺术不可能孤立地、绝对地成为一种艺术形式，必然会赋予它一定的内容。书法家创作甲骨文书法作品时“写什么”就是一个内容问题。一切事物的形式美应当是内容和思想的体现，两者是相辅相成的。今天人们站在审美和艺术的角度，更注重书体的选择、文字的美化与趣味，大大超过了探究汉字表达的意义。这当然无可非议，但这并不是说可以忽视书写的内容，一位真正意义上的书法欣赏者也不可能光看汉字造型美，而不去欣赏文字内容的意义。在中国书法史上，传世作品都表达了一定的内容与意义。甲骨文是殷商王朝的占卜记录，西周青铜器上记录着当时礼仪、官制、册令、战争、分封等方面的铭文，简牍是古代文书、医书、函札之遗存，墓志、汉碑大都刻有墓主生平业绩，明清时期经典书法作品大都以诗词、文稿、手札为内容。当然甲骨文书法作为艺术而言，不同于实用书法，它对内容的要求相对广泛与自由一些，可以根据欣赏者的审美需要，或者为表达个人思想情感的需要，来确定所要书写的内容。可以说，唐诗宋词、汉赋元曲、名篇名言，包括格言成语、警句趣语，以及自作诗文，临摹古人法帖碑文等，皆在书法创作的范畴之内。但甲骨文书法作品的内容并不是一点也没有限制，如违反法律道德的内容，或者让人感到沮丧颓废的内容，就不适合书写成作品。这里提出几点看法与意见，供大家评赏时参考。

其一，甲骨文书法作为艺术就具有一定的宣传作用，所以书家在“写什么内容”问题上，应承担一定的社会责任，作品当适应时代要求，符合人民利益，有与时俱进的作用与意义。

其二，甲骨文书法创作必须积极向上，催人奋发进取，陶冶情操、启迪智慧，能给人以深思和美感的内容。

其三，必须适合或大致符合特定的环境和场合，适合特定的观赏对象，不能因为自己喜欢什么、善于写什么就写什么。此外，如在古代诗词中，有些丧志无聊、牢骚满腹的内容亦应避免书写。

其四，多创作、多书写自作诗文。自作诗文更能真实地体现出作者自身的文化素养和艺术价值，无意中给自己书法作品的创新与品位加了分。

其五，甲骨文书法作品的文字内容最好要和书体形式有机地结合起来，如粗壮浑厚的甲骨文书体，一般可以着重表现坚如磐石、稳如泰山、古朴庄重、平静工整等方面的内容；刚峻遒丽的甲骨文书书体，一般可以侧重表现潇洒活泼、奔放舒展、龙飞凤舞、风起云涌、意气风发等方面的内容，如此等等，这样人们在品读书法作品内容时，才会与之产生共鸣，触景生情，身临其境，为书法作品水乳交融的形式与内容所倾倒。

前面已提及，甲骨文书法作品的形式美离不开文字内容的体现，文字内容的意义和内涵是通过甲骨文书法作品的形式美体现出来的，两者相得益彰。因而文字内容和甲骨文书法艺术的其他构成元素，和谐统一十分重要，它直接影响到甲骨文书法艺术的观赏效果。当人们在欣赏甲骨文书法作品的艺术性时，文字内容所表达的意义与意境，总会在脑海里搅和在一起，两者是否珠联璧合，自然关联到书法作品的整体形象，只有情感、内容、形式交融在一起，才能产生出无比广阔、深厚的艺术魅力。文字内容所展示的语言形象和书法所表现的视觉形象，同形同构，内容与艺术完美的结合。如当我们徘徊在主人的客厅里，凝视欣赏着墙壁上悬挂的甲骨文书法“长乐永康”“春风化雨”“上善若水”“好学为福”“厚德载物”时，我们必定沉浸于一种生命的格调与意境中。在低吟玩味的同时，感受到哲学、诗意于此，笔者慎重提出，当今甲骨文书法爱好者一定要总结前人的经验，注重作品的文字内容，以此加深书法艺术的感染力。

六、线条美

甲骨文书法作品可以说是由甲骨文字的点画线条构成的，用毛笔书写时，首先表现的是线条形态。甲骨文有些人并不全都认识，可是人们仍能感觉到它的古朴、沉雄、稚拙之美，这就是甲骨文书法的线条，包括结体、章法布局所构成的形式之美，吸引了人们的眼球。甲骨文书法的线条受到甲骨文字结体的限制，因而它是一种有规律的线条，经过几千年的锤炼，这种线条更富有表现力，更富有形式美。所以对书法艺术那种特有的富有力度、富有节奏的线条，具有无限的生命力，它能唤起人们的审美判断力、艺术鉴赏力，并能传达愉悦的感觉。东汉蔡邕云："为书之体，须入其形，若坐若行，若飞若动，若往若来，若卧若起，若愁若喜，若虫食木叶，若利剑长戈，若强弓硬矢，若水火，若水雾，若日月，纵横有可象者，方得谓之书矣"（《笔论》）。王羲之《书论》云："每作一点，必须悬手作之，或作一波，抑而后曳。每作一字，须用数种意，或横画似八分，而发如篆籀；或竖牵如深林之乔木，而屈折如钢钩；或上尖如枯秆，或下细如针芒；或转侧之势似飞鸟空坠，或棱侧之形如流水激来。作一字，横竖相向；作一行，明媚相成。第一须存筋藏锋，灭迹隐端。用尖笔须落锋混成，无使毫露浮怯，举新笔爽爽若神，即不求于点画瑕玷也。为一字，数体俱入。若作一纸之书，须字字意别，勿使相同。若书虚纸，用强笔；若书强纸，用弱笔。强弱不等，则蹉跌不入。"这些经典话语虽然是针对书法其他体势，但对于甲骨文书法，也为我们提供了一把评赏甲骨文书法作品的钥匙。由此可以清晰地看出，线条的质量与毛笔的性能、书写者的技巧密切相关。众所周知，毛笔在书写运行过程中对动作的变化、力量的大小十分敏感，哪怕是一点点的动作变化，落在纸上的笔迹就会不同。因而书写者在拥有用笔技巧、用墨技巧的基础上，就会拥有广阔的创作余地，就会产生千变万化的线条形态。

书法线条有两个重要的因素：力度和节律，它们是一件优秀书法作品必须具备的条件，也是书法艺术具有生命力的主要原因。线条的力度并非指人身体爆发出来的气力，如果是这样，那么谁体格强壮，谁就可以写出有力度的线条了，显然力度不是实指，而是在评赏作品时一种视觉效果，或言绵里藏针、刚健挺拔、骨力坚韧等，也可归结为用笔的形态美。书法线条的节律，也可称为节奏，是因为书法作品创作时皆从第一个字写起，每一个字又必须依照笔顺从第一笔写起，每一笔都是一次性运行完成的，其整个过程中不可能有重复，也不可能有逆转。所以在评赏作品时就可以顺从这个规律，对书家一系列连续变化和用笔，先后次序的递进，去观察、理解线条由提按、顿挫而产生的律动。字与字之间、行与行之间，或大或小、或长或短、或疏或密、或缓或急、或轻或重，具有音乐一般的旋律和节奏感。

线条的力度也可称为“骨力”，南朝宋虞龢《论书表》中有则故事：王献之七八岁学书时，其父王羲之趁其不备拔其笔，竟然没有拔掉，就感叹地说，我儿以后一定能成大名，于是有人认为执笔愈紧就愈能写好字。实际上不能这样理解，王献之因为精力集中、一丝不苟地练字，才没有被拔掉笔。写好字全在指、腕、臂协调用力才能把笔力写出来，执笔的用力大小和线条的力度是不成正比的。当然仅有这些还不够，必须加上用笔的技巧。用笔必须有提按、转折、轻重、迟速、疾涩、淹留、推拖、撚拽、导送、擒纵、垂缩、映带，还有方笔、圆笔、辅毫、裹锋、藏锋、中锋、侧锋、露锋之分。方笔能表现出峻峭，圆笔能令人感到温润，细劲线条能令人感到飘逸，粗壮线条能令人感到凝重。直笔有劲挺感，曲笔有委婉感，长线有奔放感，短线有含蓄感，挑笔有飞动感，捺笔有沉雄感。姜夔在《续书谱》中云：“余尝历观古之名书，无不点画振动，如见其挥运之时。”作品的点画线条所表现的各种力度与节奏感，完全能想象到书者挥笔作书时的情景，想象到毛笔在运行过程中的翻转、顿挫、聚散、屈伸，以及提按之状。

具体衡量线条好不好，是否体现出力度和节律，可归结为5个字：毛、涩、松、实、润，它是由五种不同的书写方法所产生的效果，这五种方法是：提、逆、散、中、顺。提按用笔抑扬顿挫，积点为线，粗细相间，形成老辣苍劲的“毛”状；逆势使笔受阻，淹留效果形成线条涩感；笔锋铺毫，散而不乱，牵丝映带，线条豁朗，形成似松非松的效果，实乃为中锋用笔之；润为行笔顺畅，线条光润挺秀。五字对应，既体现甲骨文朴拙雄浑，又体现了甲骨文典雅秀丽，也包含了人们津津乐道的“印印泥，虫食叶，屋漏痕，锥划沙”的线质描述。

然而，我们在评赏书法作品时，也常会看到一些不尽人意的线条，其主要病结有如下几点。

其一，轻飘浮滑，线条臃肿板滞，此因笔性柔软，行笔犹豫所致。这种情况有的作品通篇皆是，有的作品局部可见，即便在作品中偶有所见，也会败坏欣赏者的兴趣与胃口。特别是在线条的收笔处，随着毛笔上提的惯性，轻描淡写地一扫而出，形成鼠尾之状。

其二，线条由毛笔生拉硬拽，直来直去，缺乏“杀纸”力度，从头至尾无任何律动与变化，线性不强。由于书者书法基本功不扎实，不能很好地驾驭毛笔，甚至是靠描、画、做书写出来的线，不会使用筑锋逆入，不会使用裹锋绞转所致。

其三，点画混杂，故作颤抖，起伏狂怪，形体偏斜，泼墨处不润，墨浓处不活，墨湿处漫漶。有些书者急功近利，在浮动、浮躁、浮快的三浮世界里，这样的线条势必缺乏内涵，也缺乏外在美。

其四，创作思维不完善，展览意识强，取媚意识强。有的人浅层次地模仿他人作品，并不是在临摹而是在抄袭，表面形似，实质俗不可观。有些人学张旭怀素，书写前痛饮白酒，让神经发狂，高叫数声，迅疾挥毫，企图从潜意识中得到灵感，完成完美作品。然而，这往往适得其反，呈露出非常脆弱、投机不取巧的病态之作。

七、结体美

有了优美的点画线条，就像工匠有了建筑材料，如何将这些材料搭建成漂亮的房子，这就是文字的结体造型问题。甲骨文字结体之美是评赏书法优劣的重要因素，文字结体美就是书写时给文字创造美的形象，它不像摄影那样，取万物之象，也不像西方抽象派那样，只取印象。甲骨文书法以甲骨文字为载体，甲骨文字有些字以形符为主，有些字则以意符、声符等为主，逐渐离开了象形，以点线组成了单字结构，它可以万象中取意、取理，取万象的对称平衡性，取平正险绝，对比调和等理念去追求文字的结体美。虽然文字结体造型是在有限的空间里进行，却有无止境、无重复的广阔的天地，甲骨文字不是字母组成的文字，一个字就有一个字的天地，一个字就有一个字的生命意义，它有着独特的、无限的审美容量，使得文字结体的造型能在各种书体有限的空间内，无重复地自由创作书写。孙过庭云："差之一毫，失之千里。"说明书法造型利用纤微毫发之变，能创造出与前人不同的千变万化的具有审美价值的艺术作品来。

从陶器上的符号发展到成熟的甲骨文，汉字结体造型美进入了最初的过程，这一时期构成文字的主要的线段是以直线为主，曲线为辅，字形结体趋方形、长方形，直曲异同，结体有了装饰化，为汉字书法进一步艺术化，进一步个性化奠定了基础，此后随着社会不断发展，出现了以快速书写为特征的行书、草书，风格流派也随之层出。书法结体美，也成为书法家对外界事物和社会生活中各种客观审美的体验，成为书法家主观意识、情心志趣的风格与追求，并与工具材料、书写技法的发挥相映。文字结体美的宗旨，就是要给人以美的启迪，给人以美的感受，进而影响人们的审美思想和审美涵养。

甲骨文字结构形式有：独体结构、左右结构、上下结构、左中右结构、上中下结构、包围式结构、堆垒式结构、特殊型结构等。构成甲骨文字结体有20种关系，如疏密关系、聚散关系、俯仰关系、向背关系、大小关系、主次关系、提携关系、折旋关系、稳急关系、润涩关系、肥瘦关系、方圆关系、动静关系、正斜关系、屈伸关系、长短关系、揖让关系、开合关系、虚实关系、浓淡关系等，以上这些书写元素，在适当的书写条件下发挥作用，运用好这些甲骨文字书写元素，都是为了深化、创造甲骨文字结体美。评赏甲骨文书法作品，当然要认真地思考这些点画是如何运用的、这些结构是如何安排的、这些关系是如何处理的。

对甲骨文书法结体的欣赏，常用“有味道”“有意思”来表达感受，实际上这是很模糊的，压根儿没有进入具体、细化的分析之中。当然一开始从大面上领略一下文字结体是否整齐、书写布白是否匀称平衡，亦是很有道理、很有必要的，这些也是文字结体美的基本要求，但仅是这样显然是不够的，更重要的是要审视结体的匀称平衡之中，是否有不落俗套的创新与发明。因此，成功的结体不仅富有新意、富有变化，同时也符合传统、法度，结体的部首之间互相呼应，形成一个和谐完美的整体。相反平淡一般，不成功的结体，只是一般性的照章书写而已，显得机械呆板，毫无吸引人眼球的地方，看不到一点心迹与“预谋”之处，“写到哪儿是哪儿”，应宽处不够宽，应长处不够长，应密处不够密，或者显现出一种变形狂怪之病态，便谈不上有任何结体美了。

鉴于上述，我对甲骨文书法作品结体美提出“四字”评赏标准：

1. 大，指结体精当疏润，品位高古，体现出传统经典特色，气势豪迈博大。

2. 清，指结体典朴秀雅，清而不拖泥带水，虚静闲适，风规自远。

3. 拙，指结体大巧大拙，巧后之拙。熟笔易得，生拙难求，拙与浊、俗相对立，去俗除浊方能由拙生美。

4. 厚，指结体沉雄，无浮滑飘忽之感，醇厚恢宏，结体奇绝纯正，真力弥漫。

总之，结体美就是甲骨文字美，掌握了基本规律，才能自由自在地进行黑白分割与虚实布白，其结体才能体现出静中有动、方中有圆，有顿挫但不枯萎，有法度但不拘谨，有起伏但不狂怪，有变化但不粗俗，字字多姿多彩。

八、意境美

意境是一切书法艺术的灵魂，意境也是甲骨文书法美学的重要范畴。所谓意境，即谓意和境的统一，或言情和景的统一。诗词有意境，绘画有意境，但甲骨文书法与意境的概念似乎谈论得不多，甚至有人认为这看不见摸不着的东西没有必要去计较，这显然是错误的。我们常说书中有画，书中有诗，书中有情，毋庸置疑，这是意美和境美的统一所致，意指书法艺术家的思想感情的审美观点，在作品中的反映与体现。书法家的喜怒哀乐、悲欢离合都会随着笔迹渗透到作品里，依靠书法家理性地把握才能在书写的过程中，将艺术表象升华为书法艺术的形象美。我们不能因为书法是抽象艺术，而忽视书法形象性的因素，欣赏者通过亲身体验与感受，能联想到某些客观万象之形，从而产生了某种情境。

朱光潜先生《艺文杂谈》云："我在看颜鲁公的字时，仿佛对着巍峨的高峰，不知不觉地耸肩聚眉，全身的筋肉都紧张起来，模仿它的严肃。我在看赵孟頫的字时，仿佛对着临风荡漾的柳条，不知不觉地展颐摆腰，全身的筋肉都松懈下来，模仿它的秀媚，从心理学看，这本不是奇事……，我们说柳公权的字劲拔，赵孟頫的字秀媚，这都是把墨涂的痕迹看作有生气有性格的东西，都是把字在心中所引起的意向移到字的本身上面去。"

这种书法艺术的欣赏就是"意境"或"意象"的欣赏，这里所提及的意象与意境两个概念，应区别对待。《辞海》对"意境"注云："文艺作品中所描绘的客观图景与所表现的思想情感融合一致而形成的一种艺术境界。具有虚实相生、意与境谐、境生象外，追求象外之象、韵外之致的审美特征，能使读者产生丰富的想象和联想的广阔空间，如身入其境，在思想感情上受到感染，并对人生、宇宙形成深邃的领悟。中国古典文化论以此来衡量作品的艺术价值，优秀的文艺作品往往能使情与景、意与境相交融，塑造鲜明生动的艺术形象，产生强烈的感染力。"《辞海》对"意象"注云："表象的一种，即由记忆表象或现有知觉形象改造而成的想象性表象。是想象力对实际生活所提供的经验材料进行加工生发，而在作者头脑中形成的形象显现。"另一有释："中国古代美学范畴。主观情意和外在物象相融合而蕴于胸中的心象，即审美意象。南朝梁刘勰《文心雕龙·神思》中首次明确提出该词，"独照之匠，窥意象而运斤"。艺术家通过内视胸中积淀的审美意象而塑造艺术形象。"《辞海》的注释似乎仍不甚了然，有一点可以表明任何艺术作品，都要情景交融，都应具备意象，但意象并非都有意境，两者既不能等同也不能混同。中国甲骨文书法仅有意象的欣赏是不够的，还必须具有意境的审美价值，意境的审美内涵比意象要丰富广阔，南朝的谢赫提出"取之象外"，就是要突破意象之外，才能达到意境之妙。所以，情景交融是意境审美的基本特征，意境的本质是艺术形象所能引发的艺术想象，它蕴含着人生的感悟、历史的感悟，超越情与景的审美感受。凡有意境的作品总能使人得到满足与感动，引发思考，其中不仅有书法家的心迹表现，而且带有社会的、时代的普遍意义。不仅有书法家的情绪抒发，而且能体现出审美理想的高度。例如人们津津乐道的《兰亭序》《祭侄文稿》《寒食帖》，人们感受到历史积淀、文学与生命的深邃之外，还看到了通篇文字相互呼应，上下左右之间，交相应接，疏密之间，增一点减一点均不可，每个点画都在恰到好处的位置上，充满立体感，全篇一气贯注，风神潇洒，其意境在笔墨之外，使人愈看愈有味。

我们看到有些甲骨文书法作品断点断线，拆开结体，部首变形，妖气、霸气、怪气十足。或者增添背景色彩，点画张牙舞爪，支离破碎，写“山”画得像山，写“舟”画得像船，返回到了“书画同源”，以画带动书法，这些都过度放大了甲骨文书法艺术的意象，当然也无意境可言。

意境的衡量与评赏，是对甲骨文书法作品深层次、高标准的探索与研究，是甲骨文书法作品有无灵魂的检测，他要求欣赏者本身应有广博的学识，应有丰富的人生阅历，对社会、对历史有深厚的情感，对书法艺术审美有思考，能体悟意象之外的意境美，方能运用到自己创作的甲骨文书法作品中。

九、款式美

款式即书法作品的式样，例如条幅、中堂、斗方、横披、扇面、册页、对联、信札、条屏、题签等形式。款式美有人叫形式美，款式美有多方面的复杂因素，既包括书法艺术各种表现形式所具有的可视形象的外在形式，又包括从艺术的角度审视书法作品与表现对象之间的各种艺术因素、各种艺术审美特征。由于款式美的指向比较明了直接，不易于其他概念混淆，所以款式美有着一定的独特的审美意义。

所谓款式美实际上是指作品的经营位置、经营方法，将文字组合成篇且又适合某种式样的章法布局。我们说无论何种式样，都有约定俗成的传统规格。对于一件书法作品一般都分为正文、落款、钤印三部分，作品的章法布白随着甲骨文书体的不同，随着斗方、条幅、横披等形式的不同而不同。如果说一件十分成功的作品，书法占五分、六分的话，那么章法布白应占四分、五分，而章法布白的要领与原则是“计白当墨”或“知白守黑”。黑是指用墨书写的部分，白指未用墨书写的留空部分，黑为实，白为虚，黑白效果也可谓虚实效果。《老子》云：“知其白，守其黑，为天下式。”故书法上的“知白守黑”，就是在创作甲骨文书法作品时，把握好虚实的艺术合理性，将内容按照书体形式的不同格式、按照黄金分割率的法度分配艺术空间，做到虚实相生、黑白相宜。邓石如云：“疏处可以走马，密处不使透风。”这是对黑白与虚实的章法布白最生动的注释。这种布白包括3个方面：

1. 作品正文文字本身的布白，它要求文字结体、点画的安排必须整肃匀称、合情合理、无可挑剔。

2. 行列之间的布白，即行与行之间的行距，列与列之间的距离，有的还有界格的划分与处理，都必须恰到好处。

3. 款识的布白，首先要设计好上、下款的字数（若有上款者），文字的大小长短，起讫的位置及与行间的距离等（包括钤印），都要有所精工“预谋”，有天然“侯款处”。在款识美的审美框架下，款文过紧、过松、过大、过小、过多、过少，与正文不谐调，都会影响整体的款式美，所以款识的书写与布白非常重要。此外，重点还要看作品有无“行气”，即书写时笔意和笔势的运行状态。单字的运行要八面流通、笔断意连，达到气贯、势顺、匀称。纵横之间没有拼凑，没有呆滞，没有犹豫的痕迹。单字的运行不能孤立地看，要承上启下，观其上下之间的文字如何应接，上面的文字如何“管领”下面的文字。宗白华先生认为：“相管领就好像乐曲的主题，贯穿和团结着全曲，同时也表现出作者的基本乐思。应接就是在各个变化里相互照应，相互联系，如宾朋满座，交响应接，也就成为艺术布局的基本原则。”孙过庭《书谱》云：“一点成一字之规，一字乃终篇之准。”说明书法作品的第一字很重要，它是整篇作品的一个原则，其气势和规则必定管束到最后一字，起到了整篇的领袖与楷模作用。

如果款式的某些环节出了问题，那么情况就不同了，例如：某一字写得过大，某一点画写得过粗或过细；行距、字距本该匀称却拥挤得过紧；题款太靠上，下方留空过大；钤印过大、过多等，都会破坏整幅作品的平衡与美观。根据经验，款式上的不美观，很大的原因是书家在创作时重视不足，不管什么纸，也不管纸的大小，不看纸的正反，拿来就写，盲目地追求“无意胜有意”，“自然胜做作”之说。由于书家各有秉性，修养不同，表现手法不一，加上时代不同，环境不同，创作时情绪不同，所书写的书体不同，字数与内容不同，纸面有大有小，所以每件书作也不尽相同，这就要求欣赏者别具慧眼，近观作品的技巧、方法、内容、文字、墨色等局部性的东西，远观作品的形式、比例、气韵等整体性的东西，具体要求作品在款式美上注意这 4 个方面：

1. 气息，即作品要有书卷气息、金石气息、时代气息。

2. 神采，即作品要追求居静以动，墨色鲜活，以形传神。

3. 格调，即作品要达到高雅远奥，新颖逸致。

4. 韵味，即作品要使人感受到以情入法，以笔生韵，体势开阔荡漾，雍容含蓄。

款式美是作品的一个整体标准，作者、读者都必须把握好款式的审美理念，力求全面地判定作品的优劣。

（备注：此文刊载于《书法导报》）

终生难忘的吉林文庙讲学

吉林文庙位于吉林省吉林市，与南京夫子庙、曲阜孔庙、北京孔庙并称“中国四大文庙”，是国家级重点文物保护单位。吉林市文庙博物馆白山书院设立了国学堂，讲学堂仿照孔子讲学时的场景，设置桌椅板凳54张，每次讲学只能坐108人。为什么设108座呢？白山书院王敬萍主任告知，108这个数字来源于“百八三昧”，断除108种烦恼，身心静寂，这是学习的最高境界。

这一说，颇有传统哲理，我记住了。

吉林文庙是一组具有东方建筑特色的古典建筑群，其建筑仿皇宫之制，占地16354平方米，殿堂配庑64间，大成门、大成殿、崇圣殿三大主体建筑坐落在一条中轴线上，两侧辅助性建筑呈对称状排列，四周由3米高红墙环绕，正门前为长40米，高5米的照壁。进入正门建筑次序依次是状元桥、棂星门、大成门、大成殿、崇圣殿。大成门、大成殿、崇圣殿三大主体建筑构成三进院落。整个文庙红墙黄瓦，殿宇轩昂，富丽堂皇，宛如帝王宫殿，整体建筑布局合理，结构严谨，配饰雕琢无不精工。吉林文庙既是尊孔崇儒的礼制建筑，更是劳动人民智慧与汗水的结晶。它在相当程度上保存了我国古典建筑艺术的精华，并以其金碧交辉的雄姿为美丽的江城增添了光辉。它又是吉林一个以保护古建筑群而建立的专业性博物馆，以对公众进行中华民族传统文化教育和爱国主义教育为己任，以举办展览、文化活动等为载体，以激发公众的爱国热情、推动全民素质提高为目的，一直肩负着弘扬中华民族传统文化，传播爱国主义教育的历史重任，2018年9月1日我受邀在这里讲授甲骨文。

王本兴在吉林文庙讲甲骨文

王本兴在吉林文庙讲甲骨文

有关我讲学之新闻，在吉林《江城日报》《江城晚报》作了预告，听课报名者空前，座无虚席。

事先我提供了四五个演讲主题，最后他们选择了“甲骨文书法创作应注意的问题”。要知道注意问题，就必须先搞清楚还存在什么问题，我归纳整理，认为当前存在八大问题：

一、不重视临帖，基本功不踏实；

二、模仿多；

三、浮躁、急功近利，心态欠正；

四、形式单一，无新意；

五、侧重工艺制作；

六、用字不精准；

七、不讲用笔；

八、不讲用墨。

并针对性地提出，甲骨文书法创作应注意十大问题：

一、学书法要从甲骨文入门的必要性；

二、从临摹开始；

三、创作甲骨文书法所具备的良好心态；

四、必须了解、熟悉甲骨文书法 7 大特性；

五、必须掌握甲骨文书法 10 种形式；

六、必须了解、熟悉甲骨文书法作品 10 大内容；

七、必须了解、熟悉甲骨文书法作品 8 型 3 体；

八、甲骨文书法作品选字要精准；

九、要讲究用笔用墨；

十、落款盖印要美。

整个讲学进行了两个半小时，结束后与甲骨文书法爱好者互动了一个半小时，现场气氛热烈，听众真诚不舍，场面十分动人。

我曾在众多小学、大中专院校、书画院讲过书法、篆刻、甲骨文，但这一次在吉林文庙讲学，令我终生难忘。

（备注：此文刊载于《吉林新闻》《中国书画报》《书法导报》）

说说讲座以后

书画家被邀请去作讲座，能获得认可与轰动效应，也就算十分成功了，一般不会再去关心讲座以后的事情。我亦亲历大小书画讲座有 30 多场次，每次演讲结束都会被热心的听众团团围住，提问、合影、交流，折腾多时还不能脱身离开，但我并不满足于此，总感觉到还缺少一些更重要的东西，久而久之，我悟到了一点，由讲座引发的后续工作、后续发展更重要。

也偶有书画家把每一次演讲看作是个人名誉的炫耀、标榜，看作是自身艺术价值的标志与艺术水准的体现，这种浅薄与功利意识，当然不值在此一提。

什么是“后续效应”？打个比方，把讲座当作是一粒“火种”，那么在你演讲以后，这粒“火种”能很快发展、很快蔓延、很快燎原，在书画艺术领域里的某些事物，能从无到有、从少数变为多数，从涣散变为团结、从后退变为前进，这应是演讲者最重要的追求、最重要的目标！类似“煽风点火”，能有这样的“后续效应”，讲座才是真正意义上获得了不留遗憾的最大成功。

数年前，具有 100 多年建校历史、现有 4000 多名学生的无锡市钱桥中心小学，邀请我去作“少儿学甲骨文书法”讲座，安排了 100 多名师生代表听讲。对此我进行了两方面的规划与备课：一是讲座内容本身的知识性、故事性，特别是必须深入浅出地用适合儿童的语言与思维，去启发、触动他们对文字源头求知、探索的欲望。二是讲座以后要让他们把甲骨文书法变成自己的兴趣爱好，不断档、能继续，有一

王本兴在海南三亚讲授“甲骨文与甲骨文书法”

王本兴在无锡市钱桥中心小学讲授甲骨文知识

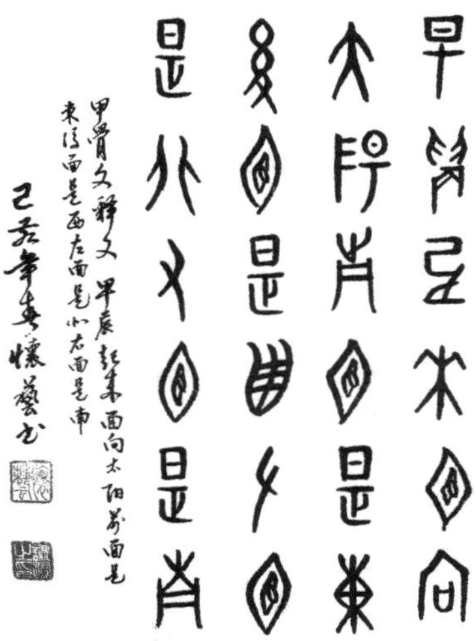

三亚甲骨文微信群作品

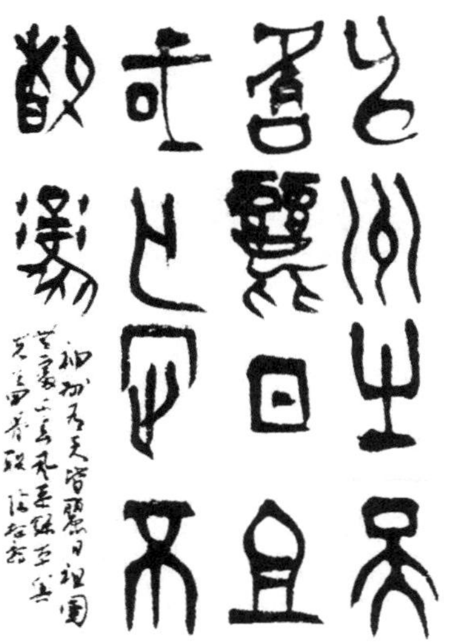

三亚甲骨文微信群作品

步，跨二步，有开头，无终点，把对甲骨文的兴趣爱好延伸下去。有了这两个理念，讲座时就可以相辅相成，穿插呼应，前者是为了后者，后者必须有前者作铺垫；前者是当前效应，后者是后续效应；前者是手段、办法，后者是重点、目的。

结果，这次讲座效果在意料之中也在我意料之外，讲座结束后，很多学生自愿报名参加少儿甲骨文培训班，学校趁热打铁，顺势成立了甲骨文社团，每星期定时、定室、定人安排教程与课时，由 4 名美术老师担任甲骨文辅导员，有组织、有指导、有作业、有创作。他们学习内容广泛，有甲骨文书法、甲骨文剪纸、陶刻、摆件、绘画等实践活动。整个校区的墙面喷绘、走廊装饰、草坪巨石上，全用甲骨文布图制作，几年后就汇集了数百件天真、稚雅的甲骨文书画精品。举办了少儿甲骨文书法大展，去年学校出版了少儿甲骨文书法集，编纂了少儿甲骨文教材。经过几年的发展努力，学习甲骨文的氛围在这所小学如火如荼，这在全国亦是非常罕见的。一次甲骨文讲座后能有这样延续，不正是演讲者最主要的、也是最重要的目标吗？

我记取了这次演讲的经验与体会，今年一月我在海南三亚过冬，三亚市群众艺术馆邀请我去讲授“甲骨文与甲骨文书法”一课（见 2019. 2. 13《中国书画报》新闻版）。我先做课外准备，对三亚书法、篆刻领域的基本情况作了一番了调查摸底，对整个文化艺术的发展层面作了初步评估，对甲骨文能否在三亚铺开作了初步的可行性分析，在此基础上再做课内准备，知己知彼，方能有主动权。我向主办方提出：听众不一定要懂得甲骨文，凡热心的、有兴趣的即可，多邀请一些有想法、能作为的有识之士。

讲座进行了两个半小时，结束后听众团团围住了我，不过他们不是提问、也不是合影照相，而是发出一阵阵感叹：老祖宗留下的瑰宝我们为什么不学呢？三亚的文化底子不薄，为什么看不到甲骨文气息呢？年内要建立三亚市甲骨文学会！春节要举办三亚市甲骨文书法展！当务之急，本周就建立一个甲骨文微信群！推举刚退休的葛军先生当群主，可这位群主根本不懂甲骨文呀！没关系，这并不影响他开展工作。

葛军先生好样的，4 天内就建立了 20 多人参加的甲骨文微信群，3 周后就发展到 50 多人，一个月后增加到 200 多人，几个月后的今天已有 302 人，今年计划要达 1000 人，而且大门敞开，面向全国。他们约法三章：一、所有会员只发甲骨文作品，其他书体作品一律不发；二、每人必须按期在群里交作业，不交作业自动退群；三、不能发广告及个人信息，违者驱逐出群或罚款 200 元，用作集体交流时的茶水费。我与他们远隔千里，但现代通讯很方便，我有时看看他们的“作业”，有时提供一些资料，他们为某一个文字在群里“争吵”时，我当一下“裁判”，写得较好的作品我从微信中下载下来（见图），鼓励他们，把三亚建成“南国甲骨明珠”！

讲座时间一般只有数小时，若把讲座孤立看待，那么它的效应与生命力也只是数小时而已，若讲座的“生命”能后续延续，能不断发展成长，这粒“火种”能成燎原之势，那么，这也就成为演讲者崇高的愿望与追求了！

（备注：此文刊载于《中国书画报》《书法导报》）

“门”与“鬥”的区别与应用

——从黑龙江省博物馆的“天门军之印”说起

戊戌暑末秋初，借在吉林讲学的机会，我顺道到哈尔滨小游，第一去处自然是位于闹市口的黑龙江省博物馆。博物馆古色古香又带一点欧式风格，给人一种神秘的感觉，门口有一四方小屋，墙面上有一幅喷绘广告，多是镇馆文物图案。其中有一方“天门军之印”引起了我极大的兴趣（见图一、二）。

根据博物馆橱窗内的标牌、介绍，对印章是这样描述的：“天门军之印”于1960年4月在黑龙江省宁安县（现宁安市）渤海上京龙泉府遗址出土。原收藏于渤海文化馆，1963年8月11日调归黑龙江省博物馆。该印为青铜质，铜片镶成，印纽扁平，中穿一圆孔，呈桥状。通高4.3厘米、边长5.25厘米×5.3厘米、厚1.4厘米、柄高2.9厘米。印面略呈正方形，印文为汉字篆刻“天门军之印”，印背楷书“天门军之印”，印文笔画细挺有力，圆润活泼。印文凸起，笔画之间形成0.9厘米的沟槽（见图三）。

图一　黑龙江省博物馆

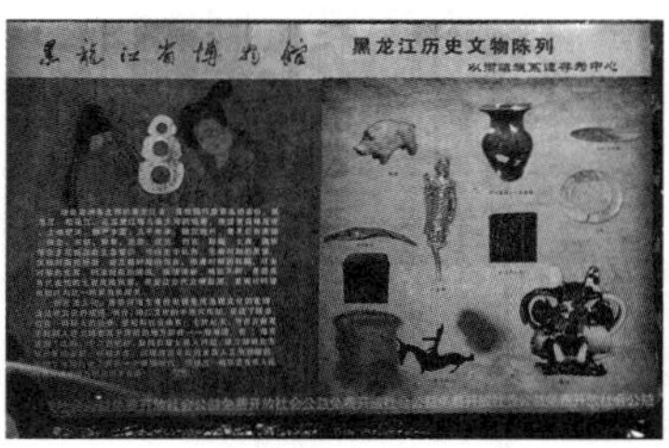

图二　大门口“天门军之印”的广告宣传牌

图三　“天门军之印”实物

显然，上述描绘不是太专业，此应为唐印。“呈桥状”应为“鼻纽”；“印面略呈正方形”应为正方形（因为原正方形材料在刻制时，冲切、削边会造成长宽微小差别，但仍属正方形范畴）；“印文为汉字篆刻”应为“印文为小篆书体”；“印文凸起”应为“朱文印”。

当然，重要的不是这些问题，而是“天门军之印”的“门”有问题（见图四）。尽管印背刻有楷书“天门军之印”字样，但不足以证明“门”字的准确性。

此字应为“斗”（鬥）字。

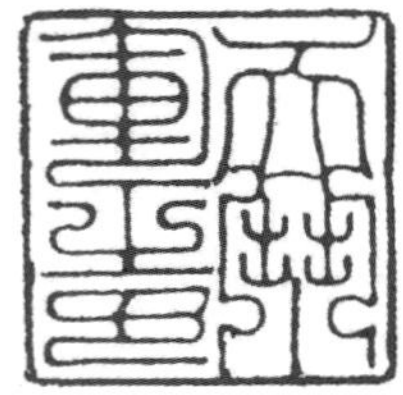

天门军之印
（天斗军之印）
图四

甲骨文有“门”字（见图五）像简陋的双扉柴门形。繁体字“門”今简化规范用“门”作正体，属象形字，本义是指门，可引申为门外、像门的东西、关塞要口、家族、类别、派别、师门、量词等义。《说文》：“门，闻也。从二户，象形。”凡从门取义的字皆与门户等义有关。以门作义符的字有：“闩、闲、闯、阔、阚、闸、阅、闹、间”等。以门作声符的字有：“们、扪、闽、闷、焖、问”等。

甲骨文“门”字示意图

甲骨文“门”字原版拓片

图五

从当代简书的层面看，其“斗”字在甲骨文中有二：其一，甲骨文“斗”字，像古代容器作量具的斗形。古代常用容量单位由小到大，有升、斗、斛（石），通常斛和石相通。其二，甲骨文“斗”字（见图六），繁书为“鬥”“閗”“鬪”“鬭”字，像是二人相向徒手揪在一起对打搏斗之形，表示两士相斗，今简化规范写作“斗”为正体字。属象形字，本义为两人对打搏斗，可引申为战斗，争斗，斗争等义。《说文》：“斗，两士相对，兵杖在后，像斗之形。”与卜文合，只是字中无“兵杖在后”形。卜辞用作搏斗、地名。凡从斗取义的字皆与争斗等义有关。打“斗”之斗与容器“斗”形义区别开，两者是不能混淆的。由上述可知，“门”与“斗”各有出处，两者清晰明了，没有什么形似之处，很容易区分与辨认。

甲骨文“斗”字示意图

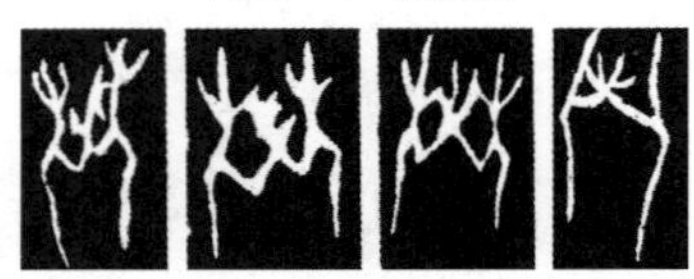

甲骨文“斗”字原版拓片

图六

值此说明的是，甲骨文、金文、篆书之“门”字的结体很多，在一般篆刻字典里能查找到70多种写法。笔者选录了一些典型的“门”字写法（见图七）其中亦有一些生疏冷僻的古籀大篆之“门”字。另外，甲骨文、金文、篆书之“斗”字的结体亦有不少，笔者选录了一些典型的“斗”字写法（见图八）。吴大澂（1835—1902）与杨沂孙（1812—1881）两位名儒大家在书写“门”字时，用了“斗”的结体，而在书写“斗”字时，用了“门”的结体。换言之，他们在使用“门”“斗”二字

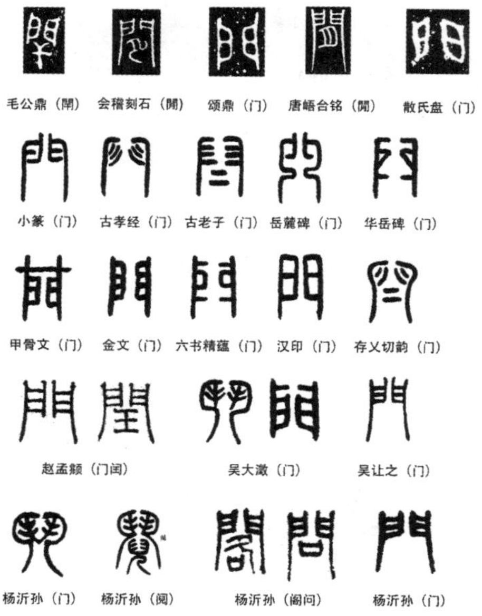

历代书家所书：门（或带“门”字部）
图七

斗（星名，量器）

斗（争，打斗）
图八

时，混淆不分，显然这样做既没有出处也没有其他依据，这一点本身就错了，作为后学者不可取，更不可能成为“天门军之印”中“门”字的依据。我以为，在艺术层面上他们是高峰与标杆，但在用字上有过失是难免的，他们不具备字典的功能与权威，这并不奇怪。

经仔细观察对照，“天门”的“门”字在篆书“门”的各种结体中，查找不到与之对应的。但在打斗之“斗”字中却能找到与之较为一致的结体。事实证明，此字应出自《说文》，是“斗”字非“门”字。换言之，“天门军之印”应改为“天斗军之印”。只是“斗”字上方有一短曲画连接、下方添加了一竖画，但这些都不影响对“斗”字的整体识读。

有人认为“天门军之印”出自上京皇城内，可作为研究渤海设有与唐朝中央禁军类似的军事组织的重要线索，是国内现存唯一的一方渤海国印，具有很高的历史研究价值。然而，历史文献对唐朝职官制度有较为详细的记述，皆不见“天门军”之设置，也未见“天斗军”之设置，唐时只是在新疆有一支不足3000人的“天斗军”部队。辽金两朝亦无“天门军”或“天斗军”之制，历年出土的辽金铜印亦无此种形制。

渤海国（698—926）是唐代东北地区靺鞨粟末部建立的属国。698年，由粟末部首领大祚荣建立。713年，唐派崔忻封大祚荣为左骁卫大将军、渤海郡王，设置忽汗州，加授大祚荣为忽汗州都督，改称渤海。渤海国的军事机构，据《新唐书》载，“其武员有左右猛贲、熊卫、罴卫，南左右卫，北左右卫，各大将军一、将军一”，大体上仿效唐朝的府兵十六卫之建制而加以简化，还设置了自己的禁军，即左右神策军和左右三军一百二十司，由府兵和禁军组成的中央军和地方军构成。渤海政府机构中的政堂省下设智部，负责军事上的管理。渤海军队数量颇大，史称渤海“男子多智谋，骁勇出他国右”，至有“三人渤海当一虎”之语，足见其军队战斗素质能力，这成为海东盛国的重要支柱。926年，渤海国为契丹国所灭，历时229年，传15王。盖棺论定，据现有历史记载，至少表明渤海设有同类“天门军”的禁兵组织。我一直以为，渤海国虽文化发达，但传世文献堙没殆尽，所依托的原始资料只能靠后世考古发掘，故有关渤海国的许多问题难以解决，“天斗军”即是其一。

笔者回到这方印章上来，发现诸多疑点：

其一，古青铜质印一是铸印，二是凿印，此印是“铜片镶成”，印文线条离印底有0.9厘米高，这个尺寸实属罕见，故此印成印、制法有问题。

其二，仔细观察（笔者在博物馆只是隔窗观望），发现线条与线条之间的焊接之痕粗糙，有高低之分，并偶见锉磨之迹。

其三，“天”与“印”字布白不匀称。“天”字右肩偏高，为了使“斗”字稳固牢靠，下方加了一竖与左右相连接，起支撑作用，上方又加了一短弯画连接左右，亦是起支撑稳固作用的废线条。

其四，印面上偶有凹瘪处，应为“空壳印”，此印若是“空壳”拼接者，会存在高低落差，那么就很难在纸上钤盖。

其五，深达0.9厘米的铜片镶接印章，在唐代，把这么多线条铜片在印底固定，而不使用现今的焊接技术，似乎难以办到。

确实，在唐代，有的官印印文不是翻铸而成，而是以小铜条按字形弯绕镶嵌而成，遇有枝蔓笔画，则用短条焊接上去。沙孟海《印学史》称此种为“蟠条印”。由于用铜条蟠绕的文字不易排得很匀称，因此会出现松散而不够完美的情况。笔者固然没有近距离观赏察看此印，但就上述疑点初步断定此非唐代实物，而是后人（至少系清末、民国前后）仿制伪造之物。再者，唐代官印的篆书书体与宋元不同，可谓别具一格，但“天斗军之印”与之有较大差别，不在同一个层面上，这当然是一种揣测与浅显感悟，非断然结论。

经笔者查阅，“天门军之印”在一般大型画册、印谱上不多见，然在1998年

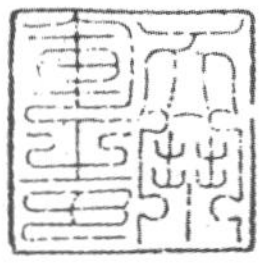

（唐·渤海国）天门军之印
青铜　桥钮
印面5. 3厘米见方
一级　无定价
（节录自372页）

图九

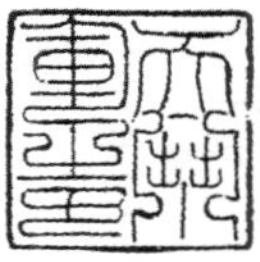

近年出土的唐朝渤海国遗物“天门军之印”也为盘条篆，但字迹比较严正肃穆
（节录自182页）

图十

出版的《中国历代印章目录》（见图九）与1998年出版的《古代玺印》（见图十）两本书上刊有此印，且印下释文均为“天门军之印”。仔细比较观察不难发现，此与原拓有一定的距离，属后期二次转录之图，并非经考证的原件原物，故不足为奇，也证明不了任何问题。

行文至此，可以作一小结：其一，“天门军之印”的“门”字，可以确定非“门”而应为“斗”字。其二，此印真伪尚须进一步研究证实。

为了还“庐山真面目”，不以讹传讹，我特意放下一切旅途杂务，抽出有限的时间，在资料、纸笔并不方便的条件下，窝在博物馆附近的宾馆里给馆长写了一封关于“天门军之印”的信函，并再次到博物馆，把信亲自送给了馆长。博物馆的领导十分热情，亦相当尊重，但对我来说，这并不重要，重要的是能否认真地组织力量，进一步去考证，以求水落石出。

（备注：此文刊载于《书法报》）

“后”与“後”可以混用吗?
——从山东曲阜尼山大学堂的条屏说起

日前，予在山东曲阜尼山旅游风景区的大学堂里，看到一块巨大的金色铜底五条屏（见图一），立体黑字，内容取自《大学之道》，行书书体，结体端庄匀称，笔致俊美典雅、魅力四射、波澜壮阔、震撼动人，人们无不驻足观赏。原来此书法节选自南宋至元初著名书法家、画家、诗人，宋太祖赵匡胤十一世孙、松雪道人赵孟𫖯的《大学帖》。笔者仔细观赏之余，发现此书法作品上“后”“後”二字似乎有点混淆不清，故就此说说“后”与“後”。

1956年1月，国务院公布了《汉字简化方案》，中国汉字诸多繁书体逐步实行了用简化体书写。在书法篆刻领域里，很多人在很多情况下，把“後”写作“后”，或把“后”写作“後”，视“后”为“後”之简书，或视“后”与“後”互通，例如另见题词书法“影後”“玖球天後”等（见图二），诸多读者、观赏者，对其中“後”字产生了许多质疑和微词，认为此字写错了。那么，“后”是“後”字的简书体吗？“后”通假“後”字吗？在什么情况下宜用“后”，在什么情况下应用“後”呢？我们还是从最早的甲骨文字关于“后”“後”的出处说起。

图一

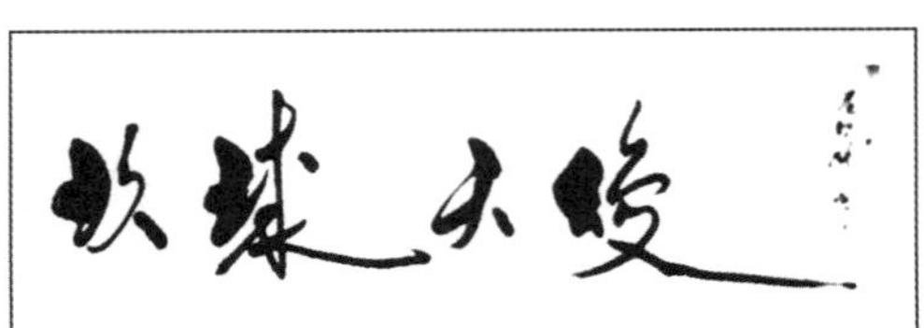

图二

甲骨文“后”与“育”字互通，由图三可知，此字属上

"育""后"示意图

育、后（甲骨文）

图三

"後"示意图

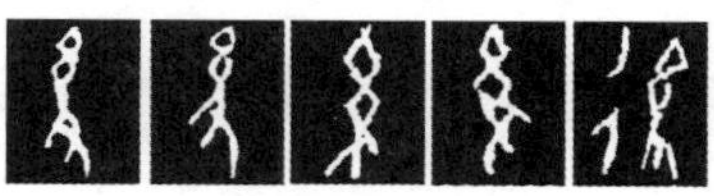

後（甲骨文）

图四

下结体，上从"女"，下从"倒子"。上面是一个母亲的形象，在其身下有一个头朝下刚分娩出的孩子，下面、侧面的点则表示生孩子时的羊水。"育"通假"毓"、亦通假"后"（此"后"字非前后之"后"），因而"育"（"后"）字本义是指生育。属会意字，可引申为生养，养育、孕育、产生、教育、培育等义。《说文》："育，养子使作善也。从𠫓肉声。《虞书》曰：教育子。毓，育或从每。"又《说文》："后，继体君也，像人之形，施令以告四方，故厂之从一口。发号者君后也。"《说文》之说不尽然，但皆无关前后之"后"。而卜辞亦仅用作先妣尊称、地名。凡从"育"（"后"）取义的字皆与生育、后代等义有关，由此可知，此处所说的"后"，是指人的后代、后裔、皇后、帝后等义，与前后的"后"字没有关联。而此"后"字，并非产生于简化字时代，早在殷商、秦汉时期就有之。

甲骨文"後"字，见图四，上方像一束丝的符号，表示绳索。下面是一个倒"止"符号，表示向后的脚、或脚迹，说明脚被绳索系住，行动不能向前而落于后边之意。属会意字，本义指落在后边，与前相反，引申为专指背面的事物、排序、时间较晚等义。《说文》："後，迟也。从彳幺，夂者后也。"因而，这里的"後"只是指前后之后的意义与范畴，与后代、后裔、皇后、帝后等义的"后"没有关联，它与"后"的用法与意义是不同的。

但今汉字简化规范则以"后"为正体字，很少再去书写"後"字，再者《新华字典》《辞海》等现代汉语工具书也如是说。那么在日常具体应用时这个问题又如何对待呢？

一般这样处理：在行文或书写书法作品时，若全用简化字书写，不使用繁体字时，不管出于何种意义，皆可以"后"代表。但在行文或书写书法作品时，若全用繁体字书写（特别是书法作品用繁体见多），那么"后"是"后"，"後"是"後"，不能混淆，不能以“后”代“後”。如上文举例的“影後”“玖球天後”，显然错了，应当写成“影后”“玖球天后”才符合文义。书写者的出发点，也许是想把“后”字繁体化，希望作品古朴庄重一点，没有理解文字本身的意义与内涵所致。

《曹全碑》：阳

《礼器碑》：阳

《礼器碑》：阳

图五

有件往事值得一提，有位书法家认真而精细地创作了一件作品，要我指点评述，我看了后慎重地说，作品的艺术层面暂且不论，但作品中太阳的“阳”字写错了，右边部首日字下应加一横，是“昜”而不是“易”。谁知他理直气壮、信心十足地说：“《曹全碑》《礼器碑》上的“阳”字都这么写（见图五），中间根本没有一横，我是按古代碑文写的，按碑文写怎么会错？”这样的问题、这样的回答，我已不是第一次碰到，故我毫不犹豫地立即再次回复他：“不错，礼器碑无论是碑阳还是碑阴，有 13 个‘阳’字都不写一横，但碑毕竟不具备字典的功能、权威与作用，难道碑就没有错吗？学书法临帖时要求依样画瓢，一丝不苟，其结体、线条要做到一模一样，分毫不差，但创作作品时，要追求精气神，追求正确性，错的地方要正写，决不能以讹传讹。”同时，我还告诉他，不仅碑记铭文会有错字，诸多古人、名家亦会写错字，甚至大师级人物亦会写错字，这并不奇怪，后人要正视才对。

用这样的尺度来衡量、思考、观察，很多事物就会一目了然，亦可想而知，无须多疑。回到本文开头的五条屏“大学之道”话题，赵孟頫书体中“知止而后有定；定而后能静；静而后能安；安而后能虑；虑而后能得。物有本末，事有终始。知所先后，则近道矣。”全篇用繁体书写，篇后最后的“后”，因表示先后之意，采用繁体“後”字，当然没有问题，是正确的。但前面五个“后”字，非关后代、后裔或帝后之义，而是讲存在了前因以后，所以，此处亦写作“后”，不确。若全用“後”字，就无可挑剔了。

（备注：此文刊载于《书法导报》）

“陽”字可以不写一横吗?

——从甘肃阳关之“阳”字说起

繁体“陽”字，当然应该写一长横，不可不写，这似乎是一个无可争议的常识。但实际情况则不然，在有些地方，甚至是较为著名的旅游景点，例如甘肃阳关，其“陽”字却不写一横。

己亥仲秋，我前往甘肃兰州参加活动，有机会到阳关去寻迹访古，提起阳关，马上会想到一首诗：“渭城朝雨浥轻尘，客舍青青柳色新。劝君更尽一杯酒，西出阳关无故人。”唐代大诗人王维的诗作，可谓千古绝唱，广为流传，因而到阳关去看一看亦是我之夙愿。

阳关位于甘肃省敦煌市西南的古董滩附近，因坐落在玉门关之南而取名阳关。早在公元前 121 年，西汉王朝为抵抗匈奴对边疆的骚扰，在河西走廊设置了武威、张掖、酒泉、敦煌四郡，同时建立了阳关和玉门关，把这里作为军事重地派兵把守，多少将士曾在这里戍守征战，多少商贾、僧侣、使臣、游客曾在这里验证出关，又有多少文人骚客面对阳关，感慨万千，写下不朽诗篇。高僧玄奘取经回国，就是走丝路南道，东入阳关返回长安的。阳关凭水为隘，据川当险，与玉门关南北呼应。占有“一夫当关，万夫莫开”之险要地势。然阳关此地西土沟平，上游干涸，下游有泉水汇成小溪北流，时有山洪暴发，沟岸纷纷塌落，河床加宽，大量泥沙顺流而下，遂在下游沉积，泥沙在西北风吹扬的搬运下，形成条条沙垄，阳关古城逐渐被水毁沙埋。隋唐时期，特别是宋元以后阳关古城随着丝绸之路的衰落，慢慢荒芜，仅存的一座汉代烽燧遗址，耸立在大漠戈壁的墩墩山上，依靠这座墩墩山，远近百里尽收眼底。

这样一处具有深厚历史渊源与底蕴的古迹，今日自然会不惜投入，精心打造，使其成为旅游热门胜地。果不其然，大门口就建造了一座古色古香的牌楼（见图一），进入牌楼，迎面是一座修建不久的阳关城邑，无论是牌楼还是城邑，其牌匾、立柱

图一

图二

图三

“阳”字示意图　　甲骨文“阳”字

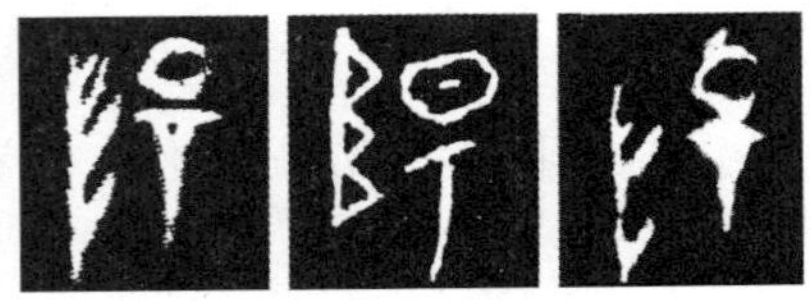
甲骨文“阳”字拓片

图四

与标识上，所书阳关之“阳”字，皆用“昜”字，不用“昜”字部（见图二、图三），换言之，即“陽”字没有写一长横。我特意询问服务区工作人员，这“阳”字写得不正确，“日”字部少了一横，为什么要这样写？工作人员回答说，不会错！这是从古代正宗的碑帖上仿制下来的。

只要是古人写的，都不会错，我曾经听到很多次这样的回答。说真的，我深深地为古人感到骄傲，作为中华儿女，对先祖古人那样信任、那样尊重、那样依赖，真是无可厚非，这亦是中华民族一种特有的朴素亲情。但情归情、事归事，感情是代替不了事实的。

那么，为什么“陽”字必须有一横，这一横表示了什么意思？而少一横的“易”又表示什么意思呢？“陽”字殷商甲骨文就有之，属会意字。从“昜”从“阜”。“昜”之上方从日，表示太阳升起来了，升到了祭神、祭祖的石阜上方，可会太阳在山南面照耀着祭台之意，用一横来表示祭祀的台面，台面自然是摆放祭祀用品的，见图四，其会意即可自明。“陽”字为繁体，今汉字简化规范写作“阳”为正体。其本义是山南之阳，可引申为温暖、鲜明、外露、突起的东西、物体的正面、前面、男性、假装等义。《说文》：“阳，高明也。从阜，昜声。”段玉裁注：“山南曰阳，故从阜。”这些释义皆与与卜文相合。

最早的甲骨文“易”字，与“昜”意思完全不同，由图五可知，它象征把一容器的酒或食物，倒入另一容器中，即表示更易之意，亦为赏赐之“赐”的本字，但

“易”字示意图　　甲骨文“易”字

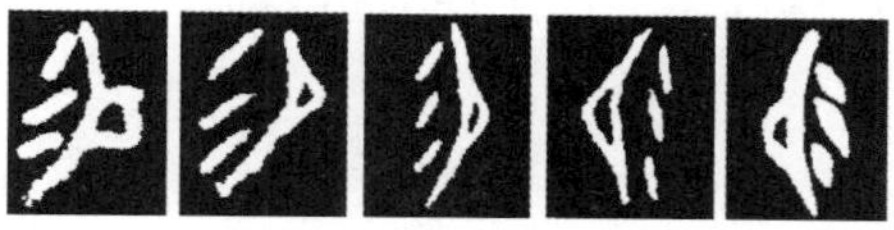

甲骨文“易”字拓片

图五

《曹全碑》：阳　《礼器碑》：阳　《礼器碑》：阳

图六

“易”“赐”表义有分工，赐从“贝”，易声，是“易”的加旁分化字，甲骨文“易”属会义字，其本义是指更易，可引申为交换、容易、和悦等义。

由上述可知，从“阜”加旁后的“陽”字，还是“昜”字部，与“易”字，无论是本义还是引申义皆完全不同，两者既不能通假，也不能互相替代。那么，人们为什么把“阳”字常常写成不带一横的“易”字部呢？笔者揣测：这是书写者追求快速，追求效果，在带一横与不带一横的犹豫之中，没有慎重查找出处，错误地选择了不带一横的“阳”字。

数年前，记得有一位书法爱好者，认真而精细地创作了一件隶书作品，要我指点评述。我看了后说，作品的艺术层面暂且不论，但作品中太阳的“阳”字写错了，右边部首的“日”字下应加一横，是“昜”而不是“易”。谁知他理直气壮、信心十足地说：“《曹全碑》《礼器碑》上的“阳”字都这么写（见图六），中间根本没有一横，我是按古代碑文写的，按碑文写怎么会错？”

这样的问题、这样的回答，我已不是第一次碰到，故我毫不犹豫地立即回复他：不错，《礼嚣碑》无论是碑阳还是碑阴，有 13 个“阳”字都不写一横，还有曹全碑也有“阳”字不写一横的结体。但我们应该懂得，碑毕竟是碑，它不具备字典的功能、亦不具备字典的权威与作用。难道碑就没有错吗？再者，不写一横的“阳”字，在古代隶书碑帖中只是极少数，绝大多数字帖的“阳”字都有一横。为什么只去取少数而不去取多数呢？学书法临帖时，毫无疑问要求依样画瓢，一丝不苟，其结体、线条要做到一模一样，分毫不差，临摹到无一横的“阳”字时，也可照样临写，似乎没有必要去计较文字对与错的问题。但创作作品时，情况就不同了，它与临摹不是一回事，完全是两个不同的审美层面。临摹是一种依样画葫芦的学习方法，而创作作品则是一种应用的提升与转换，它面向公众、面向社会，不仅对公众与社会要有担当与责任，而且在艺术审美上，要追求精气神，要追求个性，要具备书法之“法”，对碑帖上错的地方要正写，决不能将错就错，以讹传讹。同时，我还告诉他，不仅碑记、铭文会有错字，诸多古人、名家亦会写错字，甚至大师级人物，亦会写错字，这并不奇怪，作为后人正视、修正才对。

行文至此，我要说，任何书法作品，一旦成为作品，用字必须正确，更不要用任何理由、任何借口去为错字作辩护。特别是面向公共场所、面向古迹胜地的书法作品，更要注意这一点，旨在保持中华文明、中国汉字的严肃性与担当责任。

（备注：此文刊载于《书法导报》）

说“侯”“候”“矦”字

前一时期我一直在编撰《汉印风格分类》，此书容量大，体例多，需要核证、校对的地方特别多，天津人民美术出版社的责任编辑不断发邮件来，与我沟通协调与求证核实，印象最深的是，古代汉印中有“侯”“矦”两字，姓名印中也有“矦”与“侯”，原释文较乱，希望能规范统一。这是一个经常遇到的老问题，故我没有多加思索与考虑，按照我释读的惯例回复：不管是汉官印还是姓名印，印文中凡带“人”字部的皆释为“侯”，凡不带“人”字部的皆释为“矦”（汉印中一般无“候”字），以此原则为准。

过了不久，天津人美的责任编辑又提出质疑：“古体‘矦’存在分化问题 ，同时也存在官职与姓氏的问题 ，上次我回复提出的释文原则容易前后不一致。我们是尊原文，还是遵照便于读者阅读，比如夏侯这个姓氏，如果写夏矦，与印文中一致了，却又与当代人的认知不一样，可是如果释做夏侯，也就意味着要与古体“矦”不一致，尤其是官职，是“侯”，还是“候”，需要权威的出版物作为依据，所以还是想听您专家的意见 ”。

编辑的话敲响了警钟，引起我的重视，我重新浏览、审读所谓的“权威印谱”。不读便罢，一读还真让人大吃一惊：情况并不是我想象的那么简单！我回复说，不过不用急，让我细细品鉴，慢慢审核，最后下结论。

见图一，北京出版社的《玺印源流》，同一页码上的带“人”部印“军曲侯印”、与不带“人”部印“关内侯印”，其释文均为“矦”，不写作“侯”，而封泥带“人”部“戈船侯印”释文为“侯”。《中国书法鉴赏大辞典》不带“人”部的“关中侯印”释文为“候”。中华书局出版的《中国书画篆刻品鉴》，不带“人”部的“长贵亭侯”“湘成候相”与复姓印“夏侯尊”均释为“侯”，带“人”部“军曲侯之印”亦释为“侯”。由图一可知，《中国篆刻全集》不带“人”部“关内侯”释为“侯”，而同样不带“人”部“昌信侯国相”则释为“矦”，带“人”部“军曲侯印”

则释为“候”（“候”中带短竖）。上海古籍出版社《古玺印精品集成》，不带“人”部印均释为“侯”，而带“人”部印“军曲侯印”“侯丞之印”“菑川侯印”等印章均释为“候”(候中带短竖)。由上述可知,“权威印谱”对古代印章的“侯”“矦”“候”三字，包括姓名印中的“矦”，释文各行其是，相当混乱。

那么借助工具书篆刻字典，能否统一规范、解决这一问题呢？见图二，清代人编撰的《汉印分韵合编》，“侯”与“矦”是分列的，凡带“人”部的皆释为“侯”，凡不带“人”部的皆释为“矦”，这是我第一次回复天津人美处理“侯”字的依据。但其他常用的权威篆刻字典情况就不同了，如上海书店出版的《玺印文综》：“候”与“侯”字例合在一起，即印文“候”可当“候”又可当“侯”，“候”与“侯”

军曲侯印
《玺印源流》

关内矦印
《玺印源流》

戈船侯印
《玺印源流》

关中矦印
《中国书法鉴赏大辞典》

湘成矦相
《中国书画篆刻品鉴》

夏矦尊
《中国书画篆刻品鉴》

军曲侯之印
《中国书画篆刻品鉴》

长贵亭矦
《中国书画篆刻品鉴》

矦备私印
《中国篆刻全集》

关内矦印
《中国篆刻全集》

昌信矦国相
《中国篆刻全集》

军曲侯印
《中国篆刻全集》

矦胜之印
《古玺印精品集成》

矦盖众印
《古玺印精品集成》

夏矦拾（玉）
《古玺印精品集成》

广阳亭矦
《古玺印精品集成》

菑川侯印
《古玺印精品集成》

军曲侯印
《古玺印精品集成》

军侯之印
《古玺印精品集成》

侯丞之印
《古玺印精品集成》

图一

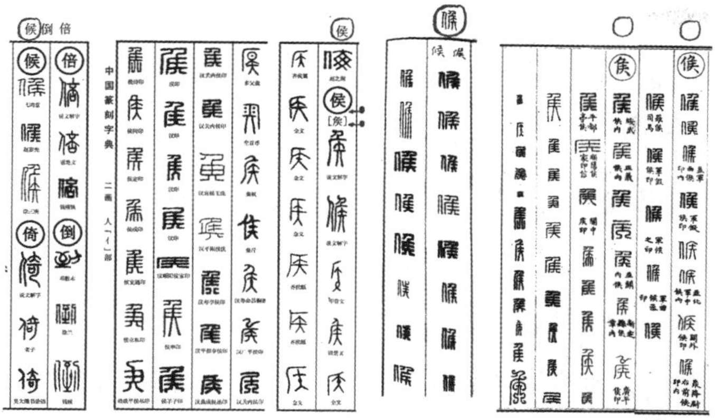

《中国篆刻字典》　　《玺印文综》　　《汉印分韵合编》

图二

甲骨文“侯”字示意图

甲骨文“侯”字的多种写法

甲骨文“侯”字的拓片

图三

互通互同。《中国篆刻字典》中，“侯”“矦”合在一起，即印文“侯”可当“侯”又可当“矦”，而“候（中带短竖）”只是三位近现代印人使用过，并无古印印例。综合上述，可见篆刻字典对“侯”“矦”“候”三字也是各行其是，相当混乱，无法正确取舍，无法正确规范、解决这一问题。

显然，在篆刻领域里对“侯”“矦”“候”三字一直重视不够，以致在印谱和画册的注释上模糊不清，莫衷一是。对此，我不得不静下心来，重新审理、核实此三字，不仅是给天津人美一个合理的完美答复，也是给后学印人一个有价值的参考意见。

“侯”字可以追索到甲骨文，甲骨文“侯”字，从“厂”从“矢”，“厂”(hàn)指古悬挂的射布箭靶之形。“矢”像箭形，表示以箭射布之意，属象形字，甲骨文“侯”倒书、正反书无别。见图三，甲骨文“侯”有多种写法及诸多甲骨文拓片，故“侯”字本义指古代进行射礼时用的一种射布，即箭靶，可引申为君主、第二等爵位、达官贵人、士大夫间的尊称，并用为疑问字、姓等义。《说文》：“侯，春飨所射侯也。从人，从厂，象张布，矢在其下。”与卜文相合，这里应当注意“侯”不能与时候的“候”混同。

我们不妨再查阅、参考《辞海》是如何定义的，《辞海》“侯”作箭靶、作古爵位名、作诸侯、州牧通称、作士大夫间尊称、作姓氏等。而《辞海》“矦”的注释为“同侯”。“候”（带一短竖）的注释为：作五天为一候、作等候伺望、作问好、时刻等意。这样问题大致清晰了，“侯”为常用正体，“矦”通“侯”。但与“候”（中带一短竖者）不同，“候”不通“侯”，也不通“矦”。

我的（亦是回复天津人美的）结论是："矦""通""侯"，"侯"为常用正体。对于印章而言，应以印拓之印文为准，即印文是"矦"即释文为"矦"，印文是"侯"即释文为"侯"，与印文保持协调一致（这适合视觉审美），这个原则既与《现代汉语词典》保持一致，又与汉印篆书结体也保持一致。但当"矦"作姓氏用时，考虑到人们的视觉审美习惯，应统一用"侯"。如图一中"夏侯尊""侯备私印""候胜之印"等姓氏，皆应释为"侯"，不写作"矦"。

值此说明的是，古代有一种专门接客迎宾的官，叫候官，印章中的"候"与"侯"的篆书体一模一样，例如军中候、长亭候，即在司令部、郊外驿亭里接客迎宾的官，其"候"即带短竖画，但篆文不分，印章上还是用"侯"表示。如果印文"侯"字下用"候"表示，由于人们一般缺乏"候官"方面的认识，无疑会造成混乱，所以有关这方面的问题不用担心什么。可以想象："长亭侯"印，释文若写成"长亭候"，虽然是正确的，但人们（读者）不会接受，《现代汉语词典》及《辞海》上明确注明"候官"即为"侯官"，所以按照印文"矦"者写"矦"，"侯"者写"侯"，少数"候"者亦写为"侯"，应当是正确的选择，也不能因为"候官"通假"侯官"，就顺势认为"候"通"侯"字。实际上，篆刻字典无"候"字，在这里是最好的印证。

（备注：此文刊载于《中国书画报》）

甲骨文团队的现状

据有关部门统计，中国现有各种学会、协会约41万个，而甲骨文学会寥寥无几。

安阳甲骨学会，1986年成立，位于河南省安阳市；

江苏省甲骨文学会，1995年成立，位于江苏省南京市；

湖南省甲骨文学会，2005年成立，位于湖南省长沙市；

长沙市甲骨文学会，2005年成立，位于湖南省长沙市；

南京市甲骨文学会，2005年成立，位于江苏省南京市；

南通市甲骨文学会，2007年成立，位于江苏省南通市；

无锡市甲骨文学会，2005年成立，位于江苏省无锡市；

驻马店市甲骨文金文研究会，2008年成立，位于河南省驻马店市；

吉林市甲骨文学会，2010年成立，位于吉林省吉林市；

苏州市甲骨文学会，2010年成立，位于江苏省苏州市；

威海市甲骨文学会，2010年成立，位于山东省威海市；

通化市甲骨学会，2011年成立，位于吉林省通化市；

浙江省甲骨文学会，2012年成立，位于浙江省杭州市；

大连市甲骨文学会，2012年成立，位于辽宁省大连市；

瑞安市甲骨文学会，2013年成立，位于浙江省温州市；

上海市殷商甲骨文研究院，2014年成立，位于上海市；

常熟市甲骨文学会，2014年成立，位于江苏省苏州市。

值得一提、值得庆幸的是，2014年3月，无锡市钱桥中心小学成立了甲骨文社团，这是第一个成立甲骨文学习组织的公立小学。

近年来，国内、国外的甲骨文组织都审时度势，克服困难，相继成立，它们分别在一个特定的区域内蓬勃发展，很是生动活泼，形成了横向的不可抵挡的社会影响力。有些省级甲骨文学会，自加压力，挑起重担，开展了一系列有国际影响的重大活动，多次举办甲骨文书法展览，在研究和普及甲骨文方面发挥了作用。但甲骨文社团的发展及活动情况参差不齐，予在此作一浅析与归纳。

一、专业的甲骨文研究、学会、社团，是指由政府有关部门主管，每年有国家计划内经费拨款的事业单位。他们处在“高阁”“顶层”的位置上，大多接受国家级的科研任务、教学任务，及展览普及宣传任务，与民间甲骨文社团的性质不同，但中国有个传统习惯，叫“攀龙附凤”，故“高阁”与民间甲骨文社团从不相往来到有所联系，部分原因是民间甲骨文社团的有关活动，能请“高阁”人物出场，在主席台上就座，那么这活动就有了规格、有了面子。说实话，当今社会，有一些“高阁”人物，你若要请他搬个凳子，由于身份和地位，他是断然不干的。你若把凳子搬好、放好，请他上上座，那他是乐意的。这些人本来不太使用毛笔，但为了应付这样的活动，也开始染指翰墨，书写甲骨文作品，无论优劣，一般主办单位都会如获至宝，永久珍藏。所以，搬凳子的乐意搬，上座的乐意坐，如此这样，这个甲骨文社团活动模式双方接受，双方认可，当下亦很走时风行。这样的活动模式还在继续。

二、民间的甲骨文学会社团，是指在民政部门注册登记，自主开展活动发展会员，自负盈亏的民间团体。这似乎很多，开头都是一两个甲骨文热衷人物到处奔走忙碌，他们自筹资金，自找社团办公地点，自行联络、组织甲骨文爱好者组成基本队伍，找单位挂靠社团，矢志不渝，艰苦努力，终于成立了甲骨文社团队伍。成立庆典时，能请到“高阁”人物与会，媒体新闻就会大量报道，显得很风光、很成功。若请不来“高阁”人物，就把当地分管领导，把附近兄弟甲骨文社团的领导邀请来，同样显得很风光、很成功。这种民间学会社团按照自己的模式成立后，总想做点事，例如举办甲骨文书法篆刻展览，举办甲骨文书法篆刻艺术讲座，出版甲骨文书法篆刻艺术作品集，组织学会成员外出参观、交流学习，等等。举办任何活动都需要资金。筹集资金是一件难事，因而他们举步维艰，往往心有余而力不足，一切活动都根据手头的资金多少而决定，有些社团因筹不到资金，而无法开展活动，甚至销声匿迹，徒存虚名。

三、民间学会社团活动资金来源有多种情况，主要有三种，其一，是上级单位或有关政府部门专题拨款；其二，有爱好甲骨文化的企业主出资赞助；其三，会员会费及出售会员作品收入。上述其一者，政府财政拨款一般数量较大。上述其二、其三互利互惠，双方有益，一般数量不大。

四、有了资金后的甲骨文社团组织，有的专款专用，精打细算，财务管理严格，把每一分钱用在刀刃上，杜绝浪费，杜绝不合理的开支，定期公布财务收支详细清单，有条不紊。有的不是这样，利用学会社团“松散”型的性质与特点，资金支付把关不严，根本没有财务管理，领导个人说了算。

五、民间甲骨文学会社团中有些人企图用投机取巧的方式出名，加入社团就想当理事、当秘书长、当副会长、当会长等，若当不上就不满意、发牢骚、说坏话、制造矛盾、排挤同道，无所不用其极。有的甚至拉帮结派，另起炉灶，改头换面，另外成立一个类似的甲骨文社团组织。

六、民间甲骨文学会社团有些领导利己主义倾向严重，小团体主义思想十足，操弄领导权术，嫉贤妒能，任人唯亲，把社团组织的理事、正副秘书长、副会长，全部更换成自己的亲朋好友或门生，把工作兢兢业业、富有成就的老会员、老理事放到一边，不予理睬任用，营造了清一色的氛围而不是走五湖四海的路子。

七、有些民间甲骨文学会社团成立后，由于种种原因，没有开展任何活动，也没有精力和实力与外界进行纵向或横向的联系，默默无闻，不声不响，有名无实。别的甲骨文社团有成就，他们熟视无睹，自己如何去开展活动，他们漠不关心，毫无计划与想法。

八、专业的甲骨文研究组织，尽力做好自己的分内事，很少参加民间甲骨文社团组织的活动。有些民间甲骨文社团则自惭形秽，专业级“高精尖”学术上的事，似乎够不上，只能心甘情愿做些边边角角的事，不敢越雷池一步，因而沉浸在单一的笔墨书写或操刀契刻的范围之内，更谈不上去研究什么甲骨文课题了。

九、民间甲骨文组织目前的状况可以说是各行其是，无纵向统一的领导及民间横向的交流、学习。有些社团除了年末向当地主管登记注册的民政部门作形式上的年报，别无他求，别无担当，别无义务。怎么去进行活动、活动内容是什么、队伍建设、远期目标与计划是什么等，都是自由决定。这里就显示了参差不一的问题，而安阳做

海峡两岸汉字文化之根研讨会开幕式

得少许好一点。

十、无论是专业的甲骨文学会社团中，还是民间甲骨文学会社团中，都存在文人相轻的现象，领导与领导之间、学者与学者之间、会员与会员之间，由互相妒忌、互相猜疑、互相瞧不起，发展到互不理睬、互相拆台、互相诋毁、互相贬斥。有些管理层工作人员，平日里既不引领也不规划，既不梳理沟通也不做事理事。有些会员入会后，除了偶尔交寄一件甲骨文书法作品，数年甚至数十年没有参加过一次活动，他们只是以甲骨文学会会员或以某种领导职位为冠冕与荣幸，在某些场合、在某些情况下，炫耀一下自己而已。

十一、谈论甲骨文不能回避安阳，安阳是甲骨文的发现地，有得天独厚的条件，是甲骨文的风水宝地。他们在社团队伍建立与建设，甲骨文会员的数量与素质，甲骨文学术研究与探索，甲骨片的挖掘与刻制，纵向与横向的交流联络，等等，无论哪一方面，都处在前沿与领先位置，所以我们隔三差五地从四面八方汇集到安阳来见面、来开会与交流，共商甲骨文研究与开拓发展事宜。而且安阳本地的甲骨文爱好者，对外地来的与会者，都非常真诚、热情，让人有一种宾至如归的感觉。有人感叹说："幸亏有安阳，要不然我们不知道什么叫甲骨文，也不知道我们哪一天能见面。"所以我认为安阳的甲骨精神、安阳的甲骨队伍建设、安阳的甲骨学术氛围，是全国独一无二的。但事情总是一分为二，安阳的甲骨文团体队伍还有需要提升的地方，距离高速发展的时代要求，距离广大甲骨文爱好者心目中对安阳的希望，还有一定的差距。在统一领导、相互协调、资金筹集、会员团结、彼此尊重、资源整合、人才利用、学术研究、发展规划、普及提高等 10 个方面，要改革、要强化、要提高。基于此，我不揣冒昧地为安阳拟定了一个口号与目标："不安于现状，让阳光更加灿烂！"这个口号不震耳欲聋，不惊天动地，但很实在，把甲骨文当作安阳的名片，打好这张牌，做大、做实，这也是全国人民心意与愿望。

十二、甲骨文学会团队，无论是开会、学术研究、印制名片、称谓对方、落款签名等，诸如此类事项，与当今文化界、艺术界、演艺界一样，有一个不良的习惯，即把职务与头衔冠冕放在前面，某某省某某学会某某会长，或某某副会长、某某副秘书长某某人等。这样是显示身价地位？显示学术权威？显示功名成就？还是抬己压人，扬名压群？正是俗不可耐，不可理喻。甲骨文天真稚拙，浑厚朴实，与虚荣、俗套格格不入，虚荣者应当感到羞愧。这种现象要彻底改变，保持甲骨文当初的纯正。可以指名道姓，可以直来直去，可以去职位化，始信“天下谁人不识君”的真谛。创建别人没有的“甲骨文氛围”。

十三、甲骨文团体都在为资金伤脑筋，据我所知，全国还没有一个甲骨文基金会。中国有很多文化发展基金会，甲骨文是中国文化的瑰宝，为了开拓前进，持续发展，还没有为甲骨文活动与研究提供资金支撑的基金会，这实在是很遗憾。江苏有一位有识之士，曾计划出资为发展甲骨文事业作点贡献，可是他不知所措。众所周知，四大古文字中有一种叫玛雅文字，美国芝加哥的麦克阿瑟基金会为玛雅文字的研究提供经济援助，迄今为止已经投入了200多万美元，还资助过马休斯、斯图阿特和格雷海姆等学者的资料收集工作和玛雅文字的研究活动。我以为玛雅文字不能和甲骨文比肩，甲骨文的底蕴深厚、系统成熟，强大的生命力超越其他三种古文字。中国有十三四亿人，经济发展已在世界前列，可以肯定有许多有识之士、有许多机遇。这样的基金会在安阳成立最合适。有了甲骨文基金会的资金支撑，统一调配，具体指导，全国的甲骨文团队将会百尺竿头，更进一步，取得更大的发展与成就。这只是我一个良好的心愿与建议。

事在人为，有资金可以做有资金的事，没资金可以做没资金的事，不必等待，不必观望，更不要放弃。没事做，没进步，有事做，有进步，做小事，迈小步，做大事，迈大步，每年要迈出一大步。有句话很有参考意义：“生命在于运动，朋友在于走动，团队在于活动，成功在于行动。”我认为每个甲骨文学会社团都是有希望的，都是会成功的，只要努力，只要勤奋，世界上任何高峰都能攀登。各位朋友，我不是什么领导，也不是什么专家，只不过是一名甲骨文爱好者，讲《甲骨文团体的现状》这样的内容似乎不太合适，但为了不安于现状，让阳光更加灿烂，心头感到一种无形的鞭策，心头有一种无形的责任与担当，才不自量力，东拉西扯，说了这些，很不周到，望批评指正，谢谢大家。

（备注：此文为江苏省老年书画研究会甲骨文研究组演讲稿）

不浪费生命与时间

致关注盗版书一事的朋友、网友及同仁：

昨日发了一条关于盗版书的信息，并把《33家甲骨文书法诠释》《甲骨文书法学》《甲骨文篆刻学》《甲骨文拓片精选》等盗版书的式样也公之于众，原来只是想告知大家不要去购买这些盗版书，以免造成不必要的损失与浪费，别无他意，谁知道这条信息发出后，引起了强烈反响，许多人为作者王本兴不平叫屈，甚至远在辽宁沈阳的当年此书的责任编辑方伟老师，得知后亦正义发声。大家呼声最高的是建议我要追本溯源，维护知识产权，向检察机关报案起诉盗版者，等等。由于数量较多，我无法对这些呼声与提议一一作答，为此只能在这里统一地、真诚地说一声：谢谢！

此外，我还想真诚地向大家告白：我正式出版理论著作已达60部，其中有9部被盗版（在网上至少能买到7部）。打个比方：如果要起诉，那么众所周知，要准备许多材料与证据，从材料取证，到法院受理，再到审理判决，估计（至少）得花三四年时间，很劳神伤财，我以为自己也是70多岁的人了，离终点站不远了，可是手上还有七八个重大课题未完成，要从自己的生命中扣除三四年光阴，这不值得，划不来！这三四年时间里可以研究出许多新的理论成果留给后人，浪费有限的时间是很愚蠢的，和时间赛跑是我当前的宗旨。既然离终点站不远了，摆在面前的事孰重？孰轻？应非常清楚了，为了不浪费生命与时间，对此，最好的办法是：一笑了之。

再次对大家的关心、关注与支持表示由衷的感谢！

王懿荣的爱国精神与甲骨精神

如果能把一个人的英雄壮举概括为某种精神内涵的话，那么王懿荣当之无愧地具备爱国精神与甲骨精神。

王懿荣（1845—1900）山东福山（今烟台市福山区）人。字正儒，又字濂生，清光绪六年（1880 年）考中进士，授翰林。他酷爱金石文物，系我国清末著名金石学家。王懿荣是第一个揭开甲骨之谜的学者，他审定甲骨为殷商故物，也是大量收集、珍藏甲骨文的第一人，是他开创了我国甲骨文研究的历史，被誉为“甲骨文之父”。

据传，在光绪二十五年（1899 年）的秋天，王懿荣得了疟疾（一说伤寒病），用了许多药，就是不见好转。京城里一位深谙药性的老中医给他开了一剂药方，药方上一味被称作“龙骨”的中药吸引住了他的目光，怎么还有药叫“龙骨”呢？其家人从北京宣武门外菜市口的达仁堂买回药物，“龙骨”相当碎小，他翻看再三，摩挲良久。虽然没有看出什么名堂来，但他心里却对“龙骨”留下了深深的印象。于是他抱病亲临药房叮嘱药房老板，如果再有商贩送“龙骨”来，请代为引见。不多时日，名扬京华的古董商范维卿被引见到王府，范维卿是王懿荣的山东同乡，一见面就又拉起了家常。问过家乡灾情，又打听了河南近况。这次他带来了 12 片“龙骨”，他到河南安阳、汤阴一带去收购青铜器，没有如愿。听当地人说“龙骨”是药材，就顺手收集了 12 片。范维卿从褡裢里掏出那些甲骨片。他说：“这东西让您见笑了！老百姓叫它‘龙骨’，我想，“龙骨”，大概就是龙的骨头，既然是龙的骨头，也该是很古很古的吧！”本来王懿荣因为吃中药就对“龙骨”有了点印象，这下，他又收到了大大小小的一包龙骨，心里高兴极了。于是，王懿荣以每片一两银子的高价买下了这 12 片甲骨，并当场给范维卿 600 两银子，让他为自己继续大量收购。入夜，他在灯下仔细琢磨这些龙骨，发现上面有许多刻画。他小心地擦去龟板上的泥土，刻画更加清晰了，左右端详，苦思冥想，他一会儿在屋子里来回踱着步子，一会儿又伏案查阅资料，莫非这是上古之人留下来的文字？不久，紧锁的眉头舒展了，他意识到这是比钟鼎文更古老的中国文字，这些“龙骨”应是殷商故物！

随即，王懿荣派家人到京城各大药店以重金把刻字的甲骨全部买下，倾其家财也在所不惜。此后，又有一位古董商赵执斋也携甲骨数百片来京，被王懿荣认购。这样在不长的时间里，王懿荣就收购了甲骨约 1500 多片。王懿荣把一块块精心整理过的龟甲兽骨传给京城名家品鉴观赏，并郑重地告诉大家：甲骨片上镌刻的画纹符号是文字，是中国殷商时期的文字！这一重大发现，京城文化界为之轰动，中国文化界为之震撼，世界学术界为之震撼！

《王懿荣年谱》曾记："公性嗜古。凡书籍字画，三代以来之铜器印章泉货残石片瓦，无不珍藏而秘玩之。钩稽年代，补证经史。搜先达所未闻，通前贤所未解。"王懿荣搜集和研究了很多古代文物，又经常与当时著名的金石学家陈介祺、潘祖荫、吴大澂、胡石查等一起切磋学术，因此他对文物鉴定和文字的考释有较高的造诣。正因为王懿荣对我国古代文物有着精深的研究，所以当1899年有人携甲骨至京师，他立刻能发现此"龙骨"为殷商故物，并随即购得数千片。自此以后，殷墟甲骨文才从"龙骨"变成了珍贵的古代文化研究资料，避免了我国这一古代文化艺术珍品被继续当作药材而被吃掉，王懿荣鉴定和购藏殷墟甲骨片，对保护和发扬我国古代文化遗产和甲骨学的建立做出了不可磨灭的贡献。

这就是我为甲骨文之父王懿荣先生，声嘶力竭大力点赞宣扬的甲骨精神。这种甲骨精神具备5个特点：

其一，博大深厚的传统文化基础，饱读诗书，此为尚古；

其二，学无止境，搜先达所未闻，通前贤所未解，上下求索的科学理念，此为尚求；

其三，敢于付出，敢于奉献，敢于进取的文人情怀，此为尚情；

其四，与人为善，以文载道，知识共享的胸襟品德，此为尚德；

其五，一丝不苟，摒弃名利，热爱中华文脉，追求创新，此为尚新。

北京城有无数名人故居、纪念馆、博物馆，北京锡拉胡同21号是王懿荣的故居，这里是他首先发现甲骨文字的地方，是我心目中最神圣、最高尚、最了不起的地方，这儿还流淌着一个爱国者的血！

众所周知，中日甲午战争后，国事日非，随着《马关条约》签订，满目疮痍的大清帝国一步一步走向衰亡，列强掀起了瓜分中国的狂潮。光绪二十六年（1900）五月，英、俄、法、美、意、日、德、奥八个国家组成的侵华联军攻破天津，大举向北京进发，文武大臣人心惶惶。据史料记载，八国联军总共只有18000多人，其中日本8000人，俄国4800人，英国3000人，美国2100人，法国800人，奥地利58人，意大利53人，德国7000人尚在海上，正在全速赶往中国，就算加上德国也不过25000多人。而当时北洋清军有160000人，义和团300000人，但竟都无济于事。慈禧太后收拾行装准备出逃，在此之前，任命李端遇、王懿荣为京师团练大臣，会同五城御史，督率弁勇严密稽查加意巡逻。城门出入亦按时启闭，以靖城闾。

李端遇当时抱病在床，无望战事，千钧重担落在王懿荣一人身上。在没有进行任何动员宣传，没有进行任何策划、准备的情况下，慈禧太后下诏与八国联军开战，王懿荣四处奔走，张罗武器粮草，把义和团的力量也统一起来，浴血保卫北京城。但战事每况愈下，形势紧迫，据《清史稿》记载：“七月，联军攻东便门，犹率勇拒之。”王懿荣在东便门抗敌不支，继而溃败，八国联军长驱直入。王懿荣听闻慈禧携光绪西逃，彻底失望了，他回到家，对家人说：“吾可以死矣！”接着拿起一支毛笔，写下绝命词“主忧臣辱，主辱臣死，于止知其所止，此为近之。”遂在锡拉胡同家院内投井殉节，其夫人谢氏和儿媳张氏，亦随他投井殉节。全家殉难，满门忠烈，可歌可泣，震撼人心。王懿荣是何等的英雄骨气！是何等的豪迈志士精神！是何等的令中国男儿自豪！毫无疑问，这就是爱国精神！

这样的壮烈爱国行为，就发生在北京锡拉胡同21号王懿荣的故居里。应当说锡拉胡同位居北京市中心部位，属东城区东华门地段。东起王府井大街，西至东皇城根南街，南靠东安门大街，北临烧酒胡同（今谓“韶九胡同”)。明代称“锡蜡胡同”，因胡同内有锡灯、蜡台作坊而得名，清代光绪年间才叫“锡拉胡同”。“文化大革命”期间一度改称“人民路六条”，后又恢复“锡拉胡同”。自此，我每到北京，总要到这儿来游逛一下。胡同全长只有300余米，从东到西，又从西到东，不用一刻就一个来回，两边停放了不少汽车、自行车、手推车，垃圾车还要在其间通行，狭小而杂乱无章，行人随时得躲闪让车，胡同里还有烟酒店、小超市、菜场、饭店、机关、幼儿园、住宅等。锡拉胡同西端北侧21号应是王懿荣的故居，据史料记载，王懿荣在光绪二十年（1894年）购买此住宅，随后携家人居住。原宅坐北朝南，东西有并列两个宅院，宅院之间内部相通。西院前后有三进院落，为住宅区；东院系休闲区，有花厅、正房、凉亭、游廊、山石和水井等。院内花草有序，树木扶疏，幽雅别致。花厅当作客厅和办公室用，正房则当作书斋。光绪二十九年（1849年），有人将21号院落辟为“福山王文敏公家祠”，祠内有碑，院内井上建亭刻石：“王文敏公殉难处”。1990年4月，这些遗存碑石都运送到王懿荣的出生地山东省烟台市的王懿荣纪念馆。自此，21号大院王氏的踪迹烟消云散、荡然无存，不见踪影。而后就出现了两幢红色外墙的住宅楼。2012年8月3日《北京晨报》曾报道：“近日国家文物局公布了全国人大常委会执法检查组关于检查《中华人民共和国文物保护法》实施情况的报告，其中指出，近30年来全国消失的4万多处不可移动文物中，有一半以上毁于各类建设活动。”这是多么令人痛心而震撼的消息！锡拉胡同21号就是其中之一。如今的锡拉胡同21号院，南院门以铁栅为门，用锁链封锁着，人、车都不能出入；北院门坐落在韶九胡同上，院门为铁栅弧形式，中间开一小门，左为社区办公室，似乎还有传达室的作用。院内有3幢红色外墙的6层居民楼，呈“门”字形布局，东西两楼南北走向，南楼东西走向，楼长约55米。院内铺着大方砖，四周停放着许多自行车和汽车，显得有些杂乱无章。其东邻锡拉胡同20号倒似乎是一座古建院落，门头、台阶、屋宇，飞檐画栋，古色古香，有一点年代和沧桑感。

我原以为此应是王氏故落，但门口的牌子提示人们这儿是机关幼儿园。锡拉胡同21号院落如此的情景令我失望而沮丧，然而，王懿荣的爱国精神与甲骨精神令我永远敬佩与叹服，这是我在这条胡同口流连忘返、久久不愿离去的原因。

我伫立在锡拉胡同21号门口，慎重追思、慎重回忆，甚至设身处地、如临其境地想象王懿荣当时的豪迈而丰满的形象，一次又一次很无奈地拿起了相机，不断地拍摄锡拉胡同现有的那些现代景物。尽管时光流逝，岁月更替，其精神永存！大义凛然、视死如归的英雄形象永远光芒万丈！为什么不在原地原址上建立王懿荣的纪念馆呢？难道是怕重建那些消逝的院落多花钱？可是你想过吗，恢复王懿荣的故居院落，就意味着恢复了一个高大无比的爱国爱民的英雄形象，重建一个王懿荣纪念馆就是重树一个忠心报国、宁死不屈的不朽精神啊！在王懿荣的出生地山东省烟台市建立了一个王懿荣纪念馆，那是生养、哺育他成长、培养他成人的故土，锡拉胡同是他建功立业、尽忠报国之处，此是此，彼是彼，两者的意义不可同日而语啊！北京的名人纪念馆，有相当一部分名人不是北京人，但在他们出生成长的故乡，大多有他们的纪念馆，这样的双重性难道是少数吗？锡拉胡同如果建立王懿荣纪念馆的话，毫无疑问，它将是面向全国的爱国教育基地，它所具备的价值与意义，它所起的作用与留给社会的影响，不会比其他纪念馆低，这也是远在山东省烟台市的福山王懿荣博物馆所不能企及的。

从教育、传承、弘扬以及文化艺术的角度看，把王懿荣的踪迹遗痕迁出北京，在锡拉胡同21号院落内盖居民楼，我以为是一个天大的失策与败笔，不客气地说，这是对人文资源的浪费。

行文至此，我忽然发觉今日竟是2020年7月21日，是王懿荣120周年的祭日！虽是王门宗族，我没有资格、也不敢将此文称作祭文。我只是一个农民的儿子，父母从小就告诫我要读书、要爱国，故而民族自强、人生自重之意识，在心目中是那么根深蒂固。只可惜作为一介文人，是个书呆子，且以工薪为生，若有朝一日，我能有足够的金钱，我将毫不犹豫地投入锡拉胡同，将那些居民宅楼推倒，恢复、建立起原汁原味的王懿荣故居博物馆，让王懿荣的爱国精神与甲骨精神千古传承、永垂不朽！

中国要成立甲骨文学会

据有关部门统计，中国现有各种学会、协会41万个，仅江苏省登记在册的学会、协会等社团，就有3.4万个。很多行业都有相应的协会、联合会或研究会，例如："中国作家协会""中国书法家协会""中国风筝协会"等，而世界四大古文字之一、具有3000多年历史的汉字鼻祖甲骨文，却至今（截至笔者撰写此文时）都没有对应的"中国甲骨文学会"。

一、四面八方的呼声

中国要成立甲骨文学会的呼声，不仅仅是现在有，早在20世纪80年代就有。不仅仅是国内有，国外成立甲骨文研究机构的20多个国家也有这样的呼声。20世纪80年代，学者赵诚先生在访问法国期间，法国汉学家曾向他慎重提出，希望早日建立"中国甲骨文学会"，以便更广泛、更深入地开展交流、研究活动。"甲骨四堂"之一、一代宗师董作宾先生的公子董玉京先生，早在1997年首届海峡两岸甲骨文书法联展开幕式大会上，就恳切地向与会代表呼吁：成立一个全国性的中国甲骨文学会，让中华民族的瑰宝更加发扬光大，更加扬名世界！ 1999年5月，江苏省甲骨文学会在北京举办"纪念甲骨文出土100周年"座谈会上，诸多学者提议由江苏省甲骨文学会"牵头"，尽早成立"中国甲骨文学会"。2006年10月，在南京博物院举办"纪念殷墟YH127甲骨坑南京室内发掘70周年学术研讨会"，来自全国各省市的学者再次慎重提议成立"中国甲骨文学会"。俄罗斯甲骨文学者罗克甫博士、日本汉学家成家彻郎，以及美国、韩国、加拿大、新加坡等甲骨文学者，都纷纷致电、致函江苏省甲骨文学会，希望江苏省甲骨文协会能为成立全国性的甲骨文学会挑"大梁"。

为了继承中华民族优秀文化遗产，为了更深入地研究博大精深的甲骨文化，同时，也为了更好地普及甲骨文知识，成立一个全国性的"中国甲骨文学会"，不仅是中外学者的心声，也是全国广大民众，尤其是国内无数甲骨文书法、篆刻爱好者的企盼。

二、各地建立甲骨文组织机构情况

中国古代劳动人民创造了甲骨文，王懿荣首先发现了甲骨文，但最早成立甲骨文学会组织的不在中国，而是在日本。笔者初步统计，到目前为止，中国甲骨文学会组织机构成立情况如下。安阳甲骨学会，1986 年成立，位于河南省安阳市；江苏省甲骨文学会，1995 年成立，位于江苏省南京市；湖南省甲骨文学会，2005 年成立，位于湖南省长沙市；长沙市甲骨文学会，2005 年成立，位于湖南省长沙市；南京市甲骨文学会，2005 年成立，位于江苏省南京市；南通市甲骨文学会，2007 年成立，位于江苏省南通市；无锡市甲骨文学会，2005 年成立，位于江苏省无锡市；驻马店市甲骨文金文研究会，2008 年成立，位于河南省驻马店市；吉林市甲骨文学会，2010 年成立，位于吉林省吉林市；苏州市甲骨文学会，2010 年成立，位于江苏省苏州市；威海市甲骨文学会，2010 年成立，位于山东省威海市；通化市甲骨学会，2011 年成立，位于吉林省通化市；浙江省甲骨文学会，2012 年成立，位于浙江省杭州市；大连市甲骨文学会，2012 年成立，位于辽宁省大连市；瑞安市甲骨文学会，2013 年成立，位于浙江省温州市；上海市殷商甲骨文研究院，2014 年成立，位于上海市；常熟市甲骨文学会，2014 年成立，位于江苏省苏州市。

值此一提的是，中国台湾甲骨文学会不断壮大发展，现有会员多达 2300 余人，在世界各地举办甲骨文书艺研习班、培训班，举办甲骨文书法艺术展，与已成立甲骨文学会的省市进行交流互访，并多次组团赴日本、新加坡、韩国、南非、加拿大、美国等地，举办甲骨文学术、艺术活动，使甲骨文研究蓬勃发展、驰誉国际，功不可没。从以上可以看出，国内、国外的甲骨文组织都审时度势，克服困难，开展活动，它们分别在一个特定的区域内蓬勃发展，显得特别生动活泼，形成了横向的不可抵挡的社会影响力。有些省级甲骨文学会，自加“压力”，挑起了“重担”，开展了一系列有国际影响的重大活动，举办了数十次甲骨文书法展览，在研究和普及方面发挥了作用。但广大民众一直希望“中国甲骨文学会”早日成立，希望有一个更有影响力、更有号召力的全国性甲骨文组织。

三、成立“中国甲骨文学会”的意义

甲骨文字 1899 年为王懿荣所发现，至今已出土甲骨约 15 万片。人们在甲骨片上发现了 4800 多个甲骨文字，经过无数学者的考释论证，可识读的甲骨文字已经达到了 1400 多个。甲骨文字忠实地记载了商王朝的政治、经济、军事、天文、历法、气象、医学、疾病、交通、建筑，以及农业、畜牧业诸方面的重要史料。特别是甲骨文字的结体与当今正在使用的汉字一脉相承。历史长河，源远流长，绵延不断，千百年来一直生机勃发。21 世纪的今日，倡导改革开放，各行各业革故鼎新，经济正在快速发展，而甲骨文更需要人们有组织地、科学地去关注、爱护、研究，将其发扬光大。甲骨文需要普及，需要深入，需要拓展，而成立“中国甲骨文学会”，就是要肩负这样的重任，去认真梳理、深入研究甲骨文的深层意义，去认识甲骨文中还未被破解的“未知数”。同时，还要团结一切社会力量，专业的、非专业的，共同秉承先祖的甲骨精神，不弃祖宗基业，做龙的传人。前面已经提及，甲骨文是中华文化宝库的瑰宝，出土 100 多年来，经过无数学者的努力，甲骨学已经成为世界性的显学，中国作为甲骨文发源地，没有“中国甲骨文学会”这样的平台，那么“世界性的显学”定论将是一个严重缺憾，也是一件不可思议的事，部分省市成立了甲骨文学会或协会，但它们只代表了横向性的某个区域，只代表了文化学术领域的某个层面，而替代不了“中国甲骨文学会”的职责、作用与地位。

甲骨文中有一个“中”字，其字形像旗帜一样在中央飘扬，其引申意为中央，让四周的人们都能看到。“中国甲骨文学会”也应当是一面旗帜，各省市自治区、各地区成立的甲骨文学会，会得到它的感召与支持，在困难与重大课题面前，大家会拧成一股绳。它肩负着巨大责任，有很多工作要去实施，例如甲骨文的发掘、开拓、研究；人才的培养；纵向和横向的组织联络；甲骨文知识的推广与普及；丰富资料、扩大成果、创办刊物与读物，等等，在世界范围内传播中华文明。

概言之，成立“中国甲骨文学会”是历史的需要、时代的需要、社会的需要、民众的需要、组织的需要、学术的需要、普及的需要、形势的需要。

四、成立“中国甲骨文学会”的难点

首先应当承认，成立“中国甲骨文学会”是有难度的。假若没有难度的话，那么这个组织早就诞生了。据说凡带“国”字头的一级组织，要成立的话难度非常大。

其主要难点可归纳如下。

1. 思想和认识不到位

这是最主要的难点，很多人以为甲骨文是几个学者的事，只要关起门来考释、研究一下就可以了，没有多少人能认识这些“古怪”的东西。在今天商品经济高速发展的时代，甲骨文这个课题似乎可有可无，它既不能产生经济效益，也不会影响社会效益。许多人无从认识到灿烂珍贵的传统文化是多么需要后人去发扬光大，无从认识到中华民族之所以骄傲地屹立在世界东方，是离不开五千年中华文明的深厚基础的。由于认识不到位，行动上也就有了障碍，也就不会去投注精力、财力和时间。事实证明，相关部门的支持特别重要，例如江苏省政府向江苏省甲骨文学会拨款 30 万元，作为学会庆祝甲骨文出土 100 周年举办活动的专用资金。1999 年江苏省甲骨文学会在北京成功地举办了甲骨文出土 100 周年系列纪念活动。2006 年是发现殷墟 YH127 甲骨坑及南京室内发掘 70 周年纪年，江苏省政府又向江苏省甲骨文学会拨款 30 万元，2006 年 10 月江苏省甲骨文学会在南京博物院成功举办国际甲骨文学术研讨会暨甲骨文书法展览。要是没有有关部门的支持，这些都是不可能实现的。

2. 缺乏强有力的发起单位

尽管有各个层面的研究院、艺术院等单位，但他们缺乏精力和时间来关注甲骨文学会组织。而一些文学、语言、书法、绘画爱好者虽然爱好甲骨文，但大都各有自己的本职工作，只是业余把玩。现已成立的一些甲骨文学会，局限于地区性，且规模不大，也没有什么经济实力，达不到创办一个全国性学会的申办力度；而艺术家的力量虽然很强大，但大都是业余的，他们对于严密的申办制度、繁多的申办手续、相应的资金投入，只能望洋兴叹，不知所措。“中国甲骨文学会”成了一个悬浮物，长期悬在那儿。如果哪位热心人热心地向领导提出，要成立一个新的什么组织，说不准有的领导会怀疑他是在谋私利。因此至今没有出现一个强有力的发起单位。

3. 没有资金支持。

要成立“中国甲骨文学会”，从申办到成立，注册、办公、活动等，都得花钱。因此资金问题又是一个难点。我曾经在北京与一个很有实力的文化公司总经理商谈，若要成立“中国甲骨文学会”，能否支持解决注册资金 15 万元？他很爽快，一口答应，但接着问我，他能否成为“中国甲骨文学会”的股东，每年得到高额回报？这令我非常尴尬与惊愕，我无法回答。后来又与几位有实力的企业家商谈此事，他们说钱有的是，但你做的事是“书呆子的事”，除了“书呆子”没有人会感兴趣！

实际上，资金问题有两块：一是申办时的注册资金，这是一次性投入；二是成立学会后办公及活动经费，这是长期的资金。值得一提的是，美国芝加哥的麦克阿瑟基金会，为世界四大古文字之一的玛雅文字的研究，提供无偿的经济援助，迄今为止已经投入了200多万美元的资金，还资助过马休斯、斯图阿特和格雷海姆等学者的资料收集工作和玛雅文的研究活动。而对于中国的甲骨文学会，还没有听说谁愿意拿出重金来援助甲骨文的研究和普及工作。相比之下真是可叹可惜！

总而言之，我接触的公司没有一个经济实体愿做后盾与支持，也许成立“中国甲骨文学会”只是一个美丽的梦。

2009年9月14日，许崇义（中）、陈曦（左）、王本兴（右）在北京民族饭店商讨筹备“中国甲骨文学会”

2010年4月2日，教育部社团办、北京语言大学、江苏省甲骨文学会主要领导在北京语言大学会议厅商讨“中国甲骨文学会”筹备工作

五、“中国甲骨文学会”的申办，缓慢而艰难

江苏省甲骨文学会听取群众呼声，顺应时代需要，不负众望，从2003年就开始着手“中国甲骨文学会”的申办工作。但是让人意想不到的是申办过程竟然那么缓慢、那么艰难！“中国甲骨文学会”原计划挂靠在江苏社科院，主办单位自然是江苏省甲骨文学会。几经转折，将材料传发到有关部委后，等待了一年时间，音信全无。2004年江苏省甲骨文学会又重新拟定了一个方案，即挂靠在北京语言大学，由北京语言大学提供办公用房，并作为申办单位之一上报教育部，筹备资金、准备材料等联络、申办工作，一应由江苏省甲骨文学会一名副会长（即予本人）具体负责。于是从2004年到2010年，予一直在补充材料、修改章程、等待回复。

2010年12月15日《中国书法通讯》A2版，刊登了2010年11月28日“北京语言大学中国书法篆刻研究所在京成立”的消息，这令我十分惊喜与愕然！近年来，特别是2000年后，全国凡靠得上“文”“艺”二字的大学，都成立了书画、书法、篆刻院所；凡靠不上“文”“艺”二字的理工、工程、财经、商贸、农林、航天等大学，也几乎都成立了书法篆刻院所，犹如雨后春笋，异常热闹而繁荣。北京语言大学成立书法篆刻研究所，虽然滞后了一些，但能“赶上时代”，依然令人惊喜。

可怜的“中国甲骨文学会”（这是予权且命名的名称），你是没有孕育、长大，还是没有成熟？为什么所有的人都能为你叫好，却没有成立呢？我愿意为你奉献一切，可是我的力量是那么有限、是那么微薄！尽管如此，我也一直要为你努力、为你坚持呐喊：中国要成立甲骨文学会！我深信，迟早有一天，我一定会梦圆……

（备注：此文刊载于《书法导报》）